邢向东 ◎ 主编

西北方言与民俗研究论丛

（第三集）

中国社会科学出版社

图书在版编目(CIP)数据

西北方言与民俗研究论丛. 第三集/邢向东主编. —北京：中国社会科学出版社, 2017.5

ISBN 978-7-5203-0786-4

Ⅰ.①西… Ⅱ.①邢… Ⅲ.①西北方言-文集②风俗习惯-西北地区-文集 Ⅳ.①H172.2-53②K892.44-53

中国版本图书馆 CIP 数据核字（2017）第 181412 号

出 版 人	赵剑英
责任编辑	任 明
责任校对	季 静
责任印制	李寡寡
出　　版	中国社会科学出版社
社　　址	北京鼓楼西大街甲 158 号
邮　　编	100720
网　　址	http://www.csspw.cn
发 行 部	010-84083685
门 市 部	010-84029450
经　　销	新华书店及其他书店
印刷装订	北京市兴怀印刷厂
版　　次	2017 年 5 月第 1 版
印　　次	2017 年 5 月第 1 次印刷
开　　本	710×1000　1/16
印　　张	18.5
插　　页	2
字　　数	304 千字
定　　价	95.00 元

凡购买中国社会科学出版社图书，如有质量问题请与本社营销中心联系调换
电话：010-84083683
版权所有　侵权必究

目　录

总　论

从"沟、溪"说起 …………………………… 张振兴　张惠英（3）
《近八十年来关中方言微观演变研究》简介 ……… 邢向东　张双庆（11）
混淆和俗词源
　　——以西北方言的"蒲公英"对应词为例 ………… 太田斋（24）
日本地理语言学及其应用
　　—资料发掘— ………………… 岸江信介　峪口有香子（45）
新疆阿克苏地区乌什县回族与中亚东干人群语言文化联系浅析
　　………………………………………………………… 海　峰（59）

语法研究

位移动词"去"的南北跨方言比较
　　——语法化与语音、形态的互动 ……………… 吴瑞文（77）
山西兴县方言指示代词四分现象的特点
　　——兼与晋语盂县方言四分现象比较 ………… 史秀菊（97）
陕西凤翔方言中的第三人称代词"个"
　　——兼论西北方言指示代词兼作第三人称代词的成因
　　………………………………………………… 张永哲（107）
从晋语并州片形容词生动式看"油啊地"来源 …… 刘　艳（124）
定边话形容词重叠式研究 ……………………… 苗　丽（137）

语音研究

中古来母在延安方言中的读音
　　——地理语言学的视角 ………………………… 孙建华（149）
古全浊声母字在晋语志延片中的演变 ………………… 高　峰（161）
陕南肖台客家话的语音特点与分析 …………………… 付新军（171）
三声调方言临夏话的音系特征 ………………………… 张建军（182）

词汇研究

原音词浅论 …………………………………………… 王克明（189）
认知视野下的河东方言人物词研究 …………………… 李仙娟（214）

语言接触研究

从"秦、汉、人"看语言接触 ………………………… 张惠英（227）
陕西宁陕方言的混合特征 ……………………………… 周　政（238）

方言文化研究

李十三剧作中的角色命名与渭南方言 ………………… 田晓荣（251）
宝鸡陈仓区三寺村春节血社火调查报告 ………… 赵德利　贾丹林（258）

语言使用情况调研

甘肃民族地区中小学教师语言态度及其使用现状 ……… 任丽花（279）

后记 ……………………………………………………………（289）

总　论

从"沟、溪"说起

张振兴 张惠英

提 要 本文指出两点：一是方言调查报告中，关于臀部的记录，北方多数地区的语音和"沟"同音，但有的书中写"沟"，有的书中写"尻"。写作"尻"可能是考虑文献中有"尻"指臀部的用法，实际和口语语音不协。二是关于女阴的说法，南方乃至北方语音能对应，都和"溪"相合，而写法则各异，壮语也流行"溪"的说法。"沟、溪"是一组同义词，都用来指人体私处。

关键词 屁股；沟；尻；溪；女阴

一 "沟、尻"之辨

尻，《广韵》平声豪韵苦刀切，"说文髀也"。

"尻、沟"之辨，大概得从章太炎说起。章氏《新方言·释形体》："今山西平阳、蒲、绛之间谓臀曰尻子，四川亦谓臀为尻子，音稍侈如钩，九声之转也。"（引自《汉语大字典》第2册，第965页）

《说文·尸部》："尻，髀也。从尸九声。"段玉裁注："尻，今俗云沟子是也。"（引自《汉语大字典》第2册，第965页）

1993年山西高校联合出版社出版的侯精一、温端政的《山西方言调查研究报告》第251页"屁股"条：

闻喜：沟ʳkəu$^{31\text{-}35}$·u

新绛：沟子 kəu$^{53\text{-}55}$·tsʅ

运城：沟ʳko：u^{311}

吉县：沟蛋子 kou$^{423\text{-}42}$·tsʅ ǀ 沟子 kou$^{423\text{-}42}$·tsʅ

万荣：沟子 kəu^{51}·tə

永济：沟子 kəu^{21}·tsʅ

还有临汾金殿、襄汾襄陵（支建刚先生提供）；吕枕甲《运城方言志》第43页（语文出版社1985年版）记为"沟（屍）子"。（邢向东、王临惠等《秦晋两省沿河方言比较研究》第485页指出，宜川、韩城、合阳、吉县、乡宁、河津、万荣、临猗、永济、芮城等方言都用"屍"。但是没注音。）

1999年出版的许宝华、宫田一郎主编的《汉语方言大词典》第1531页收录了"屍"作名词屁股的说法，见于江淮官话湖北浠水。在"屍子"条中，则把中原官话陕西白河的［ₒkou·tsɿ］、西安的［kou²¹tsɿ⁰］，还有晋语山西芮城的［kou³¹tsɿ⁰］和兰银官话甘肃兰州的［kou⁴³tsɿ²¹］都算上了。第7532页"屍子尖""屍蛋子""屍蹲子"把陕西渭南、富县、宜川、甘肃华池的不送气侯韵字［kou］都算上了。

很可能，"屍"指屁股在闽语中大范围应用，而且这个"屍"读 ka 时有的地方读送气，而也有不少地方读不送气。于是编者把"屍、沟"声母、韵母之异加以混同，更何况有章太炎说法在前引领。

周政、戴承元的《安康方言调查研究》第431页"屁股"词条：

	汉滨_{中原官话}	县河_{混合1区}	茅坪_{江淮官话}	石泉_{混合3区}	紫阳_{西南官话}
屁股	屍渠子	屍子	屍子	屍子	屍子
	kəu³¹tɕʰy³⁵tsɿ⁰	kəu⁴²tsɿ⁰	kou³¹tsɿ⁰	kəu⁴⁵tsɿ⁰	kəu³⁴tsɿ⁰
	屍子				
	kəu³¹tsɿ⁰				

梁德曼、黄尚军的《成都方言词典》第244页有"沟（墩）子"，指屁股。但在双杠后说明："沟，也作屍。"

显然，对"屍、沟"的认识有一些模糊。

从安康各处的"屍"都是不送气声母，声韵调和"沟"一致这一点看来，本字就是"沟"。和《西安方言词典》《兰州方言词典》一致。汉滨的"屍渠子"，就是"沟渠子"。"沟、渠"同义，同义并用。

周政的《平利方言调查研究》第224页"屍"，第141页指出，"屍"音同"敲"，动词，性行为。第223页指出"屁股"又说"屍子"kou³¹tsɿ⁰，"屁股蛋子"又说"屍蛋子"kou³¹tan²²tsɿ⁰，"屁眼儿（肛门）"又说"屍门儿"kou³¹mər⁵²。这些名词指屁股的kou³¹都是"沟"。

同样，《白河方言调查研究》第197页指出"屍蛋子（屁股蛋儿）、屍子（屁股）"，屍音kəu²¹³，音同"沟"（见50页同音字表，表中未载

"𡲬")。第 197 页指出"𡲬𡳞（交合）"，𡲬音 $k^h au^{213}$，音同"考"的阴平调（见 48 页同音字表）。

1996 年出版的王军虎的《西安方言词典》第 178 页有以下词条：

【沟子】$kou^{21}ts\gamma^0$ 1）屁股 2）泛指动物身体后端靠近肛门的部分：牛~｜马蜂~

【沟子蹾】$kou^{21}ts\gamma^0 tuε^{21}$ 身体向后屁股着地跌倒的姿势：跌咧个~

【沟渠子】$kou^{21}tɕ·y^{24}ts\gamma^0$ 屁股沟儿

【沟门子】$kou^{21}mẽ^{24}ts\gamma^0$ 肛门

【沟蛋子】$kou^{21}tæ̃^{44}ts\gamma^0$ 屁股蛋儿

《兰州方言词典》第 206 页有："沟子、沟门子（肛门）、沟座子（自行车上的屁股座儿）、沟蛋子、沟墩子（臀部）、沟槽子（屁股沟儿）、沟裆（两条大腿之间的部分）。"

张崇主编《陕西方言词汇集》第 432 页"屁股"条，多数说"沟子"：

西安：沟子 $kou^{21}ts\gamma^0$

渭南：沟（门）子 kou^{31}（$mẽ^{24}$）$ts\gamma^0$

商州：沟子 $kou^{31}ts\gamma^0$

安康：沟（蛋）子 kou^{21}（$tæ̃^{45}$）$ts\gamma^0$｜沟渠子 $kou^{21}tɕ·y^{35}ts\gamma^0$

汉中：沟子 $kou^{34}ts\gamma^{354-43}$｜沟门子 $kou^{34}mən^{21-43}ts\gamma^0$｜沟门儿 $kou^{34}mənr^{21-43}$

宝鸡：沟子 $kou^{21-53}ts\gamma^0$

延安：沟蛋子 $kəu^{314-31}t·æ̃^{44}tsə?^{32}$

绥德：𡲬子 $tuə?^{32-54}tsə?^{32}$｜𡲬蛋 $tuə?^{32}tæ^{52}$

沈明《太原方言词典》第 8 页有"屁沟子（屁股沟）"。

吴建生、赵宏因《万荣方言词典》第 253 页有"沟子、沟子门、沟子蛋、沟子壕"。"沟"下标了同音符号，表示本字不明。

周磊《乌鲁木齐方言词典》第 224 页有"沟子、沟槽子、沟蛋子、沟门眼子"。

还有《银川方言词典》《西宁方言词典》都是用"沟子"指屁股。

其实，"𡲬、沟"之别很简单，"𡲬" k-声母送气，是效摄一等"考"的阴平调；"沟" k-声母不送气，是流摄一等字。

曹志耘《汉语方言地图集》（词汇卷）第 70 页"屁股"条，也记载了西北西南地区"屄沟、沟子、沟蛋、沟蛋子、沟墩子"等用"沟"组成的一些说法。

二　溪屄閪之同异

许庄叔《黔雅·释颂体》："《说文》：屄，脾也，苦刀切。又屄，屄也，诘利切。今通谓人后曰屄屄。"（引自许宝华等第 1531 页）许庄叔是贵阳人，查汪平《贵阳方言词典》未载"屄"，又电话联系知道贵阳地区无此说法。可知许庄叔所说是从文献出发的。

白宛如《广州方言词典》第 129 页指出：【屄】hɐi⁵⁵女阴｜｜《集韵·齐韵》牵奚切："说文屄也。"

还有广东信宜话有作"膍"的（据许宝华等第 6247 页，"膍"，女性生殖器。粤语广东信宜 hɐi⁵³）。这个"膍"，《广韵》平声脂韵喜夷切，"膍，臀之别名"。可见，"屄、膍"同词异写；虽然"屄"古脂韵，"膍"古齐韵，今方言已经混合。

李新魁等《广州方言研究》第 318 页作不明来历的方框"□"，hɐi⁵⁵。广州话这个"hɐi 阴平调"，和"鸡溪启计奚系"韵母相同。"溪"读送气声母 hɐi⁵⁵，见"溪钱"（《广州方言词典》，第 128 页）。

覃远雄等《南宁平话词典》，第 119 页也作"屄"hɵi⁵³（阴平调），某些雌性动物的生殖器也说"屄"。

陈云龙《旧时正话研究》（广东电白县的一种方言）第 143 页也作"屄"hɐi³³（阴平调）；到了 2012 年的《马兰话研究》（广东电白县的一种方言）第 161 页，这个指女阴的"hɐi³³（阴平调）"就写作不明来历的方框"□"。

刘村汉《柳州方言词典》第 199 页女阴一词作"嫛"hɐi⁴⁴（阴平调）。按，"嫛"，《集韵》平声齐韵弦鸡切，"说文女隶也。通作奚"。又去声霁韵胡计切，"怯也。一曰妒女"。这个阴平调的音义和《集韵》两个反切都不协。

这个表示女阴的"hɐi（阴平调）"，曹志耘《汉语方言地图集》第 77 页"女阴"条写作"閪"。注释称是"俗字"，"多读 [hɐi 阴平调]"。有关这个 [hɐi 阴平调] 的说法覆盖了广东、广西的大部分，包括壮族等地区。

先看看这个"屄"。《广韵》去声至韵诘利切,"身奇欠坐。一曰屄"。今音当是 qì。《汉语大词典》未载。《集韵》平声齐韵牵奚切,"说文屄也",和"溪"同音。《说文解字》尸部:"屄,屄也。从尸旨声。(诘利切)。"徐铉音注同《广韵》,是去声。《汉语大字典》第 2 册第 973 页"屄",一尊《广韵》读去声 qì,一从章太炎读同"稽",为阴平调 jī。并引用章太炎《新方言·释形体》:"《说文》:'屄,屄也,诘利切。'今人移以言阴器,天津为之屄,其余多云屄把。把者,言有柄可持也,若云尾云尾把。屄读平声如稽。"接着又引黄侃《蕲春语》:"屄,今人通谓前阴曰屄巴,吾乡谓赤子正阴曰屄儿,正作屄字。蜀人曰屎,亦屄之音转也。"

1999 年许宝华等《汉语方言大词典》第 4502 页就以章太炎、黄侃的说法列了"屄""屄把"两条,还有孙锦标《南通方言疏证》([南]通俗俗谓之屄巴,唯小儿则言屄儿)和姜亮夫的《昭通方言疏证·释人》(昭人言男根曰屄把)。笔者查鲍明炜、王均《南通地区方言研究》第 350 页,男阴叫"屄"或"八子"。

原来以为只有广东、广西才有这个女阴用"hɐi(阴平调)"的说法,原来在陕西也有!

我们从《安康方言调查研究》中得到启示。

周政、戴承元《安康方言调查研究》第 432 页"女阴"词条:

汉滨 中原官话	县河 混合1区	茅坪 江淮官话	石泉 混合3区	紫阳 西南官话
女阴 屄	屄	屄	屄	屄
pi³¹/pʰi⁴³	pi⁴²/pʰi⁴²	pi³¹/pʰi³¹	pi⁴⁵/pʰi⁴⁵	pi³⁴/pʰi³⁴
启妈子	启妈子	启妈子	启妈子	
tɕʰi⁵⁵ma⁴²tsŋ⁰	tɕʰi⁵⁵ma³¹tsŋ⁰	tɕʰi⁴⁵ma⁴⁵tsŋ⁰	tɕʰi³⁴ma³⁴tsŋ⁰	

从石泉、紫阳两处"启妈子"中,"启、妈"声调一致,可以推断都是阴平调。所以这里写上声"启",以求得和县河、茅坪一致,就不合实际。

《平利方言研究》第 224 页指出女阴的"启麻子"tɕʰi⁴⁴⁵ma³tsŋ⁰,也是"溪妈子"。同音字表第 132 页的"溪"tɕʰi³¹是白读音,ɕi³¹是文读音。"溪妈子"变读为"启麻子"。

这个表示女阴的"溪",曹志耘《汉语方言地图集》第 77 页"女阴"条作"閪"。注释祢是"俗字","多读[hɐi 阴平调]"。

这个俗字见于粤语区,没给人多少音或义的信息。

我们以为，这个"hɐi 阴平调"大概就是"溪"。溪，《广韵》平声齐韵苦奚切，折合成普通话当读 tɕʰi⁵⁵。北京话把"溪"读成 ɕi⁵⁵，是不合音韵发展规律的读法，南方多数方言读送气塞擦音 tɕʰ 声母。平利话给我们提供了很好的说明：tɕʰi³¹ 是白读音，ɕi³¹ 是文读音。文读音是随普通话的读法。

对于广州话而言，"溪"读 [hɐi 阴平调] 既有不规则的一面，又有合规则的一面。广州话古溪母字，有不少就读擦音声母 h-，例如（据《广州方言词典》的单字音表）：

揩 hai⁵³

屄 hɐi⁵³

气 hei³³

开 hɔi⁵³

敲 hau⁵³

口 hɐu⁵³

竅 hiu³³

去 høy³³

堪 hɐm⁵³

恰 hiɐp³³

谦 him⁵³

又如"欠、怯、悭、乞、看、渴、牵、犬、券、坑、肯、轻、庆、康、慷、壳、空、孔、控、哭、酷"等。

所以广州话"溪"读送气声母 hɐi⁵⁵，虽然不合古溪母演变的大规律，但又符合广州话古溪母演变的小规律。《广州方言词典》第 128 页"溪钱"（买送殡用的纸钱）的"溪"读 kʰɐi⁵³，女阴的"屄"（即"溪"）读 hɐi⁵⁵ 也属于正常。

陕西平利方言"启妈子"的说法，让人看到了"启（有些地方读的是阴平调）、溪"声音上的一致。而"沟、溪"这对同义词分别用来指男女人体私处，也实在是一种奇妙组合。

到此，我们不妨温习丁声树先生的教导：**有些方言研究，硬找古书中的冷僻字作为某些方言字，其实音根本对不上。还不如用同音字来写这些方言词。**他说他过去给水开了 pū 出来的 pū 找了个入声字，赵元任还在《钟祥方言记》中采用了，但这个办法不好，不科学，宁可写成同音字

"铺",或新造的"漕"。

三 "溪"也用于壮语

我们从《壮语方言研究》第 648 页"女阴"条可以看到,原来"[hɐi 阴平调]"也流行于一些壮语方言。例如:

扶绥	hai¹/tshɯt⁸
上思	ho：y¹/sy：t⁸
崇左	hɐi¹
宁明	hɐi¹
龙州	hi¹
大新	hi¹
德保	hei²
靖西	hei¹

参考文献

鲍明炜、王均:《南通地区方言研究》,江苏教育出版社 2002 年版。
曹志耘主编:《汉语方言地图集》,商务印书馆 2008 年版。
陈云龙:《旧时正话研究》,中国社会科学出版社 2006 年版。
陈云龙:《马兰话研究》,暨南大学出版社 2013 年版。
柯西钢:《白河方言调查研究》,中华书局 2013 年版。
李新魁等:《广州方言研究》,广东人民出版社 1995 年版。
梁德曼、黄尚军:《成都方言词典》,江苏教育出版社 1998 年版。
刘村汉:《柳州方言词典》,江苏教育出版社 1995 年版。
沈明:《太原方言词典》,江苏教育出版社 1994 年版。
覃远雄等:《南宁平话词典》,上海教育出版社 1997 年版。
王军虎:《西安方言词典》,江苏教育出版社 1996 年版。
吴建生、赵宏因:《万荣方言词典》,江苏教育出版社 1997 年版。
吴媛、韩宝育:《岐山方言调查研究》,中华书局 2016 年版。
邢向东、蔡文婷:《合阳方言调查研究》,中华书局 2010 年版。
徐中舒主编:《汉语大字典》,四川辞书出版社、湖北辞书出版社

1986年版。

许宝华、宫田一郎：《汉语方言大词典》，中华书局1999年版。

张崇：《陕西方言词汇集》，西安交通大学出版社2007年版。

张均如等：《壮语方言研究》，四川民族出版社1999年版。

张文轩、莫超：《兰州方言词典》，中国社会科学出版社2009年版。

周磊：《乌鲁木齐方言词典》，江苏教育出版社1995年版。

周政：《平利方言调查研究》，中华书局2009年版。

周政、戴承元：《安康方言调查研究》，陕西人民教育出版社2015年版。

（张振兴　北京　中国社会科学院语言研究所　100732；

张惠英　海口　海南师范大学文学院　571158）

《近八十年来关中方言微观演变研究》简介

邢向东　张双庆

一　项目申报、结项和研究团队

（一）项目申报与结项

《近八十年来关中方言微观演变研究》（10AYY002）由邢向东主持，是2010年国家社科基金重点项目。在该项目申报前，已经在香港成功申报香港政府资助局项目《当代关中方言的调查及声母、介音演变研究》（440808，2011年结项）。张双庆主持。

本项目于2015年以优秀等级顺利结项。

（二）课题组成员

课题组主要成员共十位，分别来自七所大学：
邢向东（陕西师范大学文学院）
张双庆（香港中文大学中文系）
张建军（兰州城市学院甘肃方言研究所）
吴　媛（陕西师范大学国际汉学院）
史艳锋（江苏师范大学文学院）
陈荣泽（西藏民族学院文学院）
徐朋彪（西安石油大学宣传部）
张永哲（陕西师范大学文学院）
张　崇（西安外国语大学中文学院）
周利芳（陕西师范大学国际汉学院）

（三）研究的缘起和目的

1. 课题的缘起

1933 年，白涤洲先生调查了关中 42 县 50 个方言点的语音系统，后来由喻世长先生整理出版了《关中方音调查报告》，该报告较为系统地描写了关中方言的语音状况，并对一些音韵特点及其演变、地理分布进行了简略的讨论。这部著作为观察当代关中方音的演变提供了绝佳的参照系。近年来的调查发现，关中方言是官话方言中极其活跃的一支。从《报告》到现在的 80 年间，它的韵母系统比较稳定，但声母系统非常活跃，发生了一系列的变化，有些方面的变化颇为剧烈。如知系合口字的读音、端精见组齐齿呼字的分混、双唇音声母的唇齿化、山臻摄合口一等字介音的[y]化及精组字声母的颚化等。至于演变的方向，有的顺应普通话的影响，有的则与普通话背道而驰。在跟踪调查基础上与当时的语音状况进行比较，揭示当代关中方言正在进行的演变，对官话方言演变的微观考察具有重要的价值。

从现代方言研究理论和实践的要求看，《报告》存在一些不足：（1）没有将声调和声母、韵母配合起来，罗常培先生在该书序言中已指出这一缺点。（2）音缀总表只有 400 多个单字音（缺声调），而且大都是文读，本次调查将字音对照增加到 2273 字，包括文白异读。（3）《报告》没有连读变调。（4）《报告》没有对关中方言的词汇、语法进行反映，而且关中方言至今没有一部系统的词汇对照集，这给官话方言的研究带来了很大的不便。汉语方言研究语音发展较快、词汇语法发展较慢的不平衡现象，在关中方言中表现得更加突出，这也是西北方言研究的一个缺陷。

2. 项目的宗旨

本项目的宗旨是在对白涤洲《关中方音调查报告》（以下简称《报告》）进行追踪调查的同时，对关中方言进行更加全面的调查，以系统地反映当代关中方言的语音、词汇、语法面貌，考察近 80 年来关中方言语音系统的微观演变，同时提供大型的关中方言字音、词汇、语法材料。

从取得的成果看，项目达到了预期的目标。

二 项目的主要内容

（一）调查点和调查条目

1. 《报告》的调查点

由于白涤洲先生当年的调查主要在西安进行，所以调查点的设置受到客观条件的限制。《报告》共有 50 个点，具体县份及地点如下（地名一律采用现代规范用字）：

1 华县　**2 华县瓜坡镇**　3 渭南韩马村　**4 渭南故市镇**　**5 临潼铁炉镇**　6 临潼　7 澄城王庄　8 白水　9 蒲城　**10 蒲城义龙镇**　**11 蒲城荆姚镇**　**12 富平美原镇**　13 富平　14 耀县　15 同官梁家原　16 高陵外门村　17 三原　18 泾阳鲁桥镇　19 淳化方里镇　20 咸阳洼店镇　21 兴平　22 武功　23 礼泉　24 乾县　25 永寿监军镇　26 旬邑太峪镇　27 彬县　28 长武常刘镇　29 扶风阎村　30 眉县　31 岐山青化镇　32 麟游昭贤镇　33 千阳　34 陇县朱柿镇　35 凤翔　36 宝鸡　37 商县府君庙　**38 周至亚柏镇**　39 周至　**40 周至终南镇**　41 户县　42 西安　43 蓝田　44 洛南富刘村　45 华阴西王堡　46 潼关　**47 朝邑仓头镇**　48 大荔　49 合阳　50 韩城

其中字体加粗的是一个县内重复的方言点，共 9 个。另有 16 个县调查点不在县城或县城附近。

2. 本次调查的方言点设置

本次调查的宗旨是在对《报告》进行追踪调查的同时，进行更加全面的调查，以系统地反映当代关中方言的语音现状，考察近 80 年来关中方言的微观演变。同时进行方言词汇的系统调查，提供关中方言词汇的较为详细的语料。因此，在调查点的设置上，既考虑了《报告》选点的情况，又考虑了本次调查的系统性和覆盖面。具体如下。

（1）基本删除县境内重复的方言点，但根据方言特点，保留了富平美原镇一点。

（2）《报告》有些县没有调查县城方言，本次选择这些县城（或近郊）方言进行调查。包括下列县城：渭南、澄城、铜川（同官）、泾阳、淳化、咸阳、旬邑①、长武、扶风、岐山、麟游、商州（商县）、洛南，共计 13 个。

（3）应归关中方言而白涤洲先生未调查者，共 12 县：长安、黄龙、宜川、黄陵、洛川、富县、宜君、太白、凤县、山阳、丹凤、定边。

本次调查加入：长安、宜川、富县、黄陵、宜君、丹凤，共 6 县。

综上，本次调查共设点 48 个，列举如下：

渭南市：1 潼关　2 华县　3 大荔　4 合阳　5 韩城　6 蒲城　7 澄城　8 白水　9 富平　10 渭南　11 华阴　12 富平美原

商洛市：13 商州　14 洛南　15 丹凤

西安市：16 西安　17 长安　18 户县　19 周至　20 蓝田　21 临潼　22 高陵

延安市：23 富县　24 黄陵　25 宜川

铜川市：26 铜川　27 宜君　28 耀县

咸阳市：29 咸阳　30 三原　31 礼泉　32 兴平　33 武功　34 乾县　35 彬县　36 长武　37 旬邑　38 永寿　39 淳化　40 泾阳

宝鸡市：41 扶风　42 眉县　43 麟游　44 千阳　45 陇县　46 岐山　47 凤翔　48 宝鸡

3. 调查条目

调查内容包括语音、词汇、语法。

语音包括单字音和连读变调。单字音调查包括《关中方音调查报告》中的所有 400 多字，并扩充到 2273 字。连读变调是为词汇和语法调查服务的。

词汇条目 1624 条。语法条目 70 条。

（二）本项目的总成果

总成果包括三卷：

第一卷：《近八十年来关中方言微观演变研究》。

第二卷：《关中方言字音对照集》，以例字在《广韵》音系中的音韵

---

① 关中地名一律使用简化以后的新词形。新旧词形对照如下：商雒—商洛，雒南—洛南，鄜县—富县，郃阳—合阳，鄠县—户县，盩厔—周至，栒邑—旬邑，邠县—彬县，郿县—眉县，汧阳—千阳，醴泉—礼泉。

地位为参照，比较关中 48 点方言的 2273 个单字音，包括白读音和文读音。

第三卷：《关中方言词汇、语法例句对照集》，分 27 类比较关中 48 点的方言词语 1624 条，语法例句 70 条。

约计 300 万字。

(三) 本项目的创新点

1. 深入调查、系统描写了 48 个方言点的语音系统，提供了翔实的语音、词汇、语法材料，填补了关中方言调查中的不少空白，在汉语方言区域研究中也属少数。

2. 对《报告》进行追踪调查，反映 80 年来关中方言声母、介音的演变及其地理分布的变化。

3. 共绘制 60 余幅方言特征地图，充分发挥了方言地图在方言特征地理分布、演变规律及细节解释中的作用。

4. 利用当代关中方言中正在进行的演变印证、解释历史上重大的语音演变现象，凸显了方言微观演变研究在语言史、语言学理论研究中的价值。

5. 描写与解释并重，以声母和介音互相协调、互相影响的独特视角，解释了关中方言及北方地区存在的一些重要语音演变事实，有说服力地回答了方言演变的一系列重要问题。

三 《近八十年来关中方言微观演变研究》的章节内容

对《关中方音调查报告》进行追踪调查，通过比较来观察 80 年来关中方音的演变，是本项目的主要目标和内容。这部分内容共 11 章。

第一章 关中方言概述 概述陕西省关中地区的简况，并从方言归属、内部区划以及声韵调几个方面，从整体上对关中方言进行简略描写。

第二章 关中方言声韵调 对 48 个方言点的声韵调系统进行描写。与一般区域方言语音调查报告不同的是，本章对方言音系的描写十分注重音值和发音特点，以便观察方言语音演变中的细微之处和演变过程。

第三章 关中方言古帮组声母的唇齿化与汉语史上的重唇变轻唇 关中方言中存在双唇音声母在 o、u 韵前唇齿化的现象,近 80 年来这种现象从类型到地域分布都有较大扩展。从发生顺序来看,送气音 p^h 首先唇齿化,鼻音 m 最晚唇齿化。本章联系学界关于汉语史上重唇音变轻唇音的考察成果,讨论了双唇音声母唇齿化的语音机制,并用正在进行的演变过程印证了重唇变轻唇的一些细节。

下面两幅方言地图(图 3-1、图 3-2)对照了 80 年间关中方言双唇音声母唇齿化的分布范围和类型(地图编号为书稿中的编号,下同)。

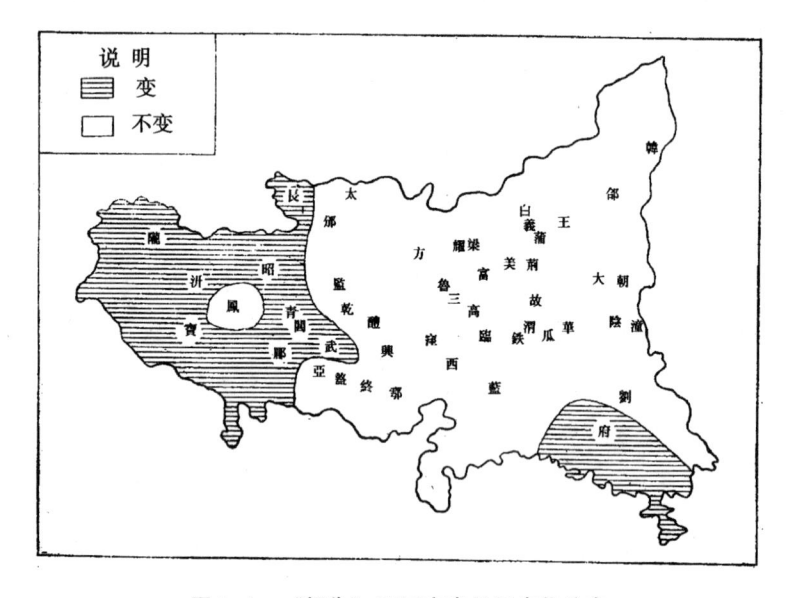

图 3-1 《报告》双唇音声母唇齿化分布

第四章 知系合口字声母在关中方言中的读音类型及其演变 本章以《报告》为出发点,观察当代关中方言中古知庄章日组合口字的读音类型及其演变。据本章分析,《报告》时期古知系合口字在关中方言中的读音可分为四类:①tʂ 类,②pf 类,③tsʮ-类,④tsu-类;其中类型④与精组字合流,类型③的读音可拟为舌叶音。近 80 年来,古知系合口字与精组字的音类分合关系变化不大,但类型①、类型③的读音及其地理分布发生了较大变化。文中用方言地图反映上述音类及其地域分布的变化,并考察了关中方言古知系合口字的发音特点和微观演变。

本章还论述了下列观点:《报告》存在过度归并音位的情况;关中方

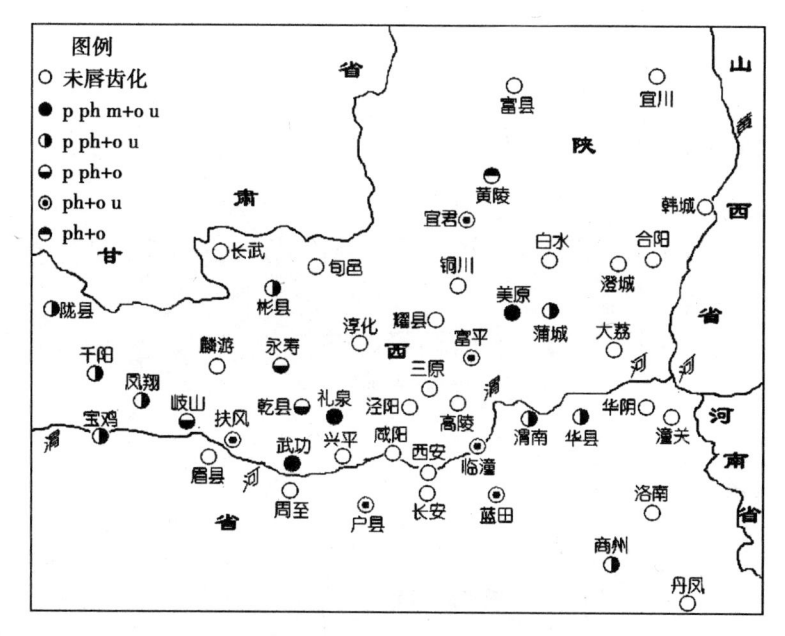

图 3-2　当代关中方言双唇音声母唇齿化类型分布

言古知系合口字的出发点是［tʂu-tʂʰu-ʂu-ʐu—］；属于类型③、类型④的方言，今读声母大多是带圆唇成分的舌叶音［ʧʧʰʃʒ］；关中方言中知系字声母发音部位靠前、阻碍偏紧、音节中处于强势地位等特点，导致其在合口音节中发生了一系列变化。

下面是三幅地图，图 4-1 是《报告》中知庄章合口字的读音类型图，图 4-2 是我们对《报告》中的知庄章合口字读音进行重新分析以后显示的读音类型图，图 4-3 展示当代关中方言知庄章合口字读音类型。通过比较，可以看出其中发生的主要变化。

第五章　关中东府方言古知庄章组合口字与精组字合流的内外因素

本章继续讨论关中方言中知系合口字的发音及其与精组字的关系。关中东府地区的部分方言中，存在古知庄章组、精组字在今合口呼韵母前合流的现象。此外，这一带方言还有另外两条语音演变规律：①遇摄一等端系及通摄入声一等端系、三等知系字韵母裂化；②山臻摄合口一等精组字介音［y］化、声母颚化。这两条语音演变规律是知精合流型音变能够发生的外部因素，而精组字在今合口呼韵母前与知庄章组字读音趋同则是知精合流的内在因素。

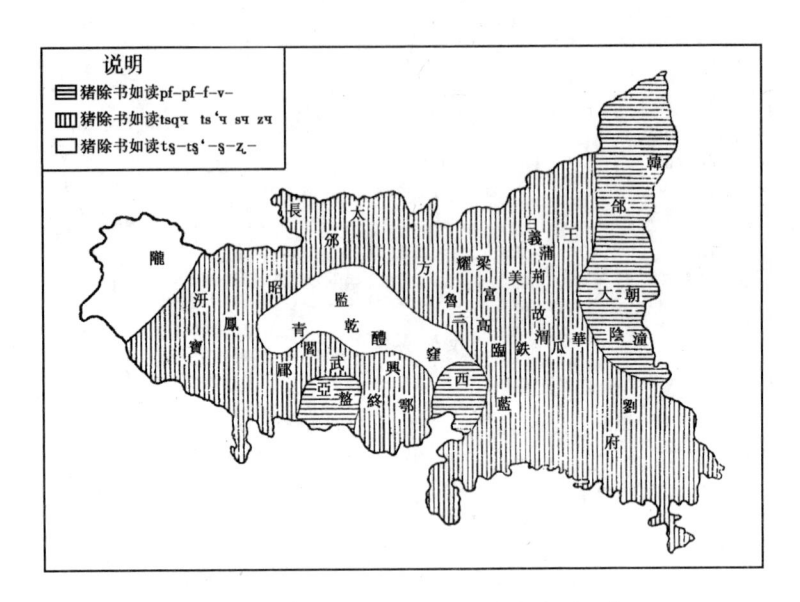

图 4-1 《报告》知系合口字读音类型示意

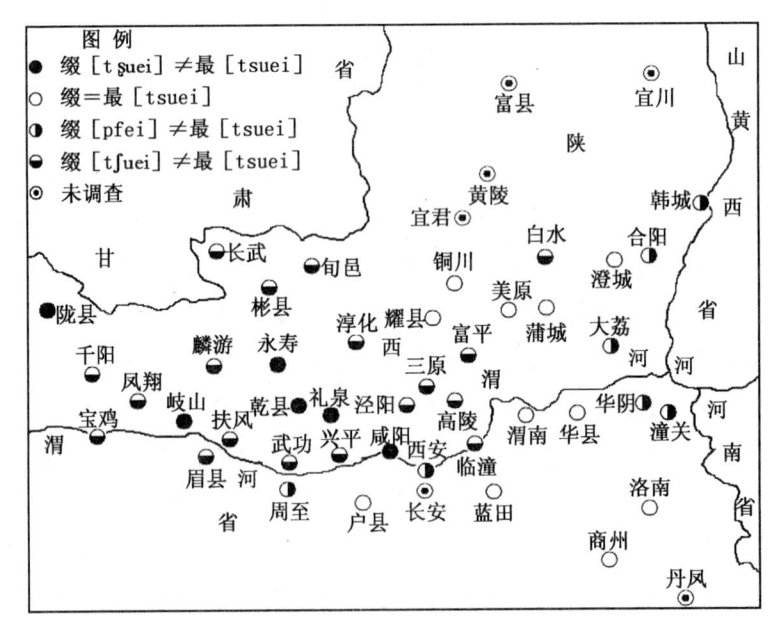

图 4-2 《报告》知系字与精组字关系重新分析示意

第六章　近 80 年来关中方言端精见组齐齿呼字读音及其分布的演变　近 80 年来，关中方言中端精见组齐齿呼字的分混关系及其地理分布

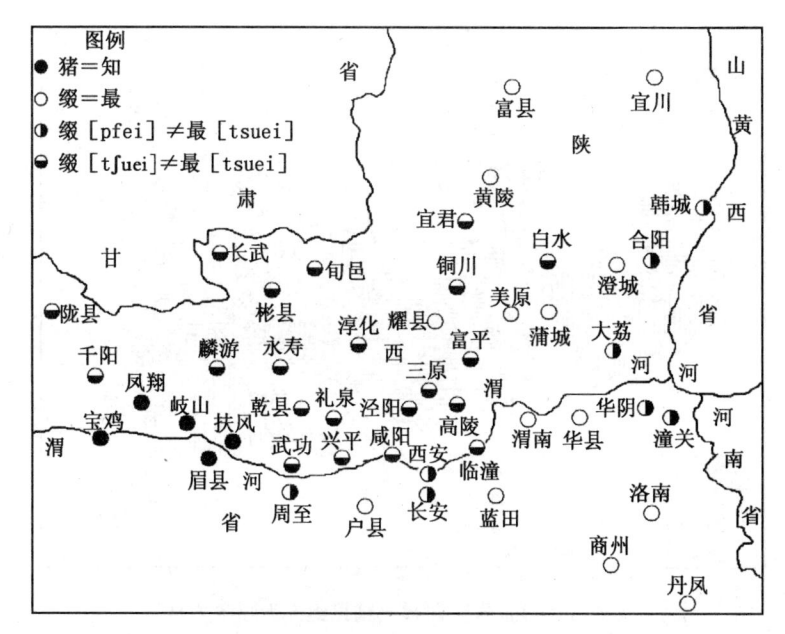

图 4-3 当代关中方言知系合口字与精组字关系示意

发生了剧烈的变化。在《报告》中，这三组字的分混关系可分为 5 类，目前已发展到六类。关中方言中，端精合流、精见合流是端精见组齐齿呼字演变的两种主要的表现方式和路线，两种方式如果发生接触，则端精见进一步合流。《报告》时代只有一个点存在端精见组齐齿呼字的大合流，现在已发展到 10 个点。陕西境外来自关中地区的回民汉语与境内关中话发生了平行演变，也实现了三组字的大合流。据此推测，端精见组齐齿呼字大合流可能与回民汉语关系密切。

下面两幅地图（图 6-1、图 6-3），展示了 80 年来关中方言中端精见组齐齿呼字关系的变化，其中最突出的是"端精见"三组字大合流，即所谓"天地钉子铁"的语音特征的大幅度扩散。

第七章　关中方言古山臻摄合口一等精组字的介音 [y] 化与声母颚化——兼及合口一等来母字和合口三等精组字的演变　关中方言中存在两种方向相反的音变：古山臻摄精组合口一等字介音 [y] 化、声母腭化（同时来母合口一等字介音 [y] 化），山臻摄精组合口三等字介音 [u] 化、声母不变。两种音变的发生地域呈互补分布，前者分布在东部，后者分布在中西部，来母字介音的 [y] 化发生在渭河以北，与两者都有交

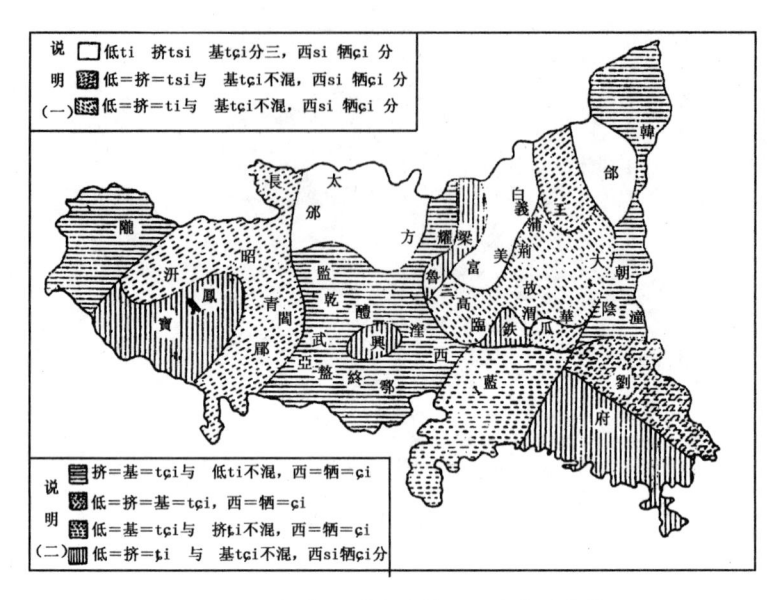

图 6-1 《报告》时代端精见组齐齿呼字关系

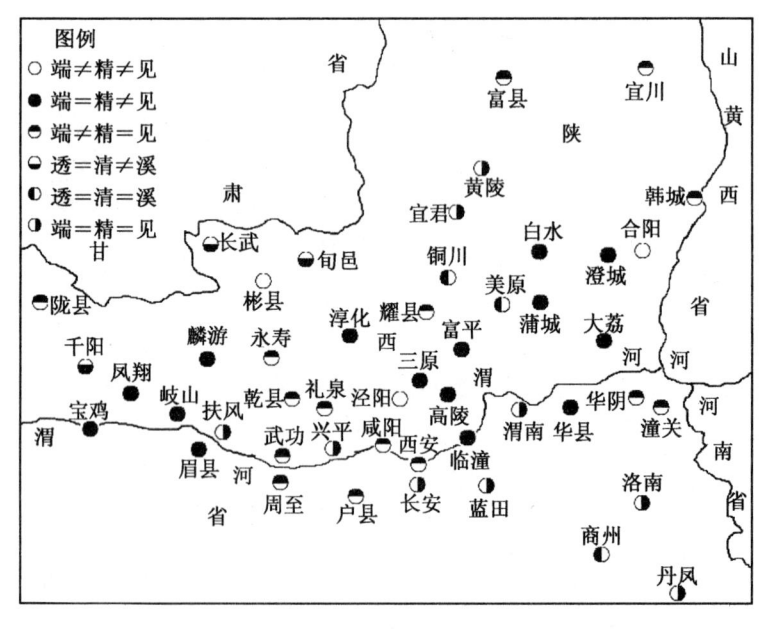

图 6-3 当代关中方言端精见组齐齿呼字关系示意

叉。本章绘制多幅方言地图，通过地域分布观察和外部比较，发现前者是带有强烈的地域特点的音变，而后者则可能是官话历史上某一时期的一种普遍现象的遗留。

第八章　关中方言例外上声字探究　关中话有不少与古今语音对应规律不符的上声字，其中来自古去声、全浊上的字最多。这些例外字少部分与普通话相同，大多数在关中话中具有一致性。造成例外上声字的原因是：连读变调和中和调对单字调的影响；普通话去声调值的影响；普通话调类的影响；古代关中话的遗留；其他。本章通过分析上述原因，提出了"连调固化式音变""借调固化式音变"的概念。

第九章　礼泉方言音系及声调对元音开口度的影响——兼论关中及西北方言调查中的音位处理原则　礼泉方言是本项目试调查的方言点，调查中发现了以前没有注意到的诸多语音现象。本章详细描写了礼泉城关话的声母、韵母、单字调，描写和讨论了礼泉话的"调值分韵"现象，同《报告》作了比较，最后提出了笔者对调查关中乃至西北方言时音位处理原则的看法。

第十章至第十一章　关中方言地图及解释（上、下）　这两章共绘制了39幅方言地图，讨论近80年来关中方言声母、韵母的演变情况（除前几章的内容之外），并反映关中方言中若干重要的语音现象。包括v-、u-的分混，n、l声母的分混，"裤苦哭"等古溪母字白读为fu，"尾"的文读音声母，古全浊声母字是否读送气声母；ɛ、uɛ和ei、uei的混并，蟹合三、止合三唇音字的文读韵母，遇摄合口一等韵的裂化，果摄开口一等字与合口字的关系，"儿耳"的白读音，"大"的白读与"啥"的读法，止摄合口三等字的白读韵母，宕梗摄舒声韵的白读，"斜"的白读音韵母，"说"的读法等。举第十一章的两幅地图为例。

"大"的读音可从声母、韵母两个角度来观察（见图11-14）。从声母来看，东部宜君、美原、渭南以东读送气音，北部长武、彬县、旬邑读送气音，西府地区没有读送气音的，与"病"读送气音的同言线最为接近。从韵母的角度看，除了麟游、岐山以西及长安、礼泉等方言外，其余方言都有uo韵的白读。这一分布特点反映，在地道的关中方言中，果摄开口一等字"大"的读音与北方其他方言有不同的发展路线：北方大部分方言"大"的读音例外，而关中绝大多数方言符合古今音变条例。与同属歌韵的"多"比较一下，就会明白这个道理。

可以作为参照的是图11-15，该图反映"什么"的合音词"啥"的读音。关中东部合阳、澄城、白水、大荔、蒲城、华阴六点，中部偏西的长武、旬邑、彬县、永寿、乾县五点，"什么"的合音词"啥"读[﹤suo]类音。"什么"的原形是"什摩"，"摩"属果摄开口一等明母字，正与"大"的中古音韵母相同。因此，合音词"啥"读[suo]同样属于果摄一等字符合古今音变条例的读法，与"大"读[t^{h}uo⁼/tuo⁼]平行。这个读音与北京话为代表的广大北方方言不同。

  值得特别指出的是，一些关中人认为，关中方言"大"读[t^{h}uo⁼/tuo⁼]是保留古音。这实在是一种大大的误解。确切地讲，这一特点应当表述为："大"读[t^{h}uo⁼/tuo⁼]的韵母符合北方方言中果摄开口字的音变规律，不能说它是保留古音。如果要说古音，其他方言的[ta⁼]倒是更接近中古音。

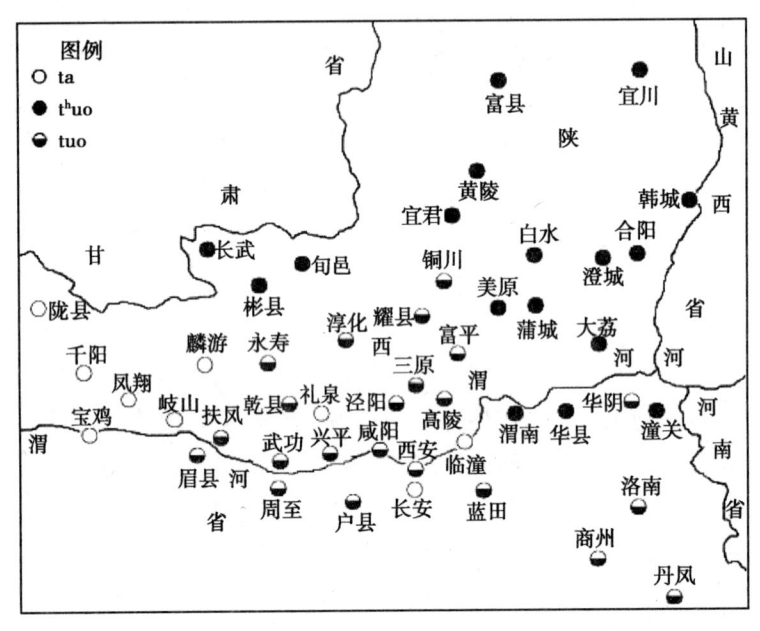

图 11-14   "大"（果开一去箇定）的白读音

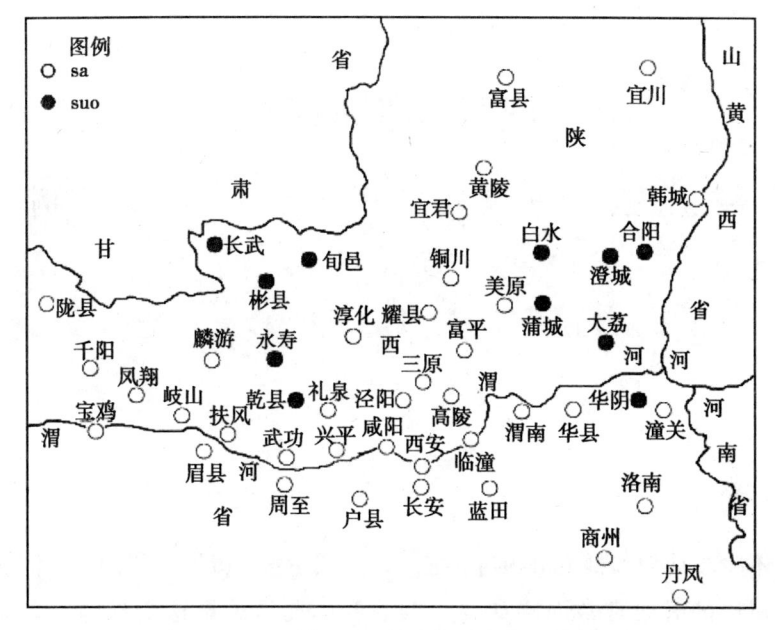

《近八十年来关中方言微观演变研究》简介　　　　　　　　23

图 11-15　"啥"（"什么"的合音）的说法

（邢向东　西安　陕西师范大学文学院/语言资源开发研究中心　710119

张双庆　香港　香港中文大学中文系　Songhing213@gmail.com）

混淆和俗词源[*]

——以西北方言的"蒲公英"对应词为例

太田斋

前 言

  不少小动物和野生植物名称的原始形式不一定分明。我们对它们加以分析讨论的时候常常面临如何决定演变的前后关系这个难题。本文以"蒲公英"一词的方言对应词为对象介绍该词的演变情况。对于用拼音符号记录的方言音,为了区别于国际音标,加"//"表述。此时所用的音标是为了在同一平面处理一系列对应词而以音位论观点处理的一种超方言式音标,除了五个单元音韵母（ɿ, ʅ, i, u, y）以外,和注音字母的罗马转写标记基本一致。严格来说,ɿ, ʅ, i, u, y 也应该分别作为 ri, ɿi, ʅi, ui,但考虑到通俗易解,暂且不采用这种方式。A>B 意为由于系统性的历史音变 A 变为 B, →意为由于个别的特殊音变 A 变为 B。

  "混淆"是一个词语受另一个在语音、词意上有某种关系（比如同音、同义、类音、类义）的词语的影响,语音、词意上发生的一种类推变化现象。比如,作为"类化"的例子来介绍的"眉毛"对应词（太田

---

[*] 本研究得到日本学术振兴会平成 27 年度科学研究费补助金［基盘（B）（海外学术调查）］［研究课题名："黄河流域方言混合地带における言語伝播の実態解明——地理情報科学の手法を用いて（黄河流域方言混合地带语言传播的实态研究——结合地理信息科学的方法）",课题代码 15H05156,代表人：同志社大学教授 沈力］的资助。江苏师范大学刘淑学教授于 1997 年左右特地写信给我介绍了部分河北方言中有特色的"萤火虫"对应词。刘教授本人为冀州人,当时在河北大学任教,对河北方言有很深的造诣。本书使用了这些宝贵的材料,在此表示谢忱。又陕西师范大学张永哲老师也提供了家乡陕西凤翔虢王镇方言的例子,同样在此表示谢忱。非常遗憾,限于篇幅,参考文献部分将引用的方言材料一律从略。

斋，2009：70）也可以说是"混淆"的例子：
    北京平谷：眼眨毛 ian$^{214-21}$tʂə^{0}mau^{55} 睫毛
              眼眨眉 ian$^{214-21}$tʂə^{0}mei^{55} 眉毛
    河北安国：眼支毛 ian$^{213-42}$tʂʅ^{0}mau^{22} 睫毛
              眼支眉 ian$^{213-42}$tʂʅ^{0}mei^{22} 眉毛

    本来的词形大概是"眉毛"或"眉"，受"睫毛"对应词的影响变成了构词法与其同样的词，就是说"眉毛/眉"和"睫毛"对应词"眼眨毛/眼支毛"之间发生了混淆。

    太田斋（2006：191、195）介绍的如下混合体词形也属于一种混淆，即谐音词的混淆：

    1. 顶针式

"叔伯" + "白字" → "叔伯字（别字）"（*叔白字）

    山东莒南：叔伯字 ʂu^{213}pei^{0}tθŋ^{31} 别字 ← "叔伯"+"白字"
    山东即墨：叔伯字儿 ʂu$^{55-45}$pei^{0}tθɻ^{42} 别字 ← "叔伯"+"白字"
        "白" = "伯" pei^{42} ≠ 别 pie^{42} ≠ 背 pei^{213}
    山东平度：叔伯字（儿）ʃu$^{55-45}$pei^{0}tθŋ(r)^{53} 别字 ← "叔伯"+"白字"
        "白" = "伯" = "背" pei^{53} ≠ 别 pie^{53}
    山东青岛：叔伯字儿 ʃu$^{55-434}$pe^{0}tθɻ^{42} 别字 ← "叔伯"+"白字"
    Cf. 山东临沂兰山：岳伯字 yyə$^{214-31}$pei^{0}tsʅ^{312} 别字 "岳伯"←"叔伯"

    山东宁津：白字儿 pɛ^{53}tsɻ^{31}
    山东淄川：背字 pei^{31}tsʅ^{31} 别字：背，有人写作"白"但声调不合
    "白" pei^{55} ≠ "背" pei^{31} ≠ "伯" pei^{214}

"臊胡" + "葫芦" → "臊葫芦"（*臊胡芦）

    河北唐县：臊葫芦 sɔ^{31}xu^{3}lu^{55} 种公羊
    北京平谷：臊葫芦 sau$^{35-55}$xu^{0}lu^{214} 种公羊
    山西左权：臊胡 so^{53}xu^{21} 种公山羊
    山西文水：臊胡儿 sau$^{22-11}$xu$^{22-23}$e^{22} 种山羊

    2. 套匣式（亦可叫作"嵌合式"）

"胡蜂" + "葫芦" → "葫芦蜂"（*胡芦蜂）

    河北内邱：葫芦蜂 xu$^{33-35}$lu^{0}pʰəŋ^0
    云南昆明：葫芦蜂 fu^{31}lu^{212}foŋ^{44} 胡蜂；马蜂（因胡蜂、马蜂胸腹连

接处较细，形如葫芦，故称)

  云南永胜：葫芦蜂 fu^{31}nu^{45}foŋ^{434} 马蜂

  云南维西：葫芦蜂 fu^{31}lu^{213}foŋ^{44} 马蜂

  云南西畴：葫芦蜂 fu^{42}lu^{211}foŋ^{45} 胡蜂

  云南保山：葫芦蜂 fu^{31}lu^{44}foŋ^{44} 胡蜂

  云南巧家：葫芦蜂 k^{h}u^{31}nu^{45}foŋ^{44} =狗屎马蜂

  湖北鄂州：葫芦蜂子 k^{h}u^{21}leu^{21}foŋ^{44}tsʅ^{42}

  安徽休宁：狐狸蜂 xu^{55}li^{55}fæn^{35} 马蜂

  宁夏中卫：胡蜂 xu^{53}fəŋ^{44}

  新疆乌鲁木齐：胡蜂 xu^{24}fəŋ^{21} 回民

  太田斋（2006）把这一类词叫作"キメラchimera 语形"（汉语表达为"客迈拉词形"），是一种语言游戏的构词法，把本来意义上毫无关系的两个词由于有共同的谐音部分硬合并成一词，亦可说为歇后语式的构词法。

  "俗词源"是对由于语流音变而乖离原始语音形式的词加以并不科学的词源解释，随便打白字的现象。如果是词源意识相当巩固的词，即使发生语流音变，也很容易马上回到原来的语音形式，一般不会用代用字。林焘（1963：20）介绍北京话的连读音变，"人民"一词随着说话速度加快会发生如下变化：ẓənmin→ẓəmmin→ẓəmin。汉字还是"人民"，不会写作"惹民""热民"。与此相反，老百姓日常生活当中所使用的浅显而不上大雅之堂的口语词语音形式一变就往往写出白字，词源意识就模糊，很难回到原来的语音形式了。

  下面获鹿、遵化的例子太田斋（1997：114—122）已讨论过，现在加以类似的例子①介绍要旨：

  "明火虫：萤火虫"

  A 河北元氏：明火虫 miŋ^{53}xuo^{55}tʂuŋ^{53} 萤火虫

  河南周口地区：明火虫 ₌miŋ˪xuo₌tʂuŋ 萤火虫

  河南洛阳：明火虫儿 miŋ^{31}xuə^{53}tʂʰuɯ^{31} 萤火虫

------

  ① 刘淑学教授写信给我介绍了不少河北方言对应词的例子，这里的元氏、宽城、迁西、迁安的例子就是。特此表示谢忱。

B 河北获鹿：棉花虫儿 miaŋ⁵⁵xuo⁰tʂʰũr⁵⁵　　萤火虫
C 河北遵化：棉花虫 miɛn²²xuə⁰tʂʰuŋ⁵⁵　　萤火虫
河北宽城：棉花虫 nian³⁵xuo³¹tʂʰuŋ⁵⁵　　萤火虫
河北迁西：棉花虫 nian³⁵xuo³¹tʂʰuŋ³⁵　　萤火虫
D 河北迁安：棉花虫 mian³⁵xua⁰tʂuŋ³³　　萤火虫　（=秦皇岛）
河北青龙：棉花虫 nian³⁵xua⁰tʂʰuŋ³⁵　　萤火虫

按照历史演变经过正规变化的话，"明火虫"应该变如：*miaŋxuaɕiəuŋ>miaŋxuatʂʰuəŋ>miaŋxuətʂʰuəŋ>miəŋxuətʂʰuəŋ。笔者认为获鹿 miaŋxuətʂʰuŋ（r）的 miaŋ 是"明"字读音的古音遗留。遵化 miɛn²²xuə⁰tʂʰuŋ⁵⁵ 的实际读音如果是由于语流音变成为 miɛn²²xuə⁰tʂʰuŋ⁵⁵，那么这 miɛŋ 的主要元音比获鹿的 miaŋ 略微提高，可认为是属于比获鹿稍晚阶段的古音遗留。下面先介绍一下"棉花"一词的语流音变。mianxua 在会话中由于语流音变往往成为 miaŋxua，有的方言对应词的主要元音的弱化，成为 miaŋxuə，如：

山东章丘：棉花 miaŋ⁵⁵⁻²⁴xua⁰
河北清苑：棉花 miaŋ²²（←mian²²）xua⁰
河北满城：棉花 miaŋ²²（←mian²²）xua⁰
河北定州：棉花 miau²²～miaŋ²²（←mian²²）xuo⁰（xua⁰）
河北定兴：棉花 miaŋ³⁵⁻²¹（←mian³⁵⁻²¹）xuo⁰（xua⁰）　（窑河坑）
河北冀州：棉花 miaŋ⁵³⁻⁵⁵xuo⁰
河北晋县：棉花 miaŋ²⁴xuə⁰
河北获鹿：棉花 miaŋ⁵⁵xuo⁰
河北深州：棉火 miaŋ³⁵xuo⁰　　棉花

河北香河：棉花 nian³⁵（←mian³⁵）xua⁰
山东聊城：棉花 n̠iã⁴²⁻⁴⁴（<miã⁴²）xua⁰
山东德州：棉花 niã⁴²⁻⁵⁵xuɑ⁰（市区、近郊的称述）（=山东枣庄；济南）
　　　　　niaŋ⁴²⁻⁵⁵xua⁰（较远区的称述）
山东肥城：棉花 n̠iã⁴²⁻⁵⁵［miã⁴²⁻⁵⁵］xuɑ⁰［xuo⁰］
山东平邑：棉花 n̠ian⁵³⁻⁵⁵xuə⁰
山东临清：棉花 niẽ⁵³⁻³⁵³xu⁰

"明火虫"［*miaŋxuaɕiəuŋ > miaŋxuatʂʰuəŋ > miaŋxuətʂʰuəŋ（>

miəŋxuətʂʰuəŋ）］大概在"棉花"语音形式呈现如此语流音变的前提下，就由于俗词源解释为"棉花虫" miaŋxuətʂʰuəŋ。我们应该注意也有可能还没有到与"棉花虫（儿）"完全同音的时候就产生俗词源意识写作"棉花虫（儿）"了，实际语音形式向"棉花虫（儿）"的单字音形式靠拢，最终完全一致。上面的例子 D 就是完全一致的例子。上面含有"棉"字读为 nian 的例子，是该方言"棉花"的"棉"就这样读。这个"棉"字特殊读音问题，太田斋（1997：119）也讨论过。总之，用代用字的时候不一定用完全同音的字。这等于到了不可逆的地步，以后随着代用字的演变路线变化。

下面以西北方言的"蒲公英"对应词为主要对象，讨论"混淆"和"俗词源"的问题。

一 "婆婆""姑姑""公公"

原始形式"蒲公英" $p^hu\ kuəŋ\ iəŋ$

山西清徐：蒲公英 $p^hu^{11}kuəŋ^{11}iəŋ^{11}$

$p^hu\ kuəŋ\ iəŋ→p^h u\ p^h u\ iəŋ/tiəŋ→p^h uə\ p^h uə\ iəŋ/tiəŋ$ —"婆婆"

山东青岛：扑扑丁 $p^hu^{55}p^hu^{55}tiŋ^{213}$　蒲公英　（＝莱阳）

山东莱阳：卜卜儿菜 $p^hu^{23-32}p^huər^{23-0}tʃɛ^{213}$　蒲公英

河北丰南：婆婆英 $p^hu^{22}p^hu^0iŋ^{22}$　蒲公英

河北昌黎：婆婆英 $p^huo^{11}p^huo^0iŋ^{32}$　蒲公英

河北临西：婆婆丁 $p^ho^{53}p^ho^0tiŋ^{33}$　蒲公英

河北滦南：婆婆英 $p^hə^{33-31}p^hə^0iəŋ^{33}$　蒲公英

天津蓟县：婆婆英 $p^ho^{22}p^ho^{20}iŋ^{55}$　蒲公英

$p^hu\ kuəŋ\ iəŋ→p^hu\ p^hu\ iəŋ/tiəŋ→p^huə\ p^huə\ iəŋ/tiəŋ→ku\ ku\ iəŋ/tiəŋ$ —"婆婆"→"姑姑"

山西代县：咕咕英 $ku^{53-534}ku^{53-40}iɤŋ^{213}$　蒲公英—"姑姑"

山西大同：故故英 $ku^⊃·ku_⊂iəɤ$　蒲公英—"姑姑"

河北安国：姑姑英 $ku^{214-21}ku^0iŋ^{44}$　蒲公英

河北深泽：咕咕丁 $ku^{33}ku^{33}tiŋ^{33}$　蒲公英 —"姑姑"

河北灵寿：古古丁 $ku^{213}ku^0tiŋ^{22}$　蒲公英 —"姑姑"

菠菠丁 pʰə²²pʰə⁰tiŋ²²　　蒲公英 –"婆婆"

上面都是把开头的两个音节改为重叠形式的例子，关联到"婆婆""姑姑"。大概有过如下演变："蒲公英"→"＊婆公英"（未见）→"婆婆英"→"姑姑英"。注意 pʰupʰutiŋ 一类词形就有"婆婆丁"的写法，由此可知开头的两个音节在还没有与"婆婆"完全同音的地步就有如此写法，那么 pʰ(u)ə pʰ(u)ə tiəŋ 一类读音是后来向代用字"婆婆"靠拢并最终与其完全一致的结果。"英"为何改为"丁"这一点现在还没有具有较强说服力的答案。未见写作"姑姑丁"的例子。这个情况也许和从"英"到"丁"的替换有关系。

"蒲公英"–"公公"

山西阳城：公公弹花 kuoŋ²²⁴⁻²²kuoŋ²²tʰɛ²²⁻²⁴xuɑ²²⁴　　蒲公英

山西永济：木鸡公 mu³³tɕi²¹kuŋ⁰　　蒲公英

山西永和：木根根 məʔ³⁵⁻³¹kəŋ³³kəŋ³³　　蒲公英

山西大宁：木根根 məʔ³¹kəŋ³¹kəŋ³¹　　蒲公英

山西屯留：不藤 pəʔ⁴⁵tʰəŋ¹³　　蒲公英

山西沁县：不藤 pəʔ⁴tʰəŋ³³　　蒲公英

陕西韦曲：咕咕董 ku²⁴ku²⁴⁻³¹tuəŋ⁵³　　蒲公英–"姑姑"

河南南乐：婆婆荨　　蒲公英–"婆婆"

据笔者所知，把"蒲公英"联系到"公公"的只有上面阳城一例。未见 kuəŋ t(ʰ)əŋ xua～kuəŋ t(ʰ)an xua 一类过渡性词形。南乐一例虽然没有音标，但从字面我们可以猜测其实际语音应是 pʰə pʰə tʰiəŋ，tiəŋ→tʰiəŋ，可以解释为与前面音节部分同化变成送气音。那么阳城一例大概是由于"蒲公英"的"公"联想到另一个亲属名称"公公"，把"婆婆"改为别的亲属称谓的结果。虽然山西似乎不存在"黄花（儿）""黄花（儿）苗"一类带"花"的词形，但这些词形广泛分布于河南、陕西、甘肃等地区，我们也并不难以设想阳城一例是＊kuəŋ kuəŋ tʰiəŋ 和外地的带"花"的词形混淆而成的。

二　鸟名"鸽子""杜鹃鸟/斑鸠/布谷鸟"

"蒲公英"–"鸽子" ku ku tiəŋ→kuə kuə tiəŋ

山东章丘：鸽鸽丁 kuə⁻²⁴kuə⁰tiŋ²¹³　　蒲公英　（"鸽"入声变调）

　　　　　Cf. 鸽鸽 kuə⁻²⁴kuə⁰　　鸽子
　　"蒲公英"－"鸽子" kuə kuə tiəŋ→kuə puə tiəŋ
　　河北泊头：鸽鹁丁 kə³¹⁴po⁰tiŋ³¹⁴　　蒲公英
　　　　　Cf. 鸽鹁 kə⁴⁵po⁰　　鸽子

- -

　　山西平鲁：顾薄英 ku⁵³paʔ¹²⁻²iɤ³²⁴　蒲公英
　　山西平鲁：顾八英 ku⁵²pʌʔ³⁴iɯ²¹³　蒲公英
　　上面章丘的例子也许是属于开头重叠的例子的变体，但另有泊头以及平鲁的例子。那么也可能先有泊头的例子，由此发展成章丘方言的形式。
　　"蒲公英"－"杜鹃鸟/斑鸠/布谷鸟" ku ku tiəŋ→ku ku təŋ
　　陕西凤翔：咕咕等 ku²⁴⁻³¹ku⁻⁴⁴təŋ⁵²　蒲公英
　　陕西眉县：咕咕等 ku⁴⁴ku⁴⁴təŋ⁵³　蒲公英①
　　陕西户县：咕咕等 ku³⁵ku³⁵⁻³¹təŋ⁵¹　蒲公英；又指杜鹃鸟
　　陕西扶风：咕咕等 ku³⁵ku⁰²təŋ⁵³　斑鸠；蒲公英
　　Cf. 甘肃酒泉：姑姑等 ku⁴⁴ku⁴⁴təŋ⁵³　布谷鸟
　　上面的例子大概是由于俗词 ku ku tiəŋ 跟"杜鹃鸟/斑鸠/布谷鸟"等鸟名的 ku ku təŋ 联系起来，发展为与此同音的例子。
　　"蒲公英"－"鸽子"－"蘑菇" kuə kuə tiəŋ→kuə puə tiəŋ→＊puə kuə tiəŋ→＊puə ku tiəŋ→muə ku tiəŋ
　　河北河间：蘑菇丁 mo⁵³ku⁰tiŋ⁴⁴　蒲公英
　　河北定兴：蘑菇丁/mo³⁵⁻²¹gu⁰ding³³/　蒲公英
　　　　　Cf. 蘑菇/mo³⁵⁻²¹gu⁰~guo⁰/
　　河北满城：蘑菇丁　　蒲公英

三　"蘑菇"

kuəpuə（tiəŋ）→＊puə kuə（tiəŋ）→＊puə ku（tiəŋ）→muə ku（tiəŋ）→mu ku（tiəŋ）
　　河北行唐：木古丁 mu⁵²ku⁰tiŋ³⁴　蒲公英－"蘑菇丁"

---

① ku⁴⁴ku⁴⁴许是 ku³¹⁻⁴⁴ku³¹⁻⁴⁴之讹。

山西太原北郊区：木鼓鼓 mə?²/?⁵³ku³¹²/⁵³ku³¹²/³³　　蒲公英

四　"饽饽""馍馍"

"蒲公英"-"饽饽"-"馍馍" muə ku（tiəŋ）→muə muə（tiəŋ）

河北枣强：馍馍菜　　　　蒲公英
山东曲阜：簿簿菜 puə⁴²⁻⁵⁵puə⁰tsʰɛ³¹²　　蒲公英
　　　　　簿簿丁 puə⁴²⁻⁵⁵puə⁰tiŋ²¹³　　蒲公英

枣强一例也有可能是从"蘑菇丁"进一步演变而来的，但为何把"丁"改为"菜"这一点难以解释。虽然目前只有山东曲阜的一例，这大概是由于与具有代表性的面食名称"饽饽"之间的谐音关系，先把"婆婆丁" puə puə tiəŋ 改为"＊饽饽丁"（未见），再改为"饽饽菜" puə puə tsʰai，然后把"饽饽"换成类似的另外一种面食名称"馍馍"。此外还有先从"蘑菇丁"变到"馍馍"，然后把它换成"饽饽"的可能。但未见"馍馍丁"一类词。据笔者所知，目前属于此类型的只有以上几例。"饽饽""馍馍"哪个在先，这个问题尚未能提出有说服力的答案。

在此附带说明一下，带"菜"的"蒲公英"对应词并不多，据笔者所知只有以下几例。这些词形和枣强一例差距较大，可不必管它们。

山东聊城：起起菜/chíchicāi/蒲公英　＝山东茌平、冠县
河南获嘉：呲牙菜 tsʰɿ³³ia³¹tsʰai¹³　　蒲公英
河南固始：黄花菜 xuaŋ³³xua²¹³tsʰai⁵³　　蒲公英
陕西横山：黄花菜 xuaŋ²¹³⁻²⁴xua³³tsʰai⁵¹　　蒲公英　＝"金针"?
陕西吴旗：黄花菜 xuaŋ²⁴xuaŋ²¹tsʰai⁴⁴　　蒲公英①
宁夏盐池：黄黄菜 xuaŋ¹³xuaŋ¹³tsʰɛ³⁵　　蒲公英
　　　　　Cf. 黄花菜 xuaŋ¹³xua⁴⁴tsʰɛ³⁵　　黄花菜
宁夏固原：黄黄苔 xuaŋ²⁴xuaŋ⁰tʰɛ²⁴　　蒲公英
　　　　　Cf. 黄花菜 xuaŋ²⁴xua⁰tsʰɛ⁴⁴　　黄花菜

---

① 此词形本字无非是"黄花菜"，可能由于非邻近同化变如 xuaŋxuatsʰai→xuaŋxuaŋtsʰai。重视本字写作"黄花菜"，还是重视实际读音用代用字写作"黄黄菜"，难以立刻下判断。暂且从原文写法。

宁夏同心：黄黄子菜 xuaŋ⁵³xuaŋ⁰tsʅ⁰tsʰɛ¹³　　蒲公英
　　　　　　环环菜 xuan⁵³xuan⁰tsʰɛ¹³　　蒲公英
新疆哈密：曲曲菜 tɕʰy⁵⁵tɕʰy⁵¹tsʰɛ²¹　　蒲公英

五 "鸡蛋壳"

"蒲公英"（－"母鸡"）－"鸡蛋壳" mu tɕi kə→mu tɕi tan kə→mu tɕi tan kʰə

河南上蔡：毛鸡蛋棵/mao⁵³ji²⁴dan³¹kuo²⁴/　　蒲公英
　　　　　阴平 24，阳平 53，上声 55，去声 31

- -

山西吉县：木鸡歌 mu³³tɕi⁴²³⁻⁴²kə⁰
山西洪洞：没京个 mu²⁴⁻²²tɕieŋ⁰ko⁰　　蒲公英
山西稷山：木金河 mu³¹tɕien⁵³kə²⁰　　蒲公英①
山西临汾：没经果 ₌mɔ ˛tɕiŋ·kuɔ　　蒲公英
Cf. 山西永济：木鸡公 mu³³tɕi²¹kuŋ⁰蒲公英
河南延津：鸡蛋棵/ji⁵⁵dan⁵³kuo³⁵/蒲公英　－"鸡蛋壳"
　　　　　阴平 35，阳平 53，上声 55，去声 31
河南郾城：鸡胆棵 tɕi⁴²tan³¹kuo²⁴　　蒲公英
　　　　　阴平 24，阳平 42，上声 55，去声 312
　　　Cf. 车轱轮棵 tʂʰʅ²⁴ku⁵⁵luər⁰kʰuo²⁴　　车前草

看来，包含"鸡蛋/鸡胆"的词形只见于河南，上蔡、延津、郾城三例就是。后两例音标都有问题，先要校对一下。延津一例的声调调值与单字音调不一致，这大概是记录变调调值的原故。虽然所据文献的有关连读变调的描写过于简单，但我们可以推测本来应该如下标记，即：

河南延津：鸡蛋棵/ji³⁵⁻⁵⁵dan³¹⁻⁵³kuo³⁵/　　蒲公英

郾城一例的情况也与此差不多，并且所据文献提到"去声 312+非去声"的前字变为 31，那么"胆"的记音除了改为 tan⁵⁵⁻³¹ 以外，还有干脆把它改为"蛋" tan³¹ 的余地，即有如下两种修订方法：

---

① "河" kə²⁰ 似乎不对应，应是"哥" kə²⁰ 或"河" xə²⁰ 之讹。现不知如何修改，暂且从原文记法。

河南郾城：鸡胆棵 tɕi⁴²tɕi²⁴⁻⁴²tan⁵⁵⁻³¹kuo²⁴蒲公英

河南郾城：鸡蛋棵 tɕi⁴²tɕi²⁴⁻⁴²tan³¹kuo²⁴　蒲公英

本文采用后者。另外，"棵"字原文声母记作不送气，这也有可能是遗漏了送气符号（原文用‘，本文一律改为ʰ）。但这个问题不那么简单，先在不修改的前提下进行讨论。河南这三个地点虽然都在京广线附近，延津靠北，而上蔡、郾城均在河南中南部。据笔者所知，河南方言未见与此类似呈现过渡状态的词形，暂且代用山西对应词进行如下推测：到达上蔡的前一段大概是上面吉县、洪洞、稷山一类词，从前两个音节联想到谐音的"母鸡"，进一步与"鸡蛋"联系在一起成为（mu tɕi kə→）mu tɕi tan kə，然后 tɕi tan kə 由于俗词源解释为"鸡蛋壳"，发生了 kə→kʰə 的变化。这种并不完全同音的代用字的使用方法已经在本文最前面的"萤火虫"一项中介绍了。未记作"壳"而记作"棵"，可能是因为"蒲公英"本是植物名称的原故。注意入声已派入舒声的河南方言一般把古清入现读为阴平。"壳"亦属于清入，即使单字读音受普通话的影响读为阳平，但是在这种较为古老的口语常用词当中并不会意识到规范读音，那么"壳"和"棵"应是同音。

如果郾城"鸡蛋（<胆）棵"的 kuo²⁴ 正如此读，而不是 kʰuo²⁴ 之讹，那么就是从 mu tɕi tan k(u)ə"母鸡蛋壳"开始，k(u)ə 未向代用字"壳"靠拢并与此一致之前就丢失了开头的 mau（←mu）。上蔡、延津的"棵/壳"如字读，这大概是 k(u)ə 进一步变化，最终和"棵/壳"的单字音完全一致。这样看来，郾城的 tɕi tan k(u)ə 的演变过程和上蔡的"毛鸡蛋棵/mao⁵³ji²⁴dan³¹kuo²⁴/"、延津的"/ji⁵⁵dan⁵³kuo³⁵/"稍有不同。

六　"灯蛾""肚脐"

我们应该注意到"蒲"字属于中古平声模韵并母，《集韵》另有上声姥韵并母的别音。在"蒲公英"一词中的"蒲"的读音调类不一，时读阳平，时读上声，时读去声，声母亦时读送气，时读不送气。由此可知"蒲"字由于种种原因经过特殊音变离开了正规历史音变道路。

北京：蒲公英 ˌpʰu˰kuŋ˰iŋ　蒲公英

河北唐山：蒲公英 ˍpʰu˰kuŋ˰iŋ　蒲公英

江苏徐州：蒲公英 ₌pu~ ₌pʰu ꜀kuŋ ꜀iŋ　　蒲公英

北京平谷：破破丁 pʰo⁵¹pʰo⁰tiŋ³⁵　　蒲公英

山东金乡：布布丁 pu³¹²⁻⁴²pu⁰tiŋ²¹³　　蒲公英

山东沂水：补补丁 pu⁵³⁻²⁴pu⁰tiŋ²¹³　　蒲公英

山东平度：菠菠丁 pə²¹⁴pə⁰tiŋ²¹⁴　　蒲公英

这一节里介绍的类型是从 puəpuətiəŋ 类词形变过来的。

"蒲公英" – "灯蛾" puə puə tiəŋ + "棵" kʰə→puə tiəŋ kʰə→puə tiəŋ kə→puə təŋ kuə→puə təŋ ŋuə

山东郯城：醭醭丁 pu⁵⁵pu⁰tiŋ²¹³　　蒲公英

山东汶上：卜卜丁 pu⁴²⁻⁵⁵pu⁰tiŋ²¹³　　蒲公英

山东诸城：布布丁 pu³¹pu³¹ȶiŋ²¹⁴

山东即墨：婆婆丁 pu⁴²⁻⁵⁵pu⁰tioŋ²¹³　　蒲公英

山东曲阜：簿簿菜 puə⁴²⁻⁵⁵puə⁰tsʰɛ³¹²　　蒲公英

　　　　　簿簿丁 puə⁴²⁻⁵⁵puə⁰tiŋ²¹³　　蒲公英

山西屯留：不藤 pəʔ⁴⁵tʰəŋ¹³　　蒲公英

山西沁县：不藤 pəʔ⁴tʰəŋ³³　　蒲公英

山西榆社：不登登 pəʔ²²⁻⁴⁴tɛɪ²²tɛɪ²²⁻⁴⁵　　蒲公英

山西汾西：不定个 pə³tiəŋ⁵³kə¹¹　　蒲公英

山西汾西：蒲定个 pə³tiəŋ⁵³kə¹¹　　蒲公英

山西长治：孛登高 pəʔ꜂ təŋ꜀ kɔ　　蒲公英 – "扑灯蛾"

山西临汾地区：蒲灯果 pʰu³⁴təŋ³³kuo³¹³　　蒲公英 – "扑灯蛾"

山西临汾屯里：蒲□□pʰu⁵¹⁻⁵⁵təŋ⁻²²kɔ⁻²²　　蒲公英 – "扑灯蛾"

内蒙古乌拉特前旗：拔灯蛾儿　　蒲公英 – "扑灯蛾"

陕西府谷：拔灯蛾儿 pəʔ³təŋ²¹³ŋər⁴¹　　菊科野生植物，即蒲公英（可食，入药）– "扑灯蛾"

虽然未见 pəʔtəŋ 的例子，榆社的例子可能是 pəʔ təŋ 的小称形式。也不见 pəʔ təŋ kʰə（即第三音节声母 kʰ-）的例子。现在暂且看作 pu/pəʔ təŋ 后面带了"棵 kʰə"成为 pu/pəʔ təŋ kʰə，然后由于某种理由变成 pu/pəʔ təŋ kə，最后联想到"灯蛾"成为 pu/pəʔ təŋ ŋə。

"蒲公英" – "灯蛾" puə puə tiəŋ – "肚脐"

山西古县：不丢蛾 pu²¹tɕiəu²¹ŋuor³⁵ – "肚脐"

蒲公英 pʰu³⁵kuəŋ²¹iŋ²¹

山西霍州：蕃荠根 pu³⁵tɕi⁵⁵ku³³　蒲公英

- -

山西临汾屯里：□□窝 pu⁻²²tɕiəu⁻⁴⁴uo²²⁻³¹　肚脐

山西洪洞：不脐窝 pu²⁴⁻²²tɕiou³⁰uo⁴²　肚脐

陕西汉中：脖就窝 pu²¹tɕiou⁰uo⁰　肚脐眼儿

山西临汾：不脐窝儿 pu¹³tɕi⁵⁵uɔr⁰　肚脐

山西吉县：不脐窝 pu¹³⁻¹¹tɕi⁵³⁻⁵⁵uo⁰

山西平陆：不脐窝 pu¹³tɕi³³uɤ³¹　肚脐

山西平陆：□脐窝 pu⁻¹¹tɕi³³uo³¹　肚脐

山西河津：不脐窝 pu³²⁴tɕi⁴⁴uɤ³¹　肚脐

陕西蓝田：脯脐窝儿／꜀buji꜂wor／　肚脐

陕西渭南：□脐窝 pu⁴⁴tɕi⁴⁴uɤ²¹　肚脐眼

这大概是"肚脐"对应词（现不谈开头音节的本字问题）先有如下变化：pu tɕi uə→pu tɕiu uə→pu tɕiəu uə。然后从"蒲公英"的 pəʔ/pʰəʔ tiəŋ k(u)ə 一类对应词联想到"肚脐"对应词形式，向其靠拢最终形成上面古县的形式。虽然未见 pəʔ/pʰəʔ tɕiəŋ k(u)ə、pəʔ/pʰəʔ tɕieu k(u)ə 一类"蒲公英"词形，另有如下例子：

山西临汾：没经果 ₌mɔ꜀tɕiŋ·kuɔ　蒲公英

山西稷山：木金河 mu³¹tɕien⁵³kə²⁰　蒲公英①

山西洪洞：没京个 mu²⁴⁻²²tɕieŋ⁰ko⁰　蒲公英

山西绛县：没茎根 mɤ²⁴tɕiʌŋ⁵³kei⁻⁵³

山西吉县：木鸡歌 mu³³tɕi⁴²³⁻⁴²kə⁰

蒲公英 pʰu¹³kuəŋ⁴²³⁻⁴²iəŋ⁴²³⁻⁴²

山西永济：木鸡公 mu³³tɕi²¹kuŋ⁰　蒲公英

我们也可以推测为曾经在古县有过 pəʔ/pʰəʔ tiəŋ k(u)ə 一类对应词和 məʔ tɕiəŋ k(u)ə 一类对应词的混淆，产生了 pəʔ/pʰəʔ tɕiəŋ k(u)ə 一类过渡性词形。那么就很容易联想到"肚脐"了。

如此联想异常改变原来的词形，这种解释并不是荒唐无稽的。参看下

---

① "河" kə²⁰ 似乎不对应，应是 "哥" kə²⁰ 或 "河" xə²⁰ 之讹。现不知如何修改，暂且从原文记法。

面也是把"蒲公英"和"肚脐"联系起来，由于俗词源形成新词形的例子。

陕西亚柏：抱抱娃娃 pau⁵⁵pau⁵⁵ua³⁵ua³⁵⁻³¹　　蒲公英

- -

陕西韩城：脖脖（窝儿）po⁵⁵po⁰uor³¹⁻²⁴　　肚脐
陕西蒲城：肚子钵钵 tʰou⁵⁵tsʅ⁰po²⁴po⁰　　肚脐
陕西蒲城：肚子脖脖 tʰou⁵⁵tsʅ⁰po²⁴po⁰　　肚脐
陕西富平：肚勃勃 təu⁴⁴puɤ²¹puɤ⁰　　肚脐眼
陕西白水：脖脖 pɤ²⁴pɤ⁰　　肚脐
陕西乾县：脖脖 pɤ³⁵⁻³¹pɤ⁵²　　肚脐
陕西礼泉：脖脖 pɤ³⁵pɤ⁵²　　肚脐
陕西铜川：脖脖 po²⁴po⁰　　肚脐
陕西凤翔：暴暴 pau⁴⁴pau⁴⁴　　肚脐
陕西岐山：暴暴 pau⁴⁴pau⁴⁴　　肚脐
陕西扶风：暴暴 pau⁵⁵pau²²　　肚脐
陕西扶风：暴暴 pau⁴⁴pau⁴⁴　　肚脐
陕西扶风：暴暴 pau⁵⁵pau⁵⁵　　肚脐眼儿
陕西太白：暴暴 pɑu⁴⁴pɑu⁴⁴　　小孩的肚脐

据笔者了解，可写作"抱抱娃娃"的"蒲公英"对应词只有上面一例。大概从"肚脐"对应词的"□□窝（开头两个音节本字或许是'腹'，现不详细讨论）"pau pau uə 联想到"抱娃娃"，成为"抱抱娃娃"。虽然未见实例，也可能存在"□□窝窝"的小称词形。那么更容易联想到"抱抱娃娃"了。

七　另一个鸟名"黄鹂"

"蒲公英" k(ə)ul(ə)u
宁夏固原：葛芦 kɤ²¹lu³⁵　　蒲公英
宁夏隆德：锅奴 kuə²⁴ləu²⁴　　蒲公英
甘肃张家川：葛芦 kə²¹³lu²⁴　　蒲公英
甘肃甘谷：葛老杆 kə²¹³lao⁴⁴kæ⁰　　蒲公英
甘肃凤翔：咕芦杆儿 ku⁴⁴lu⁰kar²⁴　　蒲公英

甘肃定西：葛涝 ₋gelao⁼/　　蒲公英
Cf. 山西汾西：西葛芦 sʅ¹¹kə¹lou⁰　　西葫芦
甘肃平凉：葛络台　　蒲公英
甘肃积石山：个㧜尕　　蒲公英
甘肃临夏：格劳格 kə²⁴³lɔ²⁴³kə⁰　　蒲公英
甘肃天水：锅老杆 ₋kuo⁼lao₋kan　　蒲公英
陕西吴堡：骨绎草 kuəʔ³luã³³tsʰɔ⁴¹²　　蒲公英
甘肃礼县：□□杆 ŋə²¹lɔ⁵⁵kæ̃²¹　　蒲公英
陕西凤翔虢王镇：帽□管 mɔ⁴⁵lɔ³²kuæ̃⁵³　　蒲公英（中间那个字有可能是"脑"）

　　　　　　　Cf. 胖娃草 pʰaŋ⁴⁴ua⁴⁴tsʰɔ⁵³　　马齿苋
新疆焉耆：马刺盖 ma⁵¹tsʰʅ⁴⁴kɛ²¹　　蒲公英 54 ⟷"马齿苋"
Cf. 山西大宁：马齿苋 mɑ³¹tsʰʅ³¹tɕie³¹　　一种野菜 156
Cf. 山西临汾：马齿苋 mᴀ²¹⁴tʂʅ²¹⁴tɕian⁵¹
Cf. 青海循化：马刺根 ma³³tsʰʅ⁵³keI²¹
Cf. 陕西府谷：马齿 mᴀ²¹³tsʰʅ²¹　　即马齿苋

上面的例子 kə l(ə)u ~ kə lau 一类词的原始语音形式以及本字均不详。或许其形成与如下"西葫芦"对应词有关，但下面的形式似乎集中分布于山西，反而"蒲公英" k(ə)u l(ə)u 的分布地域似乎不在山西，而在宁夏、甘肃地区。宁甘地区"葫芦"的"葫"并不读 k-。山西地区"蒲公英"对应词亦不是 k(ə)u l(ə)u。虽然看上去两者语音酷似，但未见"葛芦"和"西葫芦"对应词的混淆现象，我们先可以排除"蒲公英" k(ə)u l(ə)u 和"西葫芦"（ɕi) kuəʔ ləu 的相互影响关系。焉耆方言的"蒲公英"对应词可能是和"马齿苋"对应词混淆而成立的。那么凤翔虢王镇方言的例子也有同样成立的可能。也就是说，虽然当地"马齿苋"对应词已不是相当于本字为"马齿（苋）"的形式，但曾经也是"马齿（苋）"一类词形，而后，k(ə)u l(ə)u 一类"蒲公英"对应词与此发生混淆。即使不然，凤翔虢王镇方言中很久之前就存在"胖娃草"，但是本字为"马齿（苋）"的形式也算是在"马齿苋"对应词中占优势，不难设想这种周围方言中普遍听到的"马齿苋"优势词形和 k(ə)u l(ə)u 一类"蒲公英"对应词之间发生混淆的可能。

Cf. "西葫芦"

山西翼城：西葫芦 ɕi³³⁻³⁵ ku⁰ lou⁰　　西葫芦

山西新绛：西葫芦 ɕi⁵³⁻⁵⁵ ku³²⁵⁻¹¹ ləu³²⁵⁻³¹

山西介休：西葫芦 sei¹³⁻⁵⁵ kuʌʔ⁴²³ ləu¹³

山西汾西：西葛芦 sʅ¹¹ kə¹ lou⁰　　西葫芦

山西蒲县：西圪芦 ɕi⁵¹ kəʔ¹ lou¹¹　　西葫芦

山西平遥：葫芦 kuʌʔ⁻⁵⁴ ləu¹³　　又叫"西葫芦"

山西孝义：葫芦儿 kuəʔ³¹²⁻³¹ lour¹¹

山西方山：骨芦 kuə²³⁻²¹ lu²⁴　　西葫芦

山西石楼：圪芦 kəʔ⁴⁴ ləur⁵²　　西葫芦①

山西大宁：圪芦儿 kəʔ²¹ ləur¹³　　西葫芦

山西汾阳：圪芦儿 kəʔ²¹² ləur²²　　西葫芦

下面岐山例子可说为"蒲公英" k(ə)u l(ə)u 的一种方言变体。

"蒲公英" – "黄瓜"，"黄鹂" xuaŋ xua→xuaŋ kua→xuaŋ kua ləu

陕西岐山：黄瓜露 ˪xuaŋ ˪kualou˩　　蒲公英＝黄鹂

Cf. 山西忻州：黄瓜鹭儿 xuɛ³¹ kuɑ³¹³⁻⁴² lər⁵³　　黄鹂（鸟，身体黄色，叫的声音很好听，吃森林中的害虫，对林业有益）

Cf. 陕西铜川地区：黄瓜颃 xuaŋ²⁴ kua²¹ lou²⁴　　黄鹂

　　　　　　　咕咕嘟 ku⁴⁴ ku⁴⁴ tou⁵²　　黄鹂

陕西平利：黄花 xuaŋ⁵² xua⁰

甘肃玉门：黄花 xuaŋ⁴¹ xuʌ⁰　　蒲公英

甘肃兰州：黄花浪 xuɔŋ⁵¹ xua² lɔŋ²　　蒲公英

甘肃皋兰：黄花浪 xuɔ̃ŋ⁵¹ xua³¹ lɔ̃ŋ¹³　　蒲公英

甘肃永登：黄胡狼　　蒲公英

甘肃榆中：化化郎 xua²⁴ xualã⁰　　蒲公英（"黄花郎"的变音）

湖北安陆：黄瓜头 xuaŋ³¹ kua⁴⁴⁻³¹ tʰəu³¹　　蒲公英

宁夏中卫：黄花苗 xuaŋ⁵³ xuə⁰ miɔu⁴⁴　　蒲公英

陕西汉滨：黄花苗儿 xuaŋ³⁵ xua³¹ miaur³⁵　　蒲公英

---

① kəʔ⁴⁴ 原文讹作 kəp⁴⁴。

岐山的"黄瓜露"˪xuaŋ ˪kualou˧大概是"黄花郎"音转后，由于其后两音节与同义的另外一个对应词"葛芦（暂且以此二字代表同一类型）"k(ə)u l(ə)u有谐音关系，与此混淆把后两个音节换成k(ə)u l(ə)u而进一步变化，如："黄花郎"xuaŋ xua laŋ（＞［xuaŋ xua lɔ̃］）→xuaŋ xua lau（［xuaŋ xua lɔu］）→xuaŋ xua ləu→xuaŋ xuə ləu＋"葛芦"k(ə)u l(ə)u→"＊黄葛芦"＊xuaŋ k(ə)u l(ə)u→"黄瓜露"xuaŋ kua ləu。

在此附带说明一下，"黄鹂"一词是如何从"黄鹂"变成"黄瓜鹂"的，太田斋（2006：203—205）已讨论过，"黄瓜鹂"是"黄鹂"和"黄瓜"二词以同一构成成分为契机而融合的一种嵌合体词语，和开头介绍的"臊葫芦"一样是"套匣式"（"嵌合式"）构词法的诙谐说法。参看以下例子：

"黄鹂、黄莺"

山西忻县：黄瓜鹭儿 xuɛ³¹kuɑ³¹³lər⁵³　　黄鹂

山西忻州：黄瓜鹭儿 xuɛ³¹kuɑ³¹³⁻⁴²lər⁵³　　黄鹂，鸟，身体黄色，叫的声音很好听，吃森林中的害虫，对林业有益

河南孟县：黄瓜鹭鹭　　　　　　黄莺

山西沁县：黄□老 xuɔ̃³³kuʌʔ⁴lɔ²¹³　　黄鹂

河南舞阳：黄鹭 xuaŋ⁵³lu³¹　　　　黄莺

河南扶沟：黄鹭子 xuaŋ⁵³lu³¹tsʅ⁰　　黄鹂鸟

河南商水：黄鹭子/huang⁵³lu³¹zi⁰/　　鸟名

河南郑州：黄鹭儿 xuaŋ⁵³lur⁵³　　黄鹂，也叫黄莺①

河南卫辉：黄路儿　　　　黄鹂（黄莺）

河南社旗：黄绿儿　　　黄鹂

河北满城：黄露儿　　　　黄鹂

根据如上例子，我们可以认为"黄瓜鹭（儿）"是经过如下演变过程成立的：

"黄鹂""黄鹭"＋"黄瓜""黄瓜鹭"

xuaŋ li→xuaŋ lu＋xuaŋ kua→xuaŋ kua lu（画线部分即谐音的共同部分）离隔同化（介音一致）

"黄瓜鹂"词意为"黄鹂"，而不是"黄瓜"。虽然岐山方言所据文

---

① "黄莺"原文讹作"黄鹰"。

献没有提到，但我曾跟当地人确认，此地"黄瓜露"～xuaŋ˨kualou˨亦指"黄鹂"。

我们也要注意如上的演变并不是唯一的可能。参看下面例子：

河北定兴：黄鹂儿/huang³⁵⁻²¹ lir/～［lər］　　黄鹂

山西平遥：黄鹂鹂 xuə¹³li¹³li¹³　　黄鹂

山西娄烦：黄鹂鹂 xʊ³³li³³li³³　　黄鹂

山西娄烦：黄鹂鹂 xɷ³³li³³li⁰　　黄鹂

山西静乐：黄鹂鹂 xu³²li³²li³²　　黄鹂①

山西静乐：黄鹂鹂 xuɣ³³li³³li³³　　黄鹂

- -

陕西蓝田：黄瓜丽儿/huang² gua¹li²r/　　黄鹂

据笔者所知，"黄鹂" xuaŋli 一类词形（即"鹂"读 li）并不多见。其原因也许是"黄鹂"不是最重要的调查词目，仅在和普通话词形"黄鹂""黄莺"不同的时候才收录的缘故。上面的"黄鹂鹂"应是"黄鹂"的小称形式，可以和"黄鹂" xuaŋli 一类词形同样看待。那么也会有如下演变过程了，即：

"黄鹂" + "黄瓜" "黄瓜鹂" "黄瓜鹭"

xuaŋ li+xuaŋ kua→xuaŋ kua li→xuaŋ kua lu（画线部分即谐音的共同部分）离隔同化（介音一致）

"黄瓜鹂" xuaŋ kua li 一类词形（即"鹂"读 li）极为罕见，似乎第一种假设更有可能。无论怎样，"黄鹂"义的"黄瓜鹭"是"客迈拉词形"这一点毫无疑问。从"黄花郎"演变过来的"蒲公英"对应词最终巧合地与此同音了。

八 "肘（关节）""蝌蚪"

陕西几个地点的"蒲公英"对应词是 k(ə)u n(ə)u 一类词形。这大概是在前一节介绍的 k(ə)u l(ə)u 一类词的方言变体。

"蒲公英" – "肘" k(ə)u l(ə)u→k(ə)u n(ə)u→kə(ʔ) nəu

陕西合阳：各奴/g［ɯ］³¹ nou³⁵/　　蒲公英（县志 804）

---

①　xu³² 原文讹作 xn³²。

Cf. 胳肘/g［ɯ］³¹zhou³¹/　　肘（县志 805）

Cf.（蝌蚪　不收录）

陕西合阳：各奴/g［ǔ］nóu/　　蒲公英（县志方言志征求意见稿77）

Cf. 胳肘/g［ǔ］zhòu/　　肘（县志方言志征求意见稿83）

Cf. 蝦蟆□□/h［ɯ］mag［ɯ］dou/　　蝌蚪（县志方言志征求意见稿75）

Cf. 蝦蟆□□/h［ɯ］mag［ɯ］zhou/　　蝌蚪（县志方言志征求意见稿75）

陕西合阳：（蒲公英　不收录）

Cf. 胳膊肘 kɯ³¹pɔo²⁴tʂou⁵²

Cf. 蛤蟆蝌蚪儿 xɯ²⁴ma³¹kɯ⁵⁵tou⁰　　蝌蚪

陕西延长：各努 kəʔ⁵nəu⁰　　蒲公英①

陕西澄城：圪怒怒 kɯ²¹nou⁴⁴nou⁴⁴　　蒲公英

陕西白水：圪□ kɯ nəŋ　　蒲公英②

上面"蒲公英"对应词大概是经过 n-，l-不分的地区，变如：k(ə)ul(ə)u→k(ə)un(ə)u。

- -

Cf. "肘（关节）"

山西平遥：胳肘 kʌʔ⁵⁴ŋəu⁵³

山西静乐：圪努 kɤʔ²¹²⁻⁴nɤɯ³¹⁴　　肘

山西榆社：胳乳骨子 kəʔ²²⁻⁴⁴zv³¹²kuəʔ²²tʂ⁰　　胳膊肘

Cf. 圪蚪蚪 kəʔ²²⁻⁴⁴təu³⁻²təu⁰（原文缺词释，应是"蝌蚪"）

有些方言对应词似乎和"肘（关节）"对应词之间有类音关系。如下：

"蒲公英"-"肘（关节）" k(ə)u l(ə)u→k(ə)u n(ə)u→kə（ʔ）nəu→kə（ʔ）niəu

陕西澄城：圪扭扭 kɯ²¹niou⁴⁴niou⁴⁴　　蒲公英

陕西大荔：圪扭扭　　蒲公英

---

① 原文用调类符号。kəʔ⁵原文误用上声调类符号（35）。
② "圪"后一字原文缺，现用"□"补。

陕西大荔：疙扭扭　　　　　蒲公英

- -

Cf. "肘（关节）"

陕西绥德：胳扭儿 kəʔ³²⁻⁵⁴niəur²¹³　　胳膊肘儿

胳扭子 kəʔ³²⁻⁵⁴niəu²¹³⁻²¹tsəʔ³²⁻²³　　胳膊肘儿

陕西神木：胳扭渠 kɤʔ⁴niəu²¹ tɕʰy⁴⁴　　胳膊肘的内侧

陕西神木：胳扭去 kɤʔ³niəu²¹³⁻²¹ tɕʰy⁴²　　胳膊肘

内蒙古伊金霍洛：胳扭区　　　　胳膊肘①

山西孟县：圪扭骨 kɤʔ²ȵiəu⁵³kuɤʔ²　　胳膊肘儿

陕西府谷：骨纽纽 kuəʔ³niəɤ⁴⁴niəɤ²⁰　　关节

Cf. 陕西府谷：大头圪捏儿 tᴀ⁴¹tʰəɤ⁴⁴kəʔ³niər²¹³　　蝌蚪

山西原平：圪扭 kɤʔ⁴niɤɯ²¹³　　胳膊肘

山西晋源：胳扭 kəʔ²niɤu⁴²　　胳肘

山西忻州：胳扭 kəʔ²niəu³¹³　　胳膊肘儿

山西古交：圪纽 kəʔ²niei³¹²⁻³¹　　肘

山西太原北郊区：圪纽 kaʔ²/ʔ³⁵niei³¹²　　胳膊肘

山西榆次：圪纽 kʌʔ⁵⁴niɤ⁵³　　肘

河北张北：胳膊纽子　　　胳膊肘

河北怀安：胳扭子　　　　胳膊肘部

河北万全：圪扭子　　　　胳

山西宁武：圪扭子　　　　肘

山西太原：胳扭子 kaʔ²⁻³⁵niəu⁵³tsəʔ⁰　　胳膊肘

　　　　　胳肘子 kaʔ²⁻³⁵tsəu⁵³tsəʔ⁰　　胳膊肘

山西平鲁：胳纽子 kəʔ³⁴niəu²¹³⁻³⁰ləʔ⁻²¹

　　　　　胳肘子 kəʔ³⁴tsəu²¹³⁻³⁰ləʔ⁻²¹

---

① 这些例子的末尾音节"渠/区"来历不明。也许是"肘"由于特殊音变被解释为澄母"轴"，由此演变过来的。值得注意的是山东很多方言的"胳膊肘"对应词的"肘"对应音节读 tsy, tɕy。虽然有可能先有"胳膊弯"一类词，把"弯"改为了同义词"曲"，但读 tsʰy, tɕʰy 的却极为罕见，难以设想"曲"的变读。k(u)ə pʰə tsy (tsɿ)~k(u)ə pʰə tɕy (tsɿ) 一类词形并不见于河北、河南、山西等地区，未知陕西神木等类似词形是否经过同样的演变过程。这个本字问题现在不再详细讨论。

陕西绥德：胳扭子 kəʔ³⁻⁵niu²¹³⁻²¹tsə⁰　　胳膊肘儿

陕西绥德：胳扭子 kəʔ³²⁻⁵⁴niəu²¹³⁻²¹tsəʔ³²⁻²³　　胳膊肘儿

胳扭儿 kəʔ³²⁻⁵⁴niəur²¹³　　胳膊肘儿

（胳）肘子（kəʔ³²⁻⁵⁴）tʂəʔ²¹³⁻²¹tsə³²⁻²³　　胳膊肘儿

目前未知有哪一种方言里"蒲公英"和"肘（关节）"对应词之间呈现明显的同音或类音关系。这是因为本文利用的文献收录的词语有限，不能深入了解这里所探讨的两个词之间的类音情况。暂且推测澄城、大荔三例是与"肘（关节）"对应词混淆而成的小称词形。

同时，从上面的例子可以看到"肘"和"蝌蚪"之间有类音牵引现象。太田斋（2010）已指出在山西、陕西地区不少方言里有这个情况。下面列举部分例子：

陕西绥德：屹努儿 kəʔ³²⁻⁵⁴nəur²¹³　　蝌蚪

胳扭儿 kəʔ³²⁻⁵⁴niəur²¹³　　胳膊肘儿

山西离石：屹努儿 kəʔ⁻ᶜnʌur　　蝌蚪

胳肘 kəʔ⁻ᶜnaʔ　　胳膊肘儿

山西临县：圪努儿 kəʔ²⁴⁻²¹nər³¹²　　蝌蚪

胳□ kəʔ²⁴⁻²¹zˌɯ³¹²　　肘

Cf. zˌɯ（阳平⁴⁴）柔揉、（上³¹²）□~腰子：拧草绳、（去⁵³）肉

山西中阳：蝌蚪 kəʔ²nʌ²¹⁴

圪扭 kəʔ²zˌʌ²¹⁴　　肘

那么"蒲公英""肘（关节）"以及"蝌蚪"三者的类音牵引到底有怎样的先后关系。究竟是先有"肘（关节）"-"蝌蚪"之间的类音牵引，然后这二者和"蒲公英"之间发生类音牵引呢，还是先有"蒲公英"-"肘（关节）"之间的类音牵引，然后这二者和"蝌蚪"之间发生类音牵引，还是先有"蒲公英"-"蝌蚪"之间的类音牵引，然后这两者和"肘（关节）"之间发生类音牵引呢，正如前文所说，未知有哪一个方言里"蒲公英"和"肘（关节）"对应词之间呈现明显的同音或类音关系。但这也许只不过是由于材料上的限制带来的似是而非的状态。关于这种三者之间的类音牵引现象，太田斋（2002）介绍过"蝙蝠""壁虎""虮蜉蚂蚁"三者的例子。总之目前尚未具备足够的条件来提出有说服力的解释，只能介绍极为初步的设想而已。

九　结语

　　本文探讨了"蒲公英"对应词的形成过程。其中的解释大都不在所谓"特字"研究之内。笔者并不否定在古代文献中找出本字的传统训诂学方法，但认为应该同时重视探讨方言材料之中的和音、义有关的词之间的相互影响而发生的变化。如果没有充分的材料，这种解释就往往难免陷入荒诞无稽的境地。尽管如此，即使目前的结论尚未有足够的说服力，但起码可以说这种尝试有继续进行的价值。

参考文献

　　林焘：《北京话的连读音变》，《北京大学学报》1963年第6期。
　　太田斋：《汉语方言の常用语汇に见られる例外的对应形式について——「明」の場合》（汉语方言常用词汇里所能见到的例外读音——以"明"字为例），1997，[日本]《开篇》Vol. 15。
　　太田斋：《错综した「混交」-中国西北方言の「コウモリ」、「ヤモリ」、「アリ」、「ハチ」》（错综复杂的"混淆"——汉语西北方言的"蝙蝠""壁虎""蚂蚁""马蜂"），《庆谷寿信教授纪念中国语学论文集》，庆谷寿信教授纪念中国语学论文集刊行会，[日本]好文出版2002年版，第51—92页。
　　太田斋：《キメラ语形について（1）》[客迈拉词形（1）]，[日本]神户外大论丛第57卷7号（创立60周年纪念特集号），2006年，第181—207页。
　　太田斋：《北方方言"眼睫毛"的对应词的特殊音变化（2）》，[日本]神户外大论丛第60卷3号，2009年，第63—76页。
　　太田斋：《谈"蝌蚪"（2完）》，[日本]神户外大论丛第61卷2号，2010年，第39—58页。

（太田斋　　日本神户市外国语大学　　itukuota@hcc5.bai.ne.jp）

日本地理语言学及其应用

—资料发掘—

岸江信介　峪口有香子

提　要　运用地理语言学方法有助于考察实时的语言变化，文章以西日本近畿、中国、四国及九州部分地区为研究对象。藤原（1990）曾于20世纪30年代以通信调查的方式对上述三个地区进行过语言地理学研究。80年过去了，我们再次对濑户内海地区的语言进行了调查，旨在通过对比80年前后的调查结果，探究语言演变的轨迹。

关键词　方言分布；实时变化；长年变化；濑户内海方言；语言地理学

一　引言

本研究是在对濑户内海岛屿及其沿岸方言进行语言地理学调查的基础上展开的，以GIS[①]绘制的语言地图为依据，以捕捉方言的演变轨迹为目的。

以中国、四国地区，特别是濑户内海地区为对象进行语言地理学调查的，有藤原的《中国四国近畿九州方言现状的方言地理学研究》（1990）这一著作［以下简称藤原（1990）］。此研究将约80年前的调查结果进行整理，汇集成了145张语言地图集。日本语言地理学研究是在20世纪60年代后半期才盛行起来的，而藤原先生的研究早在20世纪30年代前半期就开始了，他以濑户内海海域为中心的方言研究可称之为先驱著作。

为了说明濑户内海海域的语言在藤原先生的调查之后的这几十年间发

---

① GeographicInformationSystem（地理情報システム）（地理信息系统）。

生了怎样的变化，我们又重新对该地区作了调查。下面，我们除了介绍此次的调查结果外，还以方言分布的实时变化为焦点来探查语言变化的部分动向。

二　调查研究概况

本文主要是在藤原（1990）对濑户内海方言的调查结果和峪口所作的濑户内海海域通信调查（2011—2014）结果进行比较的基础上展开研究的。在后文中，我们把峪口对濑户内海方言进行的通信调查简称为"峪口调查"。

（一）藤原（1990）

藤原先生的研究是以日本的中国地区、四国地区及近畿地区的年轻人为对象（女性15—18岁）制作的语言地图。他从1933年开始，大概花了两年的时间，以通信调查的方式总共调查了833个方言点，最后将调查结果汇总到一起。调查项目具体包含音韵、语法、词汇等252项内容。

（二）峪口调查

峪口在对濑户内海地区的语言进行通信调查的同时，也对一部分方言点进行了实地田野访谈调查。第一次通信调查的时间是2011年10—12月，第二次调查是2012年8—9月，第三次调查是2013年4月—2015年1月，目前这项工作还在继续。在调研过程中受到了濑户内海地区市村町教育委员会、公民馆、渔业协同组合等组织的大力协助，得到了昭和37年以前出生的土生土长的当地人的回答。实地田野访谈调查是从2011年10月开始一直到2014年11月，期间，不定时地去各地进行调研。[①] 这样，三次通信调查的结果，加上实地访谈调查的结果，一共得到了约

---

① 实地调查的方言点有：香川县小豆岛、丰岛、兵库县家岛诸岛、姬路市白浜町、大塩町、淡路岛、福冈县北九州市、大分县国东半岛、爱媛县八幡浜市、广岛县尾道市—爱媛县今治市之间的岛波海道（译者按：就是用很多桥把很多岛连起来，形成的一条道路）、广岛县大崎上岛、冈山县冈山市、香川县さぬき（Sanuki）市、东かがわ（Kagawa）市、高松市、坂出市、观音寺市、绫歌郡宇田津町、德岛县阿南市、海部郡海阳町、宍喰町、美波町。

1800位50岁以上土生土长的当地人的回答。调查的具体条目有关于表达方式、语法、词汇和民俗等共计161项内容。

三 有关调查的处理

我们将峪口所调查到的语言资料绘制成地图，这样便于与藤原（1990）的调查结果进行比较。具体说来，所涉及的项目有：词汇条目"道谢语""kowai（恐怖）""niwakaame（骤雨）"，以及语法条目"接续助词—kara""判断助动词—da"。对照藤原制作的语言地图卷（译者按：藤原的《濑户内海语言地图卷》（上下两卷），简称"LAS"），我们主要关注两点：一个是地理分布范围扩大了或缩小了的语言条目，另一个是地理分布范围没有发生任何变化的语言条目，借此考察方言周圈论在理论上是否有成立的可能。进一步通过与实时的语言长年分布变化比较，考察某些说法具体发生了怎样的历时变化，以及在地理上的扩散轨迹。

另外，如前所述，80年前藤原的调查对象年龄在13—18岁之间，如今峪口的调查对象是1964年以前出生的，均在50岁以上80岁以下。也就是说，他们的发音人实际上只相差三四十岁。峪口按照传统方言调查的要求，选定的发音人限定在50岁以上，而没有选取10—20岁之间的发音人。

四 调查结果

（一）词汇条目"道谢语"

"道谢语"在濑户内海地区有一种方言说法是"dandan"（ダンダン），这种说法见于爱媛县和香川县，一般表示感谢的时候使用。据《濑户内海方言辞典》，"dandan"是表示感谢的话语，是日常生活中的常用词，往往蕴含着亲切友爱的感情色彩。如下例所示：

（1）「これどうぞ。」（请吃这个）
（2）「ダンダン。」（ありがとう）（谢谢）

下面我们就来看藤原和峪口两人绘制的语言地图。图1是藤原根据1933年的调查所制作的"arigato：（ありがとう，谢谢）"语言地图。我

们可以看出,以大阪、兵库所处的近畿圈为中心的区域内,分布着"oː
kini"(オーキニ)的说法,在四国(德岛、高知、香川、爱媛)、冈山、
山口、九州(福冈、大分)也广泛分布着这种说法。另外,在爱媛县还
分布着"dandan"的说法,值得注意的是,与"oːkini"相比,
"dandan"的使用范围十分广阔,在广岛县的很多岛上"dandan"的用法
也出现类似的情形。还有,我们发现在香川县西部地区也有使用
"dandan"这种说法的。

接下来我们就来看峪口调查的结果(如图2所示)。与图1相比,我
们可以得知在相同的这些区域"dandan"的使用仍然是存在的,不过在
广岛县的很多岛上以及爱媛县境内的使用范围有所缩减。另外,也可以看
出在相同的地区依然存在"oːkini"的说法,但是标准语"arigatoː"的
使用范围却迅速扩展开来。换言之,指称谢谢的方言说法"dandan",与
80年前一样,还深深地扎根在那些地区,但是在广岛县的岛上一带使用
的范围缩小了。或许今后标准语"arigatoː"的使用范围会进一步扩大。

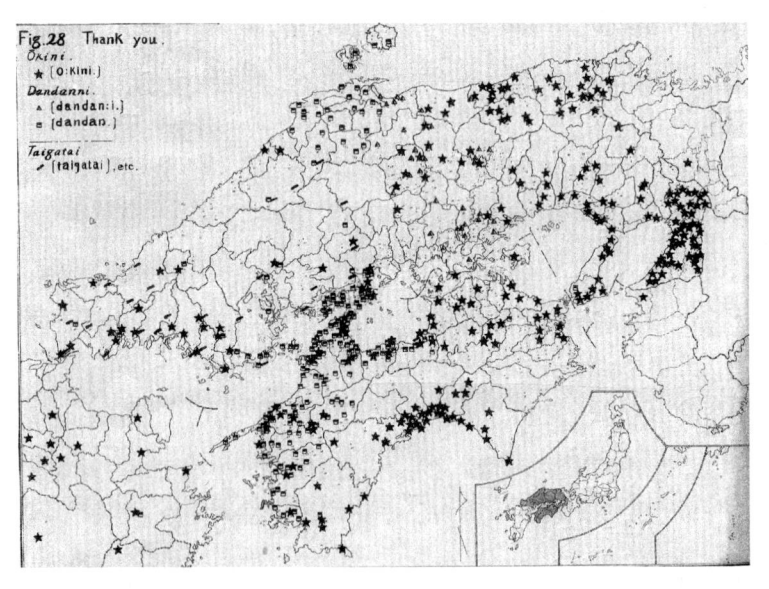

图1　藤原调查(1933—1935年)「お礼のことば」(道谢语)

(二)词汇条目"恐怖"

濑户内海方言中,将日语标准语"kowai"(怖い)称为"kjoːtoi"

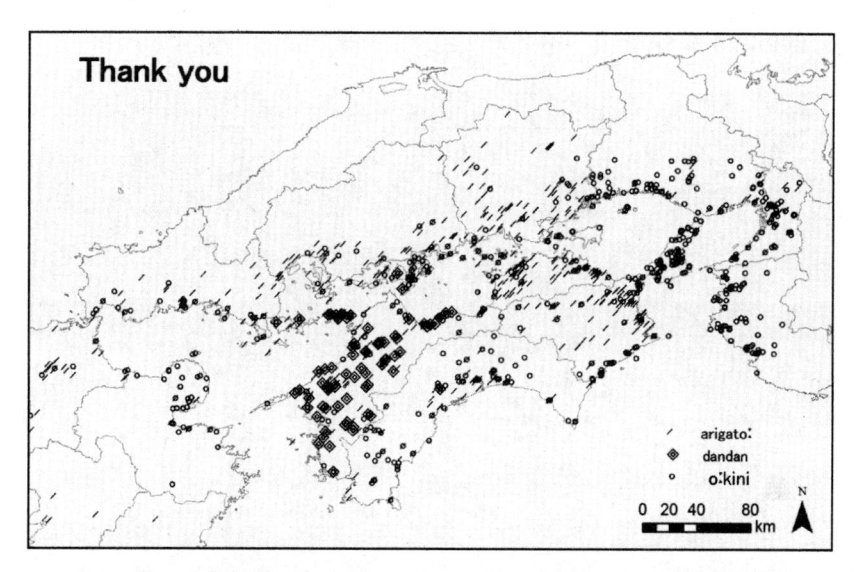

图 2　峪口调查（2011—2015 年）「お礼のことば」（道谢语）

（キョートイ），这种说法在濑户内海东部（冈山县、香川县）广泛使用，表示"恐怖"的意思。另外，在广岛县周边地区还有"ibisi："（イビシー）的说法。如下例所示：

（1）「地震がおきてキョートイ（キョーテー）！」（地震了，真恐怖！）

（2）「戦争ゆーもなーイビシー"ibisi："のーや。」（戦争というものは怖いものだ。）（战争太恐怖了。）

我们先来看藤原 1933 年的调查结果（如图 3 所示）。在冈山县使用"kjo：toi"类，例如 kjo：toi、kjo：te：（キョーテー）、kjo：te（キョーテ）的说法是非常普遍的，而广岛县广泛分布着"ibisi："类，例如 ibuse：（イブセー）、ibise：（イビセー）、ibisi：（イビシー）、ebese：（エベセー）的说法。甚至在广岛县的很多岛上也有使用"ibisi："类的说法。同时，在四国、近畿、山口等地区，分布着的是"osorosi："（オソロシー）类，例如 otorosi：、otoisi：（オトイシー）、otoi（オトイ），却没有"kjo：toi"类和"ibisi："类的说法。也就是说，"kjo：toi"类分布在冈山县，"ibisi："类分布在广岛县，他们各自形成了自己的分布范围。

再看峪口调查的结果（如图 4 所示），与图 3 相比，"kjo：toi"类和"ibisi："类的分布区域没有发生任何变化。因此，我们可以得知"kjo：

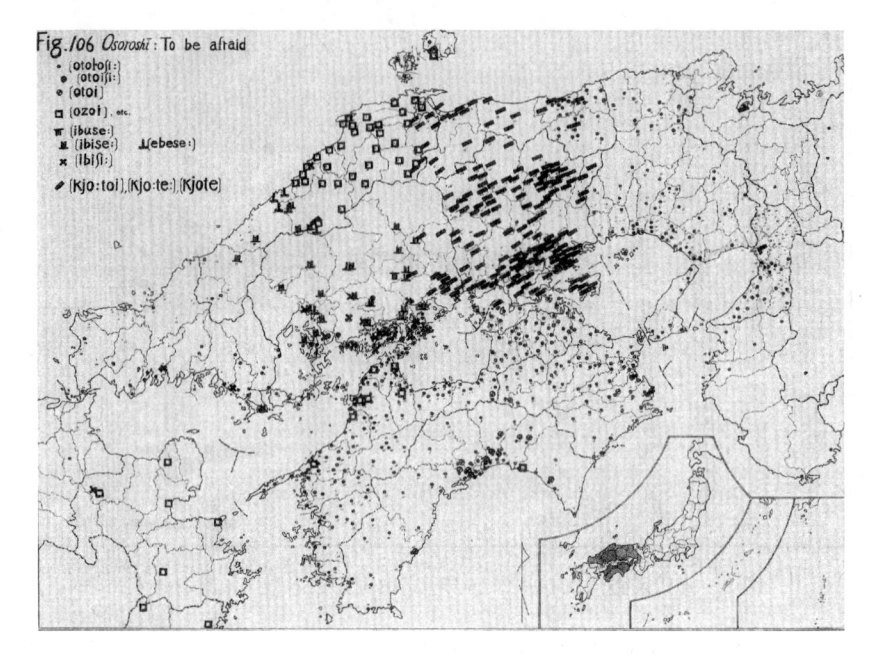

图 3　藤原调查（1933—1935 年）「怖い」(恐怖)

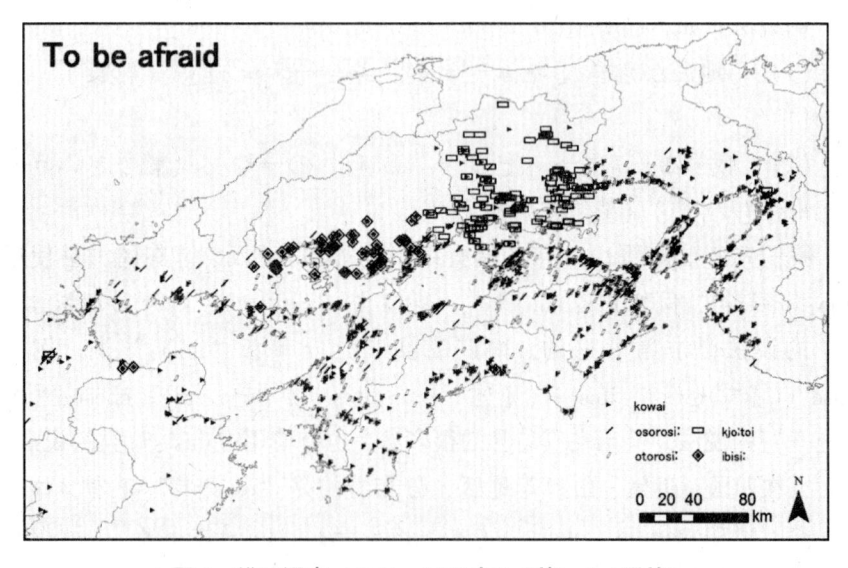

图 4　峪口调查（2011—2015 年）「怖い」(恐怖)

toi"类和"ibisi："类的这两类古老的方言说法即使历经多年，也仍然一直留存至今，被继续沿用着。

（三）词汇条目"骤雨"

"骤雨"在濑户内海地区，有个特别的方言说法"sobae"（ソバエ）类。该词是骤雨、雷阵雨和太阳雨的统称，其使用范围在整个濑户内海地区均有分布。不过，根据地域的不同，说法也是多种多样的，有如"sobai"（ソバイ）、"subae"（スバエ）、"so：bae"（ソーバエ）、"so：bai"（ソーバイ）等说法。如下例所示：

(1)「ソバエガ　フッテキタゾー」（にわか雨が降ってきたよー。）（下阵雨了。）

(2)「ソバヨー　ゾイ」（にわか雨が降るだろうよ。）（会下阵雨吧。）

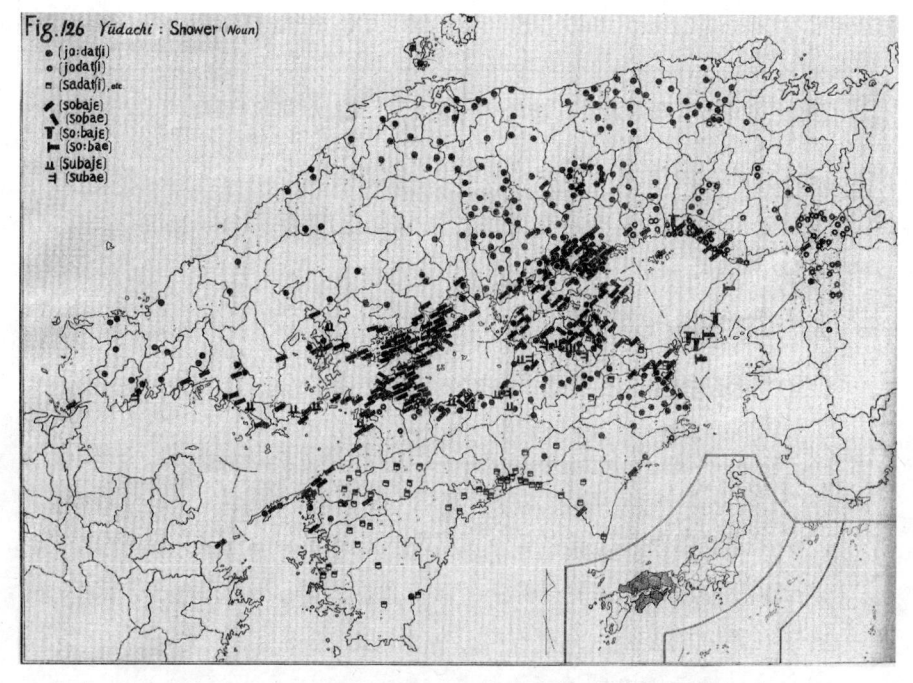

图5　藤原调查（1933—1935年）「にわか雨」（骤雨）

图5是藤原1933年的调查结果，从图中我们可以看到，"sobae"类在整个濑户内海地区都有分布（大阪府除外），在"sobae"类的使用地域周边也存在"jo：datʃi"（ヨーダチ）、"jodatʃi"（ヨダチ）、"sadatʃi"（サダチ）等说法。

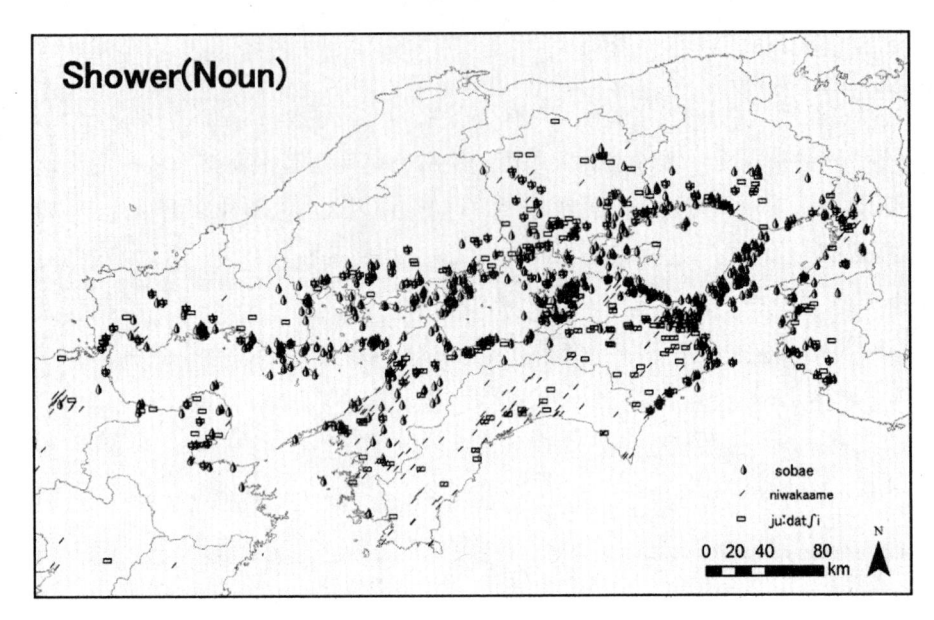

图 6　峪口调查（2011—2015 年）「にわか雨」（骤雨）

据峪口调查的结果（如图 6 所示），我们发现"sobae"类的使用情况也仍然是分布于整个濑户内海地区的，只是标准语"niwakaame"（ニワカアメ）、"to：riame"（トーリアメ）、"ju：datʃi"（ユーダチ）以"包围""sobae"类使用的阵势，使用范围在不断地扩大。

（四）语法条目"接续助词—kara"

接下来，我们来看日语中表原因、理由的"接续助词—kara"。"kara"一词在中国、四国、九州地区，更多地被说成"ken（keni）"［ケン（ケニ）］、"ke："（ケー）、"kini"（キニ）、"ken（kini）"［キン（キニ）］、"jotte（ni）"［ヨッテ（ニ）］等。例如"天冷，请把窗户关上"在不同的方言点，有以下几种不同的说法：

（1）寒いカラ窓を閉めてください。
（2）寒いサカイ窓を閉めてください。
（3）寒いヨッテ窓を閉めてください。
（4）寒いヨッテニ窓を閉めてください。
（5）寒いケン窓を閉めてください。
（6）寒いケー窓を閉めてください。

（7）寒いキン窓を閉めてください。

（8）寒いキニ窓を閉めてください。

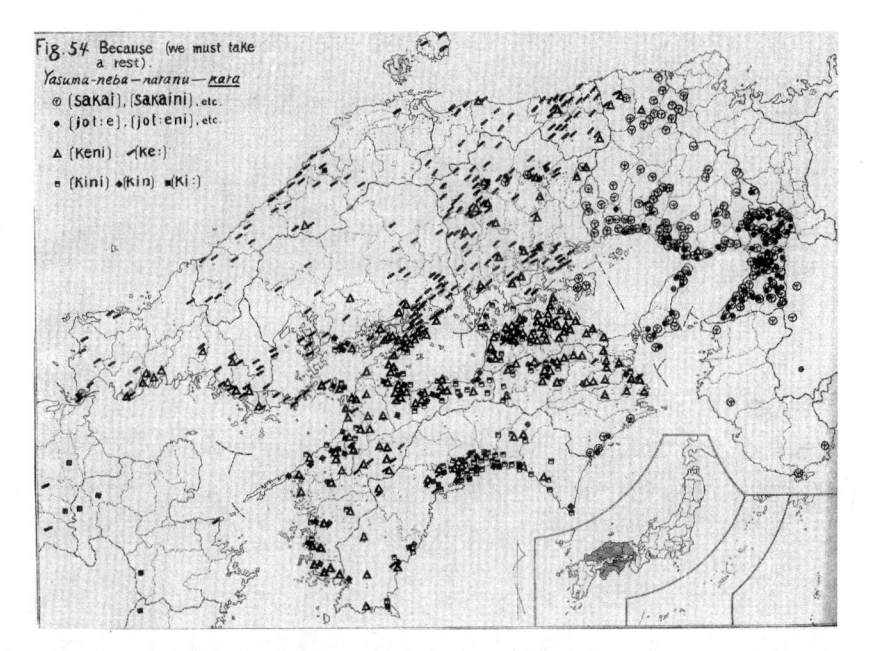

图 7　藤原调查（1933—1935 年）「接続助詞―から」
（"接续助词—kara"）

概观藤原根据 1933 年调查结果绘制的图 7，可以得知，"sakai (ni)"［サカイ（ニ）］和 "jotte (ni)" 的分布以近畿地区为中心向周围延伸出去。（和歌山由于调查点少，所以无法看到 saka 和 sakei 的对立分布）"ke(:)" 大量分布在中国地区，"keni" 在四国地区形成了大范围的分布区域。同时，不只在四国，而且在中国、九州等地区也能见到 "keni" 的说法。这里有个最重要的现象，就是我们在地图上没有看到 "ken" 的说法。

再来看峪口的调查结果（如图 8 所示），我们发现，"ken" 分布在分别以四国地区的德岛县、香川县、爱媛县为中心的区域，而且在冈山县、广岛县等所在的中国地区也有一定分布范围。值得注意的是据 80 年前的调查结果绘制的图 7（藤原调查，1933 年），我们没有发现有使用 "ken" 的地区，而峪口调查到的 "ken" 的分布区域恰恰与图 7 中 "keni"（或 "kini"）的分布区域相吻合。

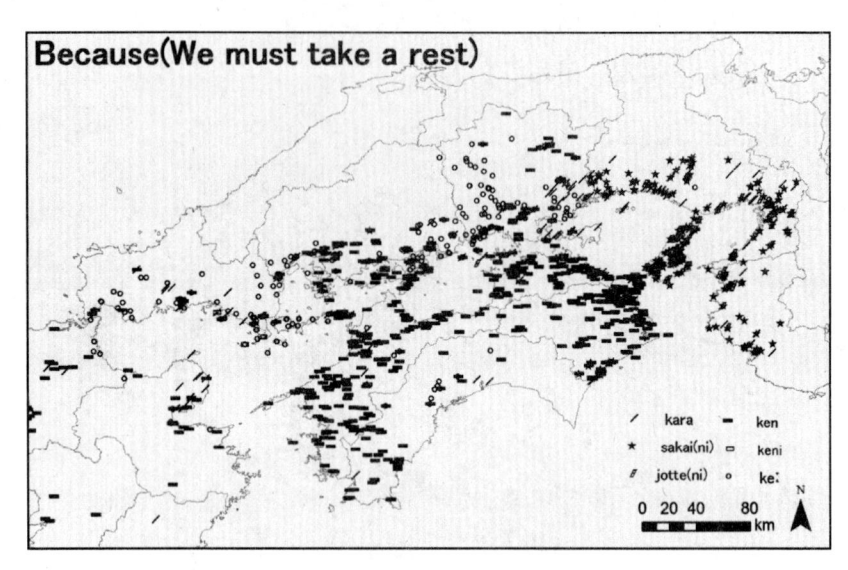

![Because(We must take a rest) 分布图，图例：kara ─ ken，sakai(ni) ★ keni，jotte(ni) ○ ke:]

图 8　峪口调查（2011—2015 年）「接続助詞―から」
("接续助词—kara")

由此可见，在这过去的 80 年间，由于"keni"发生了"keni→ken（kini→kin）"的变化，"ken"的说法也广泛扩散。根据峪口调查的结果，可以断定，"keni"（或"kini"）的分布范围还会缩小，今后这些说法都会变成"ken"。

我们再来比较一下图 7 和图 8 中"ke:"的分布情形。藤原 1933 年的调查结果显示，"ke:"分布在中国地区（冈山县、广岛县岛屿部、山口县）以及九州北部；峪口的调查结果也显示，"ke:"依然主要分布在中国地区。换言之，在这 80 年间，"ke:"一词的分布区域和使用范围均没有发生太大的变化。

同样，与藤原（1990）的调查结果相比，峪口调查到的"sakai（ni）"的分布区域基本没变。即近 80 年来，其分布范围一点也没有缩小，各方言点仍在使用着该词。

纵观全局，"ken""sakai（ni）"和"jotte（ni）"等说法在濑户内海地区的分布比较广泛，不管是在图 7 中，还是在图 8 中，它们的分布格局基本没有发生变化。唯一不同的是，80 年前，根本没有调查到有"ken"的说法，而现在"ken"的说法却占据了曾经是"keni"（或"ki-ni"）的分布地区。

（五）语法条目"判断助动词—dɑ"

我们选取 Copula①（汉语称其"系词"）中的"da"（だ）来考察。在日语语法中，表判断的助动词（标准语）是"da"，而在关西方言中却说成"ja"（ヤ），甚至西日本地区还广泛使用"ʒja"（ジャ）的说法。如："明日は雨ダ。"（明天下雨。）在关西或西日本分别被说成："明日は雨ヤ。""明日は雨ジャ。"《濑户内海语言地图卷》（上、下两卷）（1974）的说明书中和藤原（1976）指出："da"的原形是"dea"（デア），另外，"dea"也发生了变化，即"dea"向"ʤa"（ヂャ）或"ʒa"（ジャ）变化之后，"ja"也成立。

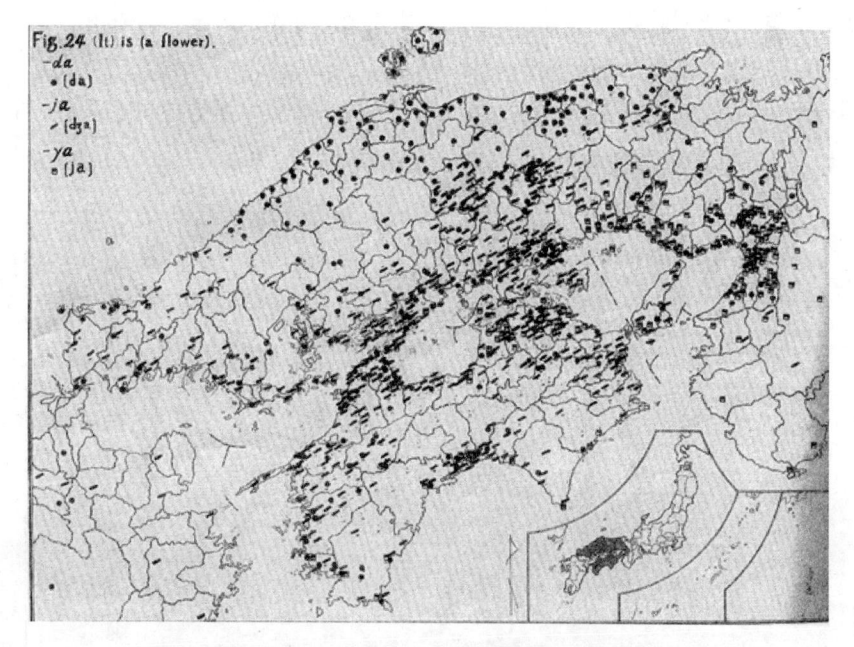

图 9　藤原调查（1933—1935 年）「断定の助動詞—だ」
（"判断助动词—da"）

判断助动词在濑户内海地区的演变轨迹，也正是判断性词语在日语史上的变迁史。比如作为"ʒa"的前身的"de a"（デア）或"dea"（デ

---

① 例如「今日はいい天気だ」（今天是个好天气）、「今日は雨だ」（今天下雨）等句末的"da"就是个判断助动词。译者按：根据图例，文中所提到的「ジャ」的罗马注音有"ʤa""ʒja""ʒa"三种。

ァ）的说法在我们日后提到的東讃方言中确有存在。（岸江编，2011）

现在我们来看藤原根据 1933 年的调查结果绘制的图 9，从中可以看出，"ja"在濑户内海东部地区的大阪府、兵库县等大阪府附近一带使用。兵库县境内的"ja"与冈山县境内的"ʤa"（ジャ）呈对立分布。而且四国地区沿岸一带，显然也在使用"ʤa"。

接下来，我们再看峪口的调查结果（如图 10 所示），基本上大阪府沿岸和兵库县沿岸都说"ja"，这与藤原的调查结果一致。值得注意的是，在淡路岛境内，一直到南部的沼岛，都使用"ja"，虽然洲本市和南あわじ（Awaji）市有"da"的说法，但是我们认为与其视其为断定词不如视其为句末词。而且，在日本四国岛东岸的鸣门市附近"ʒja"的分布更醒目，与此形成对比的是香川县沿岸一带"ja"的分布更醒目。在兵库县和冈山县的边界地带，"ja"和"ʒja"依然呈对立分布的态势。由此，我们认为冈山方言对来自近畿圈的"ja"的侵入进行了顽强的抵抗，刹住了由"ʒja"向"ja"转变的势头。

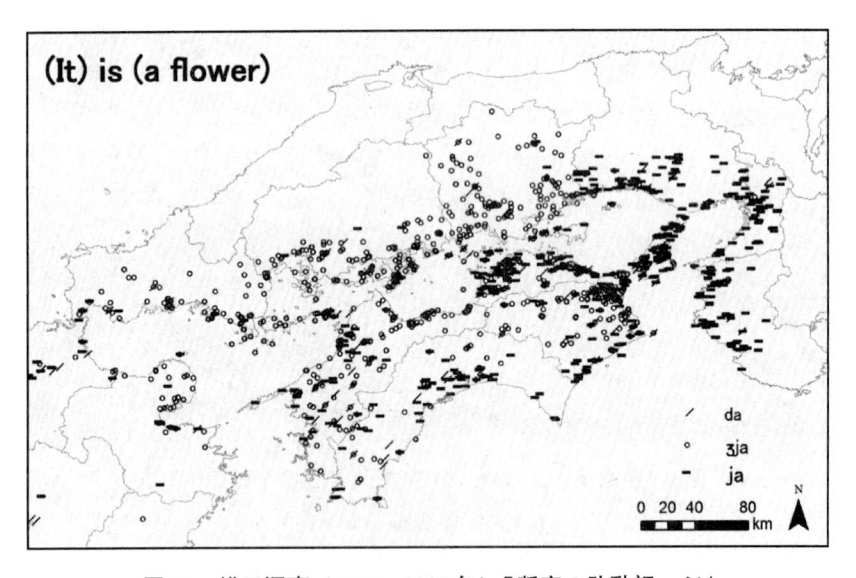

图 10　峪口调查（2011—2015 年）「断定の助動詞—だ」
（"判断助动词—da"）

通过与藤原所制作的濑户内海语言地图卷进行比较，地图所反映出来的时间上的语言变化，也能在实际的语言事实中得到验证，即近畿中心地区的"ja"确实在濑户内海东部地区向西扩展。

五 小结

经比较藤原与峪口的调查结果，濑户内海地区方言的分布倾向可以归结为如下两点：

1. 与藤原1933年调查结果相比，地理分布范围扩张或缩小的语言条目。

2. 与藤原1933年调查结果相比，地理分布范围没有发生变化的语言条目。

大体来看，经过大约80年的岁月，各地的方言说法都有所衰退，这是不言而喻的。传统的方言说法仍在继续使用，还是因年龄的不同而有衰退的倾向，方言使用的变迁是显著的，而且它的变化动向也因地区、因词条不同而异，这些我们都能从它们的空间分布上了解到。在此基础上，我们还可得知标准语的部分词语以近畿的中部地区为中心向濑户内海西部推进，即关西中心地区的说法传播并扩散到了濑户内海西部。

六 今后的课题

通过GIS手段进行方言研究，我们坚信可以重新审视语言地理学的研究目的，同时有助于回归到探究方言词形成的原理及其讨论上，促进后续研究朝着新的方向继续发展。但是以进一步推进语言地图的GIS分析为基础的课题非常之多。其中一个就是专门用于语言地图的GIS环境并不完备。另外，在对语言地图进行GIS分析时，不得不去挑选收集图例并结合回答做出其属性信息，而且研究者一开始就必须一个一个标注方言点、线路和多边数据，这是费时费力的一项工作。因此，为了今后继续促进通过GIS的手段分析语言地图的发展，我们就必须活用迄今为止的语言地理学方面的研究成果，进一步去完备基础空间数据的建设。

参考文献

岸江信介编：『大都市圏言語の影響による地域言語形成の研究』（《大都市圈语言影响下的地域语言形成研究》），基盘研究（C）项目

"大都市圈语言影响下的地域语言形成研究"科研成果报告书，负责人：岸江信介，2011

岸江信介峪口有香子编：『小豆島言語地図』（《小豆岛语言地图》），德岛大学日本语学研究室科学研究费报告书，2015。

柴田武：「日本全土の方言」（《日本方言》），《语言月刊》vol.32No.1，大修馆书店，2003。

国立国语研究所编：『方言文法全国地図』（《方言语法全国地图》）（第1集），财务印刷局，1989。

藤原与一：『瀬戸内海言語図巻上下』（《濑户内海语言地图卷》）（上下两卷），东京大学出版社，1974。

藤原与一：『瀬戸内海域方言の方言地理学的研究—『瀬戸内海言語図巻』付録説明書—』（《濑户内海地区方言的方言地理学研究——〈濑户内海语言地图卷〉附录说明书一》），东京大学出版社，1976。

藤原与一：『中国四国近畿九州方言状態の方言地理学的研究』（《中国四国近畿九州方言现状的方言地理学研究》），和泉书院，1990。

（岸江信介　德岛大学大学院综合科学研究部日本770—8502德岛市南常三岛町

峪口有香子　德岛大学大学院先端技术科学教育部日本770—8502德岛市南常三岛町）

新疆阿克苏地区乌什县回族与中亚东干人群语言文化联系浅析[*]

海 峰

提 要 文章主要介绍了新疆阿克苏乌什县回族语言与中亚回族语言的联系，指出将新疆的西北方言与中亚东干语研究联系起来的意义，并分析了中亚回族语言内部分歧的特点，提出了新的分类建议。

关键词 东干语；乌什回族；一致性；东干方言分类

一 别迭里山口与境内外回族

别迭里山口是中国与吉尔吉斯斯坦之间天山南脉东段山口，《西游记》称别迭里山口为凌山，《经行记》《新唐书·中国传》记为勃达岭，它在汉唐时期就是丝绸之路中道的必经之地。清代、民国时期在此设有海关和关卡，被称为"通向中亚的桥头堡"。1945年中国与苏联中断通商，口岸关闭。

我最早注意到这个山口，也是在几本记述东干起义的书中看到内容类似的记载，谈到同治年间回民起义最后被迫过境时的东干人的情况。1877年11月，刘锦棠率部攻克阿克苏，不得已，白彦虎率众人准备过境前去俄国。而第一批过境的就是从乌什的别迭里山口出去的，来源于中亚的文献说，"第一路人马基本上是甘肃籍东干人，他们在优素福·哈兹列特（ЮсуфХазрет，又称大师傅，或阿爷老人家）的带领下，从阿克苏出发，向东北方向前进，于1877年11月初越过了别捷尔（Бедель）、伊什迪克·萨什（Иштыксашы）和吉沙苏山口（Кишасу），进入俄罗斯境内，

---

[*] 本文为国家社科基金项目"中亚地区语言联盟现象个案研究——以东干语变异现象为例"（项目编号：10XYY008，主持人海峰）的研究成果。

到了普尔热瓦尔斯克市（Пржевальск），有将近一半的人在同追兵的冲突及翻越天山的过程中死亡。当时优素福·哈兹列特没有计算手下的人数，但据俄罗斯行政当局的资料，他们到达普尔热瓦尔斯克时，共计1116人"。杜松寿、苏尚洛、丁宏、王国杰、刘宝军等人的记述、转述也都大同小异。这里面，根据我们的实地调研，有两个地方稍有出入：一是，当时队伍的撤退方向应当是往阿克苏西北方向而不是东北方向，因为这样才能到达乌什县继而去翻越别迭里山口，越过别迭里山口即为吉尔吉斯的伊什迪克，中亚文献的线路记载是准确的，但方向有问题。二是，根据乌什当地回民老人口头回忆，过境前的这批人大约有4000多人，而按照过境后的俄罗斯登记人口1116人来看，牺牲死亡的人数不仅过半，甚至达到了3/4，付出的代价是极大的。在我们实地考察期间，的确也深深体会到了当年过境人马的艰辛与决绝。我们是在盛夏七月中旬去的，而到了海拔4000米左右的山口依然是寒风凛冽，并时有雪花雨点飘落，我们可以想见，这批回民当时过境是在寒冬腊月的11、12月份，并且是在食物、御寒衣物及交通工具极不充足的条件下，其艰难困苦可想而知！不幸死亡的人数也可想而知！此次山口的考察，也让我们再次体会到了中亚回民曾经经受过的苦难，体会到了和平安宁生活的宝贵！

二　阿克苏乌什回族来源

对乌什回族的调查，还源于胡振华先生的指点，正是在他的多次提醒和指点之下，我才来到了与中亚回族血脉相连的乌什回族中间，通过调研，我收获了很多信息，调查结果印证了胡先生的记忆。根据胡先生的建议和当地人的指点，我们拜访了居住在乌什县城内的回族及清真寺，并作了一部分语言调查。据当地回族人回忆，他们的先民都是从伊塞克湖边的尔德克返回的，时间是1914—1916年，返回后，分散于乌什、库车、温宿等地，约有几百人。老家多为陕西渭南人，主要姓氏有吴、张、马、黄、海、黑，其中吴姓家族最大。从当地统计材料看，"文化大革命"后期回族人口减少了很多，其中主要原因是一部分回族迁去库尔勒等地，另有少部分回族改成维吾尔、柯尔克孜族，因此现在人口为1500人左右。

根据当地史志办公室提供的材料显示，元朝时就有回族人由内地到乌什屯田、经商，但乌什县境内大部分回族是在清朝从陕西、甘肃、宁夏、青海等地陆续迁移乌什定居的。1954 年，乌什有回族人口 808 人。1960—1962 年又有部分内地回族人来到乌什定居。1982 年全县有回族人口 1379 人，1999 年有回族人口 2183 人，2001 年有回族人口 1349 人。截至 2014 年年底，乌什县有回族人口 1461 人，大部分分布于县城南关社区、乌什镇三村、阿合雅荒地农场等地。

由于乌什县 22.88 万人，少数民族占了 21.68 万人，而且主要是维吾尔族，也有少量柯尔克孜族、回族，维吾尔语是当地使用较为普遍的语言，因此乌什回族的汉维双语化特征较为明显。乌什回族人年纪较大的都能说一口流利的维吾尔语，有一部分回族人甚至在外参与社会活动多用维吾尔语，在家中使用回族语言。

当地回族有四个清真寺，我们拜访的是以吴姓家族为主导的回族东寺，也是已有上百年历史的清真寺（有地契、执照等材料珍存）。据当地一位姓李的阿訇告诉我们，由于他们自伊塞克湖边而来，所以也有类似"加合什""加满"教派的区别。在清政府于光绪二十五年（1899 年）颁发的清真寺执照上，还清楚地写明了"一切教规悉以崇尚老教为主，不准再立道堂，并不准私设教堂，以遏乱萌"等字样，显示出当时政府对教派纷争的明显态度。

三　乌什回族话词汇和东干语一致性统计分析

乌什回族由于和中亚回族有千丝万缕的联系，并因为主体仍是 1914—1916 年自伊塞克湖边尔德克迁回的回族，因此语言与中亚回族语言特征显示出极强的一致性。乌什回族话也有单字调，也是三个声调，阴平阳平有合并的趋势，但语流变化中可以感觉阴平阳平的区别，这些和东干语的文学标准语都是完全一致的。

在我们调查的以东干语为基准的 223 个特征词汇中，乌什话仅有 29 个是和东干语不相同的词语，其中有近 10 个还是老话里都听过，[①] 但现在极少有人用了，显示出与东干语言高度的一致性（见表1）。

---

① 表1中用"（老）"的方式表示。

表1　　　　　　东干语与乌什话223个特征词汇对照表

序号	东干语	普通话	乌什话
1	阿郎阿郎	勉勉强强	√
2	巴依儿	专门、故意	×（巴利儿）
3	白坎儿	白白的	√
4	板筋	后脖根	√
5	半语子	结巴子	√
6	拌汤	稀面糊	√
7	帮办	助手	√（老）
8	傍个里	旁边	√
9	棒尖儿	大概	√
10	奔胪（lou）	额头	√
11	比论	例子	√
12	便宜	弄好	√
13	弊开	炸开、裂开	√
14	拨嘴	吵嘴	×（拌嘴）
15	补修	修补	√
16	不苏醒	不明白	√
17	猜话	谜语	√
18	财贝	财富	√
19	菜蔬	蔬菜	√
20	参悟	参考	√
21	吃辣子	吃亏、碰钉子	√
22	出神摆带	愣神	√
23	川道	平滩、荒滩	×（滩道）
24	呲团	扭捏	√
25	瓷实	结实	√
26	矬	矮	√
27	打捶	打架	√
28	打捞	注意	√
29	打拼拼	比赛	√（老）
30	打散	分发	√
31	打围	打猎	√
32	打择	收拾	√
33	歹	坏	√

续表

序号	东干语	普通话	乌什话
34	带掌铺子	理发馆	√
35	待承	招待	√
36	逮	拉（衣袖）	
37	丢盹	小睡一会儿	√
38	单另	别的（人事）	√
39	担水	挑水	√
40	但怕	恐怕	√
41	托	拉、拽	√
42	逗	触碰	√
43	杜失蛮	对头	√
44	端端儿	直直	√
45	短便	缺点	×（缺把）
46	朵	大	√
47	没尔视	没理会	√
48	扔（er）	扔掉	√
49	恶琐	垃圾	√
50	儿马	公马	√
51	尔格力	智慧	√
52	乏零干哩	太累了	√
53	泛常	经常	√（老）
54	费礼	婚事回礼	
55	分晓	区分、分别	×
56	风搅雨	混合	×
57	凫水	游泳	√
58	尕	小	√
59	改兰	铅笔	√
60	甘省人	甘肃人	×（口里人）
61	刚（jiang）末	刚刚没	√
62	刚强	身体	√
63	高甜	水果	√
64	圪蹴	蹲着	√
65	格（gei）子	尺子	√

续表

序号	东干语	普通话	乌什话
66	古今儿	故事	√
67	沟子	屁股	√
68	赶早	一大早	√
69	瓜	傻	√
70	乖张	脾气怪	√
71	官家	政府	√
72	惯完	习惯	√
73	光阴	生活、日子	√
74	贵贱	无论如何	√
75	过事	举行婚礼	√
76	哈巴	也许	√
77	哈好	好坏	√
78	哈子儿	现在	×（这会儿）
79	汗架	个子、身板	
80	好少的	很多	√
81	喝愣倒腾	跌跌绊绊	√
82	胡里麻达	胡乱	√
83	踝拉骨	脚踝	√
84	精脚（jue）片子	光脚丫	√
85	机溜	机灵	√
86	俊	漂亮	√
87	几时	什么时候	√
88	搅打	打搅	√
89	接迎	迎接	√
90	劲张	力气	√
91	精由	伺候、照顾	√
92	觉谋	觉得	√
93	亢子	胸腔	√
94	可价	已经	√
95	肯	经常	√
96	口歌	谚语	√
97	哭咋了	哭坏了	√

续表

序号	东干语	普通话	乌什话
98	拉磨	聊天	×
99	郎猫	公猫	√
100	浪	出门玩	√
101	礼性	礼物	√
102	力干盘子	托盘	√
103	连三赶四	急急忙忙	√
104	连手	朋友	×
105	列撇子	蝴蝶	√
106	临尾（yi）儿	到最后	√
107	路数	办法	√
108	捋面	拉面	√
109	麻合儿	莫合烟	×
110	毛盖子	短发辫	√
111	没（me）里	要不	√
112	没对的	不对	√
113	美美实	狠狠地	√
114	弥	续上（衣边）	√
115	米猫	母猫	√
116	民人	人民、普通人	×
117	那傍个	那边	√
118	能够	可能性	√
119	泥棒	浑身泥	√
120	年时个	去年	√
121	黏ran	黏稠	√
122	孃孃	姑姑姨姨	√
123	皮蛋	皮球	×（毛蛋）
124	谝谎	聊天	√
125	泼烦	烦恼	√
126	婆姨	老婆	√
127	破晓	解释	√
128	起面	发面	√
129	定面	死面	√

续表

序号	东干语	普通话	乌什话
130	恰他可	麻烦	×（破烦事）
131	前儿个	前天	√
132	蹊跷	奇怪	√
133	亲亲	亲戚	√
134	请票	请帖	×
135	绕手	招手	√
136	热头	太阳	√
137	耍（fa）	玩	√
138	苕子	傻子	√
139	呻唤	呻吟、叫唤	√
140	设捋	准备	√
141	甚 sheng	什么都（不）	√
142	声气	声音	√
143	剩下 ha	住下	√
144	失笑	可笑	√
145	师娘	女教师	√
146	十不闲儿	衣架子	×
147	时候上	及时	√
148	实为人	实在人	√
149	矢箭	射箭	√
150	事由	原因	√
151	势到跟前	凑到跟前	√
152	树吊儿	松树	×
153	恕饶	饶恕	√
154	思量	想	√
155	四季	时常	√（老）
156	四周八下	四面	√
157	碎	小	√
158	疼肠	心疼	√
159	提说	提起	√
160	体己	亲近的	×
161	天天无眛	每天	√

续表

序号	东干语	普通话	乌什话
162	头骨（口）	牲畜	√
163	望想	希望	√
164	围囊	跳舞	√
165	位分	位置	√
166	问当	问候	√
167	乌斯塔	师傅	√
168	乌塔尔	大口袋	×
169	无常	去世	√
170	务劳	种植、耕种	√
171	务牛	母牛	√
172	先后	妯娌	√
173	惜疼	心疼	√
174	稀嚓尔	稀罕事	√
175	习学	学习	√
176	细烦	缠人	√
177	细发	细嫩	√
178	细详	仔细	√
179	下磕	使劲	√
180	下剩的	剩下的	√
181	乡序	民间规矩	√
182	响琴	乐器	×
183	笑咪兮兮	笑着	√
184	些波	稍微	√
185	歇缓	休息	√
186	喧谎	聊天	√
187	牙长	讨厌	√
188	严定	一定、肯定	√
189	洋盘	盘子	√
190	养廉	退休金	×
191	吆车	开车	√（老）
192	腰食	午饭	√
193	夜里个	昨晚	√

续表

序号	东干语	普通话	乌什话
194	一搭里	一起	√
195	一满	全部	√
196	一拿务	总是	√
197	一时三刻	很快	√（老）
198	一张子	猛地	√
199	忆念儿	纪念	√
200	永总	永远	√
201	诱（由）头	理由	√
202	走势（手）儿	走路的样子	√
203	遇面	见面	√
204	拶手	举手	√
205	攒劲	厉害、有力	√
206	造化	大自然	√（老）
207	咋么家	怎么样	√
208	咋劳呢	怎么办	√
209	咋服	吩咐	√
210	辗布子	抹布	√
211	站下 ha	留宿下	√
212	这达儿	这地方	√
213	真实里	真的	√
214	争将	争论	√
215	征候	状态	√
216	支应	招待	√
217	吱麻乱叫	叫唤	√
218	知巴	证明	×
219	知感	感谢（真主）	√
220	蛛蛛	蜘蛛	√
221	主腰子	棉短上衣	√
222	着气	生气	√
223	攥手	握手	√

四 乌什回族话语法和东干语一致性分析

在部分常见语法例句的调查中,乌什回族话也显示出与东干语十分相似的结构和表达,如表 2 所示。

表 2　　　　　　　　　语法例句样表

东干语	乌什话
我要来呢吗？我来呢吗还是不来？我来呢嘛不来？	我该不该来？
你能来呢吗？你能来不来？	你能来嘛不来？
吃的剩哩吗？饭再有没？	饭有没有？
你们在北京没去过吗？	你到北京去过没有？
把这个事情他知道不知道？	这个事情他知道呢嘛不知道？
你们把这个字知道不知道？你把这个字知得呢吗？	这个字你认得不认得（dei）？
你们把这个记得呢吗？你们记得不记得？	你记得呢嘛没记得？
他面前我错哩。他面前我有错呢。	我那个人不对起。
你先去。你头里去。	你前头些走。
我给他说哩。我给他可价说哩。	我给他说过。
这个打那个碎，他们里头哪个好？	这个大，那个小，这两个哪个好一点？
这个比那个好。	这个赶那个好。
哥哥连兄弟一个个子（汗子）。弟兄两个一满一样的个子。弟兄两个长的一满一样大。	哥哥连弟弟一模一样高。
我跟不上他，我连他不能比。	我比不下他。
这些娃们连猴儿一样，满上下跑的呢。	这一帮娃娃连猴子一样，乱爬的呢。
你的姓名吟？你是王，我也是王。咱们两个都是王（咱们两个姓名都是王）。	你贵姓？我姓王。你姓王，我也姓王，咱俩都姓王。
谁敲的呢？谁？	你谁一个？
张在哪塔儿哩？张还在家里哩？	老张干啥的呢？老张在房子里呢。
他做啥的呢？他吃的呢。	他干啥的呢？他吃饭的呢。
他还没吃完吗？	他还没吃罢吗？还没吃罢，等一下就吃完了。
他说的走呢，这半天子哩还不走（他说的走，过哩半天字哩，他还在这塔儿呢。）	他说这会就走呢，这么大功夫还没走呢。
他现在（哈孜儿）连（带）连手喧的呢（说的呢）。	这会和一个朋友说话的呢。
你走哪塔儿呢？我在（走）外头呢（巷子里呢）。	你到哪去呢？我街上去呢。

续表

东干语	乌什话
你买（做）啥去呢？我买吃喝去呢。	你干啥去呢？我买菜去呢。
慢慢儿走！孛跑哩。	慢慢儿走！铂跑。
给他说给。	我给他说。
做啥呢？	咋做呢？
不要打这么做，要这么价做呢。	那么价不做，这么价做呢。
够不够（要多少呢？）不要这些子，这个够呢。	多少才够呢？这么些就行了。
他今年几岁哩？他今年多大哩？他今年多大岁数哩？	他今年多大岁数了？
这些东西重吗？	这个东西有多重呢？
给我给一个书。	给我给一本书！把一本书给我！
他给我给哩一个书。	他给我给了一本书。
叫他快快的（快些儿）在我跟前来。	叫他找我来。
快（快快的）把他喊给（叫给）。	快快儿把他请上来。
将吃哩，慢慢儿地走，孛跑哩。	饭吃罢，慢慢儿走，箔跑哩。
啥事都没的（不咋的）。	没关系。
咱们把花儿闻一哈香不香？	你闻一下这个花香不香！
你吃烟呢吗，还是喝茶呢？	你抽烟呢嘛，喝茶呢？
烟也好（也罢），茶也好（也罢），我都不爱。	烟也好，茶也好，我都不爱。
大夫给你说的叫多睡呢，不能吃烟带喝茶。	医生说叫你多睡一会。喝茶抽烟都不行。
可价吃掉哩，快些起。现在还早的呢。	时候不早了，快去罢！等一会再去好罢！
吃哩以后去对吗？再是吃掉，以后吃，赶不上。	饭吃罢再去好不好？吃罢饭再去就来不及了。
你不去也罢，我一定要去呢。	不管你去呢嘛不去，反正我去呢。
不得成我再不去，我一定要去呢！	我非去呢！
咱们带走的说的呢（喧）。	我们现走现说。
说哩一遍，可（还）说的呢。	将末说罢，又说的呢。
这个东西好，可是贵得很。	这东西好是好，贵得很。
他在哪塔儿吃哩？	他在哪儿哈儿吃的饭？
他在家里吃哩。	他在我房子吃的饭。
吃哩满满的一碗！把这一碗吃上。	你把这碗饭吃掉！
雨下的呢，没下的，天气晴的呢。	下雨了，雨不下了，天晴了。
迟哩（迟掉哩）不好，咱们走快些儿（咱们快快走）。	迟下了就不行了，我们快些走。

续表

东干语	乌什话
他现在（哈孜儿）说的呢。	他们说话着呢。
桌子上搁的一碗水（碗连水）。	桌子上放的一碗水。
坐下吃好嘛，还是站下？	坐下吃起好嘛，站下吃起好？
站下（站的），路上小心的（防的些儿在路上）！	站下，路上小心的些！
睡着哩（睡下哩），猜着哩。	睡着了/猜着了
凉下哩；孛忙哩，慢慢儿地吃。	凉下来，别着急了，慢慢来。
这个高甜能吃吗？这个熟哩，能吃（吃呢）。那个没熟，不能吃（吃不成）。	这些果子吃得吃不得？这是熟的，能吃。那是生的，不能吃。
这个东西重，能拿嘛不能拿（拿成呢嘛拿不成）？我能拿，他拿不成。这个也不轻，重，我也拿不起来。	这个东西重得很，拿动拿不动？我拿动呢他拿不动，重的很。
他巧妙（能得很）。画得太好。	他手巧，画得好得很。
他忙得很，把吃嘴子的都忘掉呢。	他忙得很，连饭都没吃。
孛走哩，在家里住的（孛走，住到家里）。	箔走了，我们家站下。
房里（房子里）好少人，谁看书的呢，谁看报的呢，谁写的呢。	房子坐了好些人，看书的看书，看报的看报，写字的写字。
几年上他来哩？我年时个到哩北京哩。	你是哪年来的？我是前年到北京的。

因为东干语在调查期间多用口语表述，引导语料的方式有些不同，也没有完全按语法例句进行引导，有些不完全对应标准例句，存在几种形式，我们都作了记录。实际上如果看乌什话，或者综合看两者的表达方式，可以发现，二者在语法上也存在着很大的相似性。

五 新疆境内外回族语言文化对比分析的意义

中亚东干语言与中国西北方言的天然联系是众所周知的，但是在起义初期新疆境内的遗存和后期边民来来去去形成的更为亲近的语言文化的联系却挖掘得较少。本人前期曾作过伊犁地区回族居民语言文化和中亚东干语言的对比分析，这次又再次在阿克苏地区进行了深入的挖掘。其实，在焉耆城镇地区的回民和东干起义主体的联系更为密切，刘俐李老师曾对此有过深入的调查分析。这样联系分析的意义在于，我们能够找到更接近、更相似的参照物，继而有助于对东干语言开展更深层次的研究。例如，我们一直以来依据中亚学者和当地人的认识将东干书面语言的基础方言判定为甘肃话，但是能否将其视作兰银官话还真值得思考。实际上和它最为亲近的伊犁话、焉耆话，还有今天我个人调查的这个乌什话都是属于中原官话的，在上一次出版的新疆方言地图上也都是定为中原官话南疆片的。这就提示我们，中亚东干语言"甘省话"可能更接近中原官话，或者说它也表现出中原官话和兰银官话混杂的情况，而不仅仅是我们一般笼而统之的将其称为的甘肃话和陕西话，这种情况在新疆的许多地区也都有表现。当然和东干陕西人群的联系更需要进一步挖掘。因为100余年的独立发展过程中，陕西人群在书面语言的引导下，也有一些变化，从本人观察来看，词汇方面受书面语言影响更多一些，有关陕西人群的方言林涛先生也有很好的分析。

因此，目前将东干语划分为甘肃方言和陕西方言，这是基于历史传承关系而言的，显然也有些泛泛而论的情况。但实际上，作为在境外独立发展的方言，以及它与新疆等地回民之间千丝万缕的联系，它已经具备了地域方言的基本特征，并且已经植根于中亚大地百余年，因此对它的方言划分应该考虑到它和中国原有方言的传承关系及它的来源，同时又要考虑今天它的分布区域和各自已经具备的方言特点，以及各方言之间内部的差异。根据我们的调查和现有的语言资料，以及东干语现在的分布状况，我们可以考虑将东干语言代表性的方言点作如下的方言分类尝试（见表3）。

表3　　　　　　　　东干语（中亚回族话）分区

东干语（中亚回族话）		
马三成—托克马克方言区	米粮川—尔德克方言区	塔什干方言
1 马三成话—新渠话	1 米粮川话	1 东干马哈俩话
2 托克马克话	2 骚葫芦话	
	3 尔德克话	
	4 扎俩瓦斯托克话	
	5 加勒帕克丘拜话	

实际上对这种划分东干族自己的学者也有所涉及，最早杨善信曾经提出过东干语中的托克马克方言，即陕西方言的代表性方言点。Л. Т. 沈洛

在论及东干族的语言文化内容时也提出过伏龙芝—楚河方言的说法①。伊玛佐夫也曾提及关于托克马克方言这样的术语，由此看来，利用东干现在的居住区域对东干语的方言进行重新命名和甄别也是十分有必要的。这不仅是语言学对方言划分的基本要求，同时也是正视东干语言的发展现状的一种科学的命名和分析。当然，这种方言的区别实际上的确和他们原来所操用的语言有着密不可分的关系。应该说，将这些变化逐一地详细地分析出来，是需要时间和大量细致入微的更广泛的语言调查工作的。

所以，以新疆这一近邻地区的语言为参照，去进一步观察和挖掘东干语言的内部特征，分析其语言内部的差异和联系，对认识它的来源和百余年的发展过程会有更大的意义。这样能够将中亚与新疆回民的天然联系以及跨境而居的变化与发展联系起来，为进一步观察丝绸之路上西北方言的北延传播和流变提供更多的材料。

（海　峰　乌鲁木齐　新疆大学中国语言学院　830008）

---

① Л. Т. Шинло：культураибытсоветскихдунган（《苏联东干人的文化和习俗》）Фрунзе. 1965, 第 10 页。

语法研究

位移动词"去"的南北跨方言比较
——语法化与语音、形态的互动

吴瑞文

提　要　根据西方语言的历史经验，语法成分在形态化过程中，往往伴随着不同类型的音韵演变，这些演变主要是缩减（reductions），最终构成形态交替。一般而言，现代汉语乃至于汉语方言在类型学上都是缺乏形态变化的语言，然而汉语的词汇成分在进行语法化时，其实也存在音韵演变及类似形态的屈折手段。本文以位移动词"去"为对象，观察"去"在汉语南北方言中的语法化走向。本文在取材上，南方以闽语为代表，北方以晋语为代表。研究重点包括：(1) 伴随语法化而来的语音缩减的历史语言学意义；(2) 屈折构词交替手段的产生及判断。本文的结论指出，语法成分的语音缩减，其效应是回避某些规律性的语音演变，从而保留早期语音形式。另外，汉语也存在接近形态交替的屈折手段，而与之相当类似的情况是合音，如何有效分辨两者的差异，是汉语语法的重要课题。

关键词　位移动词；语法化；语音缩减；形态；历史语言学

一　前言

既有的类型学研究显示，位移动词"来、去"在许多语言中都存在多样性的语法化现象。就动词语义而言，"来"（come）和"去"（go）的运动方向相反，彼此是反义词（antonym）；但在语法化演变上却往往有相同之处，Henie 和 Kuteva (2007) 已经搜罗了相当丰富的世界语言证据[①]。不

[①] 根据 Heine 和 Kuteva (2007) 所搜录的材料，位移动词"来""去"相同的语法化演变包括 consecutive、continuous、change-of-state、future、purpose 和 hortative 等。

过也已经有学者（龙海平、刘云，2005）指出，Henie 和 Kuteva（2007）所引述的汉语材料只收录官话（Mandarin）和汉语史 62 例，汉语方言则只有粤语两例，显然于现代汉语方言现象的掌握相当有限。

　　Hopper 和 Traugott（张丽丽译，2013：175—217）以专章的篇幅探讨原本各自独立的语法单位彼此融合（fusion）的情形，尤其是由附词（clitic）到屈折成分的发展，这就是所谓形态化（morphologization）的过程。在形态化过程中，亦即词汇成分与附词融合为词干与词缀时，往往伴随着不同类型的音韵演变，这些演变主要是缩减（reductions），具体包括元音和辅音脱落、重音或声调重音消失、紧邻音韵段落的同化等。一般而言，现代汉语乃至于汉语方言在类型学上都是缺乏形态变化的语言，然而汉语的词汇成分在进行语法化时，确实也存在不同程度的音韵演变，不过这些演变大多被视为伴随现象而没有获得重视。

　　有鉴于此，本文以位移动词"去"为对象，观察"去"在汉语南北方言中的语法化走向，并且将重点放在：（1）伴随语法化而来的语音缩减的历史语言学意义；（2）屈折构词交替手段的产生及判断。在取材上，南方方言主要根据闽语为代表，北方方言主要根据晋语。①

　　以晋语而言，与本文研究课题近似且直接相关的，至少有两篇著作，一篇是江蓝生（2000），另一篇是邢向东（2006）专书第九章"语法成分的语音变异"，以下分别探讨。

　　江文指出，语法化伴随着语音弱化是普遍的语言现象，语法化本身是连续的渐变的过程，然则肇因于语法化的语音弱化是否也有这种现象？这是江文主要探讨的问题。江文观察［动—介—处所名词］这一结构中介词"着"的语音形式，材料上结合汉语历史文献以及现代汉语方言（山西方言、山东方言、北京话）的具体表现，结论认为伴随语法化而产生的音变现象，本身也是连续且渐变的过程（江蓝生，2000：163）。"着"由动词演变为零形式的语音演变如下：

　　动词（着）→介词（着/的）→词缀（ə）→零形式（：/ø）

　　邢文所讨论语法成分语音变异现象包括：由于语义功能、句法位置等因素导致的不合本音系的语音变异；由于方言音系之间的差别而导致的某

---

① 本文有关汉语方言分区的概念以及下文讨论的闽语、晋语次方言归属，都根据侯精一主编（2002）之《现代汉语方言概论》。

些语法成分的读音不合本方言音系的现象；由其他原因造成的语音变异。本文的重点在于探讨同一语法成分之所以产生变异的原因。

闽语方面，杨秀芳（1991）的专著详细地描写了台湾闽南语语法，其中考证常用名词后缀 a3 来自囝 kiã3 的声韵脱落及相关语法成分的变异及描写，相当值得参考。另外，陈泽平（2003：104—109）结合汉语历史文献及现代福州话，探讨完成体助词"去"的语法化演变，也相当具有启发。

此外，李小军（2011）以"语气词"为例，对虚词衍生过程中的语音弱化进行过相关研究。李文谈到三种语气词语音弱化的判断方法，包括声韵调的缩减、变化与脱落；不同方言或地域出现不同记音字以及结构缩略。总的来说，以上三种判断都必须基于一个前提，那就是不同形式之间确实存在同源关系。例如 X 语法化为 X'，这一过程中伴随语音弱化，则所谓的声韵调缩减、变化与脱落当然建立在 X 与 X' 是同一个来源（cognate），透过两两比对后才得以确认。不同方言或地域的不同书写方式，也必须是同源成分才存在可比性（comparability）。结构缩略则是须在词组内找出 X'，从而与独立使用的 X 进行比较。

整体而言，本文讨论的角度与上述学者有同有异：相同的地方是观察语法成分本身的语音变异方式，不同的地方在于本文预备从历史语言学及规律运作的角度，说明语法成分的变异如何产生以及产生之后的效应。附带说明，尽管本文中会论及地域上邻近的方言，并论述变体之间的关系，基本关注点还是历时演变的问题，与地理语言学关注的课题并不相同。

二　位移动词"去"语法化为趋向补语后的语音形式

不论是从历史文献还是从现代汉语方言来看，位移动词"去"在另一个位移动词后作为趋向补语，是相当普遍的语法化现象。本节我们观察"去"作为语法化来源（source）与语法化目标（target）这两个身份，不同语法功能之间存在怎样的语音形式差异，并说明这一差异对拟测原始形式（protoform）的意义。

（一）晋语中"去"的语音形式

根据侯精一、沈明（2002：56，见侯精一主编，2002），就分区的标准而言，晋语有些方言趋向补语"去"存在一个特点，那就是"去"作为趋向补语的读音不同于做动词的读音,例如岚县:前天我去[kʰəʔ4]太原去[kəʔ·]来。岚县这两个"去"分别是用作位移动词和趋向补语。

以上这一观察相当有启发。从语法化的角度来看,趋向补语一般而言是作为位移动词的补语,形成[V-C]这类述补结构;同时,以位移动词而言,趋向补语通常是迈向语法化的开端,借由趋向补语进一步再演变为其他实质语义更为虚化、语法功能更强的成分。接下来我们将扩大观察范围,比较详细地说明晋语"去"用作位移动词和趋向补语时的音韵表现,从而勾勒[去(位移动词)>去(趋向补语)]的具体语音演变情况。

进入讨论前要先说明,晋语虽以山西省简称"晋"为名,但其分布不只在山西一省,山西省亦非仅通行晋语,而仍有其他方言。本文的讨论仅就分布于山西省境内之晋语进行观察,山西省以外的晋语则暂时从略。另外,由于观察"去"的位移动词与趋向补语需要以实际语料为出发点,因此主要参考具备词汇、语法例句及长篇语料的材料,纯粹语音或音韵(同音字汇)的材料只能割爱。本文共择取了22个晋语方言,从既有的方言分区(侯精一主编,2002:56—57)来看,这22个方言包括:并州片(太原、清徐、平遥、介休、文水)、吕梁片(临县、汾西、岚县)、上党片(长治、屯留、沁县、武乡)、五台片(忻州、定襄、原平、平鲁、朔县、阳曲)和大同包头片(大同、山阴、左权、和顺)。[①]

首先观察下列晋语"去"作为位移动词与趋向补语的读音(见表1):

表1 晋语中位移动词与趋向补语的表现

地方	位移动词:~哪里、~书房	趋向补语:撵出~	是否同源	是否同形
太原	tɕʰy5	kəʔ~0	是	否
清徐	tɕʰy5	tʌʔ~0	否	否
平遥	tɕʰy5	tiʌʔ~0	否	否
介休	tɕʰy5	tə0	否	否
文水	tsʰɥ5	tiəʔ~0	否	否
临县	kʰəʔ5	kəʔ0	是	否

续表

[①] 本文以下各方言点取材,岚县取自侯精一主编(2002)中的文字叙述,其他则取自各地方志及方言词典,请参阅引用文献,为省篇幅,兹不一一说明。

地方	位移动词：~哪里、~书房	趋向补语：攆出~	是否同源	是否同形
汾西	tɕʰʐ5	tɕʰʐ0	是	是
岚县	kʰəʔ7	kəʔ0	是	否
长治	tɕʰy5	tɕʰy5~0	是	是
屯留	tɕʰyəʔ7	tɕʰyəʔ7~0	是	是
沁县	kʰəʔ7	kʰəʔ7~0	是	是
武乡	kʰə?7	tə0	否	否
忻州	kʰə?7	kə?0	是	否
定襄	kʰə?7	tiə?7~0	否	否
原平	kʰɤ?7	kɤ?0	是	否
平鲁	tɕʰy5	kə0	否	否
朔县	tɕʰi5	li0	否	否
阳曲	kə?7	kə?0	是	是
大同	tɕʰy5	tɕʰiə?7~0	是	否
山阴	tɕʰy5	tɕʰiə?7~0	是	否
和顺	tɕʰy5	tɕy0	是	否
左权	tɕʰi5	(tsʰu5)	是	否

针对表1的晋语方言，我们提出的判断标准有两项，分别是"是否同源"和"是否同形"。第一项"是否同源"，意思是指位移动词和趋向补语是否有相同的语源（etymology）。第二项"是否同形"，意思是指作为位移动词和趋向补语是否有相同的语音形式。

把这两项标准放在一起，观察晋语"去"作为位移动词与趋向补语的关系，我们可以有以下逻辑推论：若位移动词与趋向补语语源相同，其语音形式未必相同；反之，若位移动词与趋向补语语源不相同，其语音形式必然不同。换句话说，我们可以率先排除"语源不同而语形相同"这个选项。

根据"是否同形"和"是否同源"两条标准，我们可以进一步把以上22种晋语分为A、B、C三类：

A类—不同源也不同形

清徐、平遥、介休、文水、武乡、定襄、朔县等7个晋语方言；

B 类—既同源也同形

汾西、长治、屯留、沁县、阳曲等 5 个晋语方言；

C 类—同源而不同形

太原、原平、临县、岚县、忻州、平鲁、大同、山阴、和顺、左权等 10 个晋语方言。

以上三类中，需要说明的是 C 类的左权方言。

从表 1 看来，"去" 在左权方言中作为位移动词时读为 tɕʰi5，但在撵出去这个词中读为 tsʰu5。参看相关词条，"出" 在左权有 tsʰu5 和 tsʰuəʔ7 两读，前者用作趋向补语，前面可以加上一个动词，例如撵出去 nie3tshu5；这些货卖不 tsʰu5。不过 tsʰu5 还可以单独用作位移动词 "去"，例如 tsʰu5 街买东西；时间太晚了，咱 tsʰu5 哇。至于读为 tsʰuəʔ7 的 "出"，用于以下的语境：tsʰuəʔ7 牌、小鸡 tsʰuəʔ7 来啦。特别值得留意的是，tsʰuəʔ7 可以和趋向补语 "来" 结合，tsʰu5 则不能。以上线索显示，左权 tsʰu5 这一读法，应当是 "出去" tsʰuəʔ7tɕʰi5 的合音，其演变过程可能是：

*tsʰuəʔ7tɕʰi5＞tsʰu0tɕʰi5＞tsʰu5

"出去" 的前一音节 "出" 则失落了央元音 ə、喉塞音韵尾 ʔ 及独立的入声调；后一音节 "去" 完全丢失声母韵母成分，只留下原来的去声调①。由此还可以说明，tsʰu5 之所以不能和趋向补语 "来" 结合，正是由于 tsʰu5 已经内涵了一个趋向补语 "去"，所以在结构上不能与语义上相反的 "来" 并存。

接着分别说明这三类的内涵。

首先，A 类 7 种晋语方言，位移动词读为 tɕʰy5（清徐、介休、平遥）、tsʰʯ5（文水）和 tɕʰi5（朔县），它们共同的语源是 "去"（丘倨切，遇摄开口三等鱼韵去声字）②。至于趋向补语的，A 类读为 tʌʔ7（清徐）、tə0（介休、武乡）、tiʌʔ7～0（平遥）、tiəʔ7（定襄），声母主要是舌尖塞音。范慧琴（2007：165—167）相当深入

---

① 汉语方言合音有相当多的具体表现，以双音节 [X+Y] 词汇为例，可能会有两侧取音（edge-in）或 X 提供基本音段，Y 提供超音段（声调）等不同可能。学界对于合音的方式与过程也已累积不少有意义的讨论，可分别参看郑良伟（1997）、Chung（1997）、吴瑞文（2011）。

② "去" 在《广韵》中另有遇摄开口三等上声的羌举切，义为除也。

地探讨了定襄方言中趋向补语 tiə ʔ7 的来源，他根据江蓝生（2000 [=1994]：106) 的研究，认为定襄方言的 tiəʔ7 来自"著"（直略切，宕摄开口三等阳韵入声字）①，我们同意这个看法。朔县读为 li0，应当是 tiəʔ7 这类成分进一步弱化的结果。整体而言，A 类晋语方言的位移动词与趋向补语并不同源，因此两个成分之间不存在语法化关系。

其次，B 类 5 种晋语方言的位移动词与趋向补语有相同的语音形式，包括 tɕʰz5（汾西）、tɕʰy5（长治）、tɕʰyəʔ7（屯留）、kʰəʔ7（沁县）、kəʔ7（阳曲）。就语法化研究而言，B 类是最为关键性的证据，理由是语法化来源与语法化目标同形，使我们不至于被音韵现象误导。

最后，C 类 10 种晋语方言，根据位移动词与趋向补语语音形式的表现，还可以再细分为几个次类，区分标准是这两个成分其中之一或两者是否参与了颚化（palatalization）作用。由此可以分出三个次类：

C-1——两个成分都不颚化：临县、岚县、忻州、原平。

C-2——两个成分都颚化：大同、山阴、和顺。

C-3——两个成分有一个颚化：太原、平鲁、左权。

值得注意的是，C-3 若两个成分中有一个颚化，则颚化的必然是位移动词而非趋向补语，从音韵历时演变的观点而言，这具备相当重要的意义。就语义内涵来看，位移动词比趋向补语更为充实，因此原本的语音部件保存得较为完整；相对地，趋向补语已经走上语法化的道路，语音部件也开始失落（drop）。

现在以 B 类为基础，参酌 C 类的表现，我们可以重建位移动词"去"在早期晋语中的语音形式。我们认为，早期晋语"去"的原始形式（protoform）可以根据表 1 的材料构拟为 *kʰyə5，早期声母是舌根不带音送气塞音，韵母是由前高圆唇介音 y 和主要元音 ə 构成的复合韵母结构，声调是去声。从 *kʰyə5 这个早期形式出发，[位移动词：趋向补语] 的语音变化在晋语方言 B 类和 C 类中有如下表现。

---

① 著或作着，在《广韵》中有三个切语，分别是宕摄开口三等阳韵入声的张略切和直略切以及遇摄开口三等去声的陟虑切。

B 类晋语方言的语音与语法化表现

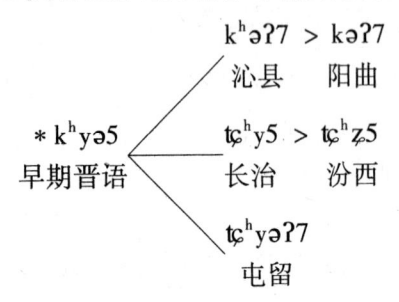

$$*k^hyə5 \begin{cases} k^hə\text{?}7 > kə\text{?}7 \\ \text{沁县} \quad \text{阳曲} \\ t\varsigma^hy5 > t\varsigma^hz5 \\ \text{长治} \quad \text{汾西} \\ t\varsigma^hyə\text{?}7 \\ \text{屯留} \end{cases}$$
早期晋语

根据以上的演变，可以发现，尽管位移动词与趋向补语同源且同形，但各个方言表现仍然大异其趣。比方沁县、阳曲这类方言，是位移动词先丢失了语音部件中的介音成分（*-y->-ø），然后发生语法化。屯留保有早期的介音成分，同时也保留了主要元音。长治、汾西这两个方言则是发生了颚化，韵母进一步单元音化。

C 类晋语方言的语音与语法化表现

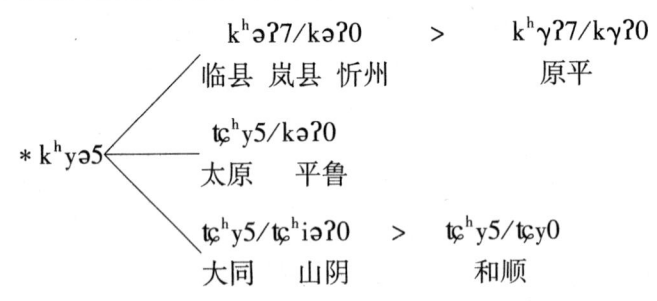

$$*k^hyə5 \begin{cases} k^hə\text{?}7/kə\text{?}0 \quad > \quad k^h\gamma\text{?}7/k\gamma\text{?}0 \\ \text{临县 岚县 忻州} \quad\quad \text{原平} \\ t\varsigma^hy5/kə\text{?}0 \\ \text{太原 平鲁} \\ t\varsigma^hy5/t\varsigma^hiə\text{?}0 \quad > \quad t\varsigma^hy5/t\varsigma y0 \\ \text{大同 山阴} \quad\quad \text{和顺} \end{cases}$$

基于历时发展的观点，我们可以从好几个不同的尺度来审视以上晋语方言的不同语音形式之间的关系。以下分别说明。

第一个尺度是"伴随语法化，语音部件是否缩减"。以晋语方言而言，除了屯留方言外，绝大多数的晋语都发生语音部件的缩减。这个缩减不仅见于动词的"去"，也见于趋向补语的"去"。

第二个尺度是"伴随语法化，语音部件如何缩减"。以晋语方言而言，缩减的方式包括介音/-y-/的失落及送气成分的消失。其中介音/y/的失落阻止"去"进行颚化作用（palatalization），造成声母仍维持早期的舌根音位置 k^h-或 k-。

第三个尺度是"伴随语法化，语音部件缩减的次序为何"。以晋语方言而言，介音/-y-/丢失与送气成分失落两种弱化手段在施用次序上存在差异。多数的晋语方言中，作为趋向补语的成分往往失落送气成分，这个变化使得动词与趋向补语之间产生了若干语音上的细部差异，从而凸显语法功能的分化。

（二）闽语中"去"的语音形式

本节以台湾闽南语及闽东福州方言为例，说明"去"作为位移动词和趋向补语时，伴随着语法化的发生，趋向补语所产生的语音弱化表现。

从方言差这一角度而言，台湾闽南语位移动词"去"的语音形式主要有漳州腔的 $k^h i5$ 和泉州腔的 $k^h ɯ5$ 两种，离岛澎湖则有 $k^h u5$ 这类读音。目前台湾通行腔以 $k^h i5$ 为主，以下讨论都以 $k^h i5$ 作为代表。"去"作为趋向补语形成［V-C］结构时，在台湾闽南语中存在完整式或缩略式的语音表现，其中完整式是 $k^h i5$，至于缩略式的具体情况如表2所示。

表2　　　　　　　　台湾闽南语中趋向补语"去"的语音表现

	出 tsʰut7	入 lip8	上 tsiũ6	落 loʔ8	起 kʰi3	过 kue5
去	~li0	~bi0	~ŋi0	~i0	~li0	~i0
	飞 pue1	转 tŋ3	*带 tsʰuaʔ8	寄 kia5	徙 sua3	送 saŋ5
去	~i0	~ŋi0	~i0	~i0	~i0	~ŋi0
	缚 pak1	牵 kʰan1	走 tsau3	*绕 so2	揽 lam3	
去	~gi0	~ŋi0	~i0	~i0	~ŋi0	

说明：标注 * 号的代表语源不明，方块字仅供参考。

从表2中，我们可看到作为趋向补语的"去"有 li0/bi0/gi0/ŋi0/i0 等各种形式，其分化条件基本上与前一音节的末尾音段有关：以双唇塞音收尾的会读为 bi0，以舌尖塞音收尾的会读为 li0，以舌根塞音收尾的会读为 gi0，以喉塞音韵尾及元音收尾的会读为零声母的 i0，以鼻辅音 -m、-n、-ŋ 收尾或带鼻化韵（含成音节鼻音）的音节会读为 ŋi0。

综合以上的语音线索，我们认为台湾闽南语"去"语法化为趋向补语时，语音上弱化的方式有两种：

第一种方式是，当前一音节为鼻化韵（含成音节元音）或前一音节末尾为鼻辅音收尾时，$k^h i5$ 会弱读为 ŋi0，亦即声母受到前一音节鼻音征性［+nasal］的影响，变读为鼻音。

R1　　$k^h i$ > ŋi/［+nasal］{coda, nuclear} _

第二种方式是，当前一音节为不带鼻音、不带辅音以及属于喉塞音的成分时，k^hi5 会丢失声母（辅音）成分，成为零声母的 i0。这个零声母的 i0 在带辅音韵尾的音节之后，受到前一音节辅音韵尾的影响，进一步产生了预期同化（anticipatoryassimilation），从而产生了不同的带音辅音成分。

R2 $k^hi>i/$ [-nasal] {coda, nuclear} _

R2' $i > \begin{Bmatrix} bi \\ li \\ gi \end{Bmatrix} / \_ \begin{Bmatrix} p \\ t \\ k \end{Bmatrix} \_$

R2' 这条带音辅音增生规则，在台湾闽南语中相当活跃，以闽南语常用词尾"囝"a3 为例：匣囝 ap8ba3（<ap8a3，盒子）、贼囝 ts^{h}at8la3（<ts^{h}at8a3，小偷）、竹囝 tik7ga3（<tik7a3，竹子）。台湾闽南语趋向补语"去"在-p、-t、-k 韵尾后的读音，显然也运用了相同的规则。

表 2 中需要特别说明的是述补结构"起去"，其中"去"往往读为 li0 而鲜少读为 i0。我们认为这是因为"起"和"去"只有声调分属上声和阴去的差异，声母和韵母同读为 k^hi，结合为述补结构 [k^hi3-k^hi5] 时，复合词内部率先发生了异化作用：$k^hi3-k^hi0>k^hi3-ti0$，之后 ti0 才弱读为 li0。

至于闽东方言，陈泽平（2003 [=1992]：112）对福州方言中与"去" [$k^hɔ5$] 有关的功能成分进行了相当完整的论述，他指出福州方言的位移动词读为 [$k^hɔ5$]，趋向补语和完成体标记则是有弱化的形式[①]，他的说明如下：

在福州方言中，助词"去"与读轻声的趋向动词"去"同音。因为从不单说，总是黏附在动词后面，所以声母随前一音节的收尾音变化：前一音节是鼻尾韵时读 [ŋɔ]，前一音节是塞尾韵时读 [kɔ]，前一音节以元音收尾时读 [ɔ]。

又，陈泽平（2003 [=1996]：126）另一篇文章也提到：

（完成体）「咯」是黏着语素，总是轻声音节，韵母是很松的第 6 号标准元音（按：即/ɔ/），声母随前一音节的收尾音变化。按福州话的声

---

① 陈泽平（2003：108）将述补结构 [V-去] 中的"去"称为趋向动词，举的例子是《祖堂集》中的"入地狱去"和"又来开元寺觅，不得，转去也"。根据朱德熙（1999：128—129）的分类，这显然正是趋向补语。

母类化规律逆推，可知其原声母是舌根清塞音［k］或［kʰ］。

归纳起来，福州话趋向补语的语源是"去"［kʰɔ5］，同时有以下的变体：

kʰɔ>ɔ/CV_

kʰɔ>ŋɔ/CVŋ_

kʰɔ>kɔ/CVʔ_

上述变化符合闽东福州方言的声母类化，属于共时层面的规律变化。

我们（吴瑞文，2009）曾经探讨闽东方言中与"去"有关的音韵问题，当时已经发现"去"字在闽东方言的读音相当复杂，往往一个方言内部有两个或两个以上的读音。造成同一个语位而有不同读音的原因非只一端，可能来自不同层次的叠积，也可能是词汇功能的分化造成语音的变化。从语法化的观点来看，来源语和目标语之间的差异乃是语音缩减的程度。以福清方言为例，"去"有 kʰyo5、kʰo0、kʰy5 三种语音形式，kʰyo5 是位移动词，kʰo0 则用于趋向补语、状态改变补语及完成体标记，以上两种形式都是白话音；kʰy5 则是文读音，用于不同的语境。整体而言，福清方言的 kʰyo5（来源语）和 kʰo0（目标语）可以理解为语法化前后的两种形式，属于伴随语法化的语音缩减。kʰy5 则只是语言层的叠积，与语法化无关。附带一提，从历史发展的观点而言，福清的 kʰyo5 来自更早的 *kʰiow5（< *kʰjɔw5，比较汉语上古音 *kʰjags），显然保留更多的古语特征。

综合以上我们对台湾闽南语和闽东福州话的观察，不难发现闽语中"去"历经语法化成为趋向补语时，在语音上的弱化表现主要包括：（1）语音部件的缩减（声母成分、介音成分的丢失）；（2）声调的中立化（亦即读为轻声）。

（三）"去"在南北方言中的语音缩减策略

以上两节我们利用晋语和闽语的材料，观察这些材料中位移动词"去"语法化为趋向补语时所伴随的语音弱化现象。我们获得的初步观察是：

第一，以"去"为例，南北两大方言共通的语音弱化策略至少包括：（1）语音部件缩减；（2）声调中立化。

第二，特别有启发的是，晋语中位移动词"去"尽管发生了语法化，但若干方言的语法化源头和语法化目标仍有共同的语音形式，这对于考察某个功能成分的早期源头提供莫大的协助。语法化演变一般是语义内涵减少，语法功能增强，同时伴随着语音形式缩减。一般而言，语音形式的缩减（reduction）对于历史语言学早期形式的建构（reconstruction）是不利的，理由是缩减后的读音可能会造成拟测上的误导。然而，晋语"去"的个案提供了相对积极的意义："去"由位移动词虚化为趋向补语后，介音成分/-y-/失落，使得趋向补语失去颚化条件而仍读为 kə0/kɤ0，这是将晋语"去"拟测为 *k^hyə5 的重要根据。换句话说，语法化的来源和目标在共时层面上并存，一方面是探究语义虚化的线索，另一方面缩减后的形式也能作为重建祖语的材料，关键在于深入比较并详加甄别。

第三，相形之下，闽语"去"的语音缩减情况以及语音变体就较为简单。以台湾闽南语而言，由于位移动词"去"本身已经是 k^hi5、k^hɯ5 这类相当简化的音节结构，在尚未发展出屈折形态的前提下，缩减的手段相对有限。闽东方言的位移动词"去"在语法化演变上有趋向补语、状态改变补语及完成体标记等程度更深的语法化，在语音上也发生缩减。闽东方言提供与晋语不同的历史经验："去"作为来源形式（语法化前）保存更多古语特征，作为目标形式（语法化后）则丢失音段成分。

三　位移动词"去"语法化后的屈折表现

本节我们观察位移动词"去"在语法化中程度更深的语法功能：完成体标记（perfectivemarker）的语音表现。从方言现象上看，位移动词"去"在闽语的福州和宁德方言中存在以下的语法化过程：

去（位移动词）→去（趋向补语）→去（状态改变补语）→去（完成体标记）

语音上也有相当程度的简化。以下我们将重点放在介绍闽东宁德方言中与位移动词"去"相关的完成体屈折手段，并与既有的晋语材料进行比较，从而说明两者之异同。

（一）闽语宁德方言完成体标记"去"的局部屈折手段

英语中常见的屈折手段（inflection），可以举动词的现在式、过去式和过去分词为例①：

	现在式	过去式	过去分词
唱	sing	sang	sung
沉	sink	sank	sunk
游泳	swim	swam	swum

以上"唱""沉"和"游泳"的现在式、过去式以及过去分词，在形态上是透过 [i～a～u] 的元音交替手段（ablaut）来表达不同时态的对比。

根据我们调查所得，闽东宁德方言表达完成体的方式，会因为主要谓语的语音表现而有所不同：有时是元音延长，有时是独立后缀。值得注意的是元音延长类似上述印欧语中的屈折手段。本节主要根据我们（吴瑞文，2014）之前的描写，简要地加以说明。请看表 3-1 至表 3-5 的材料。

表 3-1　　　　　　　　开尾韵

动词	动词—完成体—疑问助词	动词—完成体—句末助词
炒 tsʰa6	炒□未 tsʰa6a0mui0	炒□咯 tsʰa6a0lɔ0
排 pɛ6	排□未 pɛ2ɛ0mui0	排□咯 pɛ2ɛ0lɔ0
煮 tsy6	煮□未 tsy6y0mui0	煮□咯 tsy6y0lɔ0
紫 tse6	紫□未 tse6e0mui0	紫□咯 tse6e0lɔ0

表 3-2　　　　　　　　带元音韵尾

动词	动词—完成体—疑问助词	动词—完成体—句末助词
改 kai3	改□未 kai3i0mui0	改□咯 kai3i0lɔ0
锯 køy5	锯□未 køy5y0mui0	锯□咯 køy5y0lɔ0
照 tsiu5	照□未 tsiu5y0mui0	照□咯 tsiu5y0lɔ0
歪 uai1	歪□未 uai¹i0mui0	歪□咯 uai¹i0lɔ0

---

① 有关构词学上屈折（inflection）与派生（derivation）两种手段的差异，参看 HaspelmathandSims（2012）相当深入而系统性的说明。

表 3-3　　　　　　　　　　带舌根鼻音韵尾

动词	动词—完成体—疑问助词	动词—完成体—句末助词
变 piŋ5	变□未 piŋ5ŋi0mui0	变□咯 piŋ5ŋi0lɔ0
浸 tseŋ5	浸□未 tseŋ5ŋi0mui0	浸□咯 tseŋ5ŋi0lɔ0
算 sɔuŋ5	算□未 sɔuŋ5ŋi0mui0	算□咯 sɔuŋ5ŋi0lɔ0
演 yoŋ6	演□未 yoŋ6ŋi0mui0	演□咯 yoŋ6ŋi0lɔ0

表 3-4　　　　　　　　　　带舌根塞音韵尾

动词	动词—完成体—疑问助词	动词—完成体—句末助词
割 kak7	割□未 kak7gi0mui0	割□咯 kak7gi0lɔ0
拆 tʰik7	拆□未 tʰik7gi0mui0	拆□咯 tʰik7gi0lɔ0
读 tʰœk8	读□未 tʰœk8gi0mui0	读□咯 tʰœk8gi0lɔ0
掘 kuk8	掘□未 kuk8gi0mui0	掘□咯 kuk8gi0lɔ0

表 3-5　　　　　　　　　　带喉塞音韵尾

动词	动词—完成体—疑问助词	动词—完成体—句末助词
踢 tʰeʔ7	踢□未 tʰeʔ7e0mui0	踢□咯 tʰeʔ7e0lɔ0
拍 pʰaʔ7	拍□未 pʰaʔ7a0mui0	拍□咯 pʰaʔ7a0lɔ0
食 siaʔ8	食□未 siaʔ8a0mui0	食□咯 siaʔ8a0lɔ0
缚 poʔ8	缚□未 poʔ8o0mui0	缚□咯 poʔ8o0lɔ0

根据表 3-1 至 3-5，宁德方言表示完成体的手段为：
1. 开尾韵字以元音延长表达完成体；
2. 带元音性韵尾字，一律以 gi0 表达完成体；
3. 带辅音性韵尾字，当韵尾为-ŋ 时，以 ŋi0 表达完成体；
4. 带辅音性韵尾字，当韵尾为-k 时，以 ki0 表达完成体；
5. 带辅音性韵尾字，当韵尾为-ʔ 时，以元音延长表达完成体。

根据我们（吴瑞文，2014）的研究，宁德方言元音延长这一手段乃是来自"去"kʰy5，而且在单元音韵母之后缩减得最为彻底，已经趋于消失，只能透过谓语动词的元音延长（vowel lengthening）作为抵补（compensatory），从而形成局部性的屈折手段。至于其他带有韵尾的环境，"去"固然有不同程度的缩减，但基本上仍然保有独立的音节 i0/y0/

ŋi0/gi0。

（二）晋语中"去"的变读别义与屈折构词

侯精一（1999 [= 1984、1985]）很早就指出晋语平遥方言中存在不少"变读别义"现象，所谓变读别义是指"用改变字音的声母、韵母或声调来表示另外一种词汇意义或语法意义"。乔全生（2000）在侯文的基础上，针对晋语屈折式构词的类型与性质有相当全面的介绍。以上侯、乔两位的文章，不论是视之为"变读别义"还是视之为"屈折构词"，都提到了位移动词"去"。乔全生（2000：173—174）对汾西方言的"去"有相当全面而仔细的描写，兹引述于下，以作为进一步讨论的根据。①

1. 读 [tɕʰi5]，可以出现在陈述、疑问语气的句子里。读 [tɕʰi5] 是本音。如：

你去 [tɕʰi5] 呀不去 [tɕʰi5] 呢？（疑问语气）

我去 [tɕʰi5] 城里跑喽一圈。（陈述语气）

2. 读 [tɕʰia5] 可以出现于祈使、命令语气的句子里。[tɕʰia5] 是 [tɕʰi5] 音节的内部屈折形式，以增加元音 [a] 的形式表示祈使、命令意义。如：

不早啦，快去 [tɕʰia5-7] 吧！（祈使语气）

去 [tɕʰia5]，把你爸吆喝（叫）出来！（命令语气）

3. 读 [·tɕi]，轻声，声母不送气。表示趋向意义，可以出现于陈述、疑问语气的句子里。如：

你去 [tɕʰi5] 哪里去 [·tɕi] 哩呢？——我和我弟弟看戏去 [·tɕi] 哩。（陈述语气）

你今么个 _{今天}去 [tɕʰi5] 霍州去 [·tɕi] 么？（疑问语气）

4. 作为趋向动词，表示祈使语气时，"去"读 [·tɕia]。与陈述、疑问语气的 [·tɕi] 形成对立，是通过增加元音 [a] 的形式体现语气的不同。与 [tɕhia5] 形成对立，是通过辅音的送气、不送气来体现动词与趋向动词的不同。如：

你跟我出去 [·tɕia]！（祈使语气）

---

① 汾西方言没有入声调，在方言归属上可能引起疑虑。不过乔全生（1990）及侯精一、沈明（侯精一主编，2002）都认为这个方言位处晋语和官话的过渡区，具备晋语的若干特征。

你快进屋舍去［·tɕia］，外头太冷。（祈使语气）

读［·tɕia］也可表示疑问语气。如"你到学堂里去［·tɕia］?"只是不常用。

以上的说明涉及汾西方言"去"的四个读音：［tɕʰi5］、［tɕʰia5］、［·tɕi］、［·tɕia］。从语义来看，（1）和（2）都是位移动词，（3）和（4）都是趋向补语（即乔文所说趋向动词）。依照句子的功能类别，可整理如下（见表4）。

表4　　　　　汾西方言位移动词与趋向补语的句式分布

	位移动词		趋向补语	
	［tɕʰi5］	［tɕʰia5］	［·tɕi］	［·tɕia］
陈述/疑问	+	-	+	-
祈使/命令	-	+	-	+

很显然地，汾西方言中陈述/疑问与祈使/命令用法分别使用不同的形式，呈现为互补分布的情况。然而，汾西方言［tɕʰi5］：［tɕʰia5］与［·tɕi］：［·tɕia］的对比，是否真能理解为屈折构词？我们认为有进一步商榷的余地。最启人疑窦的是，汾西方言除了位移动词"去"之外，其他的动词都不具备上述陈述/疑问与祈使/命令的音韵交替现象（phonological alternation）。

解决这一问题的线索在于句式分布。一般而言，陈述句是可以判断真假的句子，疑问句用于提问，因此不存在判断真假的问题。祈使句或命令句则是要求说话人做某事。（朱德熙，1999：23）从情态（modality）的观点而言，祈使句所表达的一定是非实然（irrealis）的范畴，而从语句功能上看，祈使句所涉及的事件被设定于未来（future）发生。[①] 由此观之，若能厘清晋语中表达非实然范畴的方式，对于上述分布将能有更深入的解释。

根据史秀菊（2008：236—237）的研究，晋语及其他山西方言中普遍存在一个兼表"将来时"和"未然体"的句末助词"也"。"也"的语法功能是用来表达某一动作、事件或性状即将发生或实现。其语音形式如

[①] 参看 Givón（1994）对 modality 与 mood 彼此关系的说明。

表 5 所示。

表 5　　　　　　晋方言句末助词"也"的语音形式

	并州片	吕梁片	上党片	五台片	大包片	汾河片
也	太原 [ia0]	临县 [iA0]	武乡 [ia0]	忻州 [ia0]	大同 [ia0]	临猗 [ia0]
	祁县 [ia0]	柳林 [ia0]	阳城 [ia0]	原平 [ia0]	阳泉 [ia0]	洪洞 [ia0]

以太原话为例,"他到北京去也 [ia0]",此句中主语"他"还没有进行"到北京"的动作,但这一动作即将发生。显然"也"[ia0] 在晋语中,是一个用来传达情态体系中非实然范畴的语法成分。

有了以上的理解,我们可以从不同角度对汾西方言"去"的两套读音提出新的解释。汾西方言属于晋语的吕梁片,我们认为该方言中 [tɕʰia5] 与 [·tɕia] 这两个形式应当分别是两种"去"(位移动词 [tɕʰi5] 与趋向补语 [·tɕi]) 与助词"也"[ia0] 的合音①。具体情况如下:

去也 [tɕʰia5<tɕʰi5ia0],把你爸吤喝(叫)出来!
你快进屋舍去也 [·tɕia<tɕiia0],外头太冷。

"去也"得以合音的结构性条件,是"去"和表将来时/未然体的"也"在线性序列上相连;此外,"去"不论是作为位移动词或趋向补语,都是语言交际上的高频词。以上两方面的原因造成"去也"合并为一个音节。由此看来,汾西方言的"去"尽管存在表面上 i~ia 的音韵交替,实际上应当理解为两个语言成分的合音。就规律性及系统性而言,将之视为"屈折构词"在现阶段还言之过早。

附带一提,朱德熙(1999:207)曾指出,通常认为语气词是加在整个句子上头的,其实出现在主谓结构后头的语气词,多半是附加在谓语上头的。例如"你去吧"的构造不是"你去/吧"而是"你/去吧"。汾西方言"去也"(tɕʰia5 和·tɕia)的合音表现,显示谓语成分与语气词的密切关系,可与朱德熙的说法相互印证。

(三) 南北方言中与"去"有关的屈折手段

本节我们以闽东宁德方言为例,说明位移动词"去"在宁德方言中

---

① 邢向东(2006:292、293)在第九章"1.2 脱落与合音"标题下罗列了清涧 $kʰɛ^{31}$、延川 $tsʰɛ^{42}$ 是"去也"的合音,与本文看法相同。

语法化为完成体标记，由于体貌标记语法化的程度相当高，同时也造成语音形式的缩减，并在单元音动词后产生类似元音屈折手段的音韵交替。

另外，我们以汾西方言为个案，比较深入地检讨了晋语中与"去"有关的屈折构词手段。我们发现目前学者所说晋语中与"去"相关的屈折手段，若从句式分布来说，应理解为"去"（位移动词 tɕʰi5 和趋向补语·tɕi）和句末助词"也"（ia0）两个之间发生了语音缩约（phoneticcontraction），从而造成共时层面上的［tɕʰia5］～［·tɕia］音韵交替。汾西方言"去也"语音缩约的成因，与线性结构相连及共现频率较高有密切关系。

四　结语

本文利用南北两大方言（闽语和晋语）的材料，观察位移动词"去"在发生语法化时所伴随的语音缩减现象，并说明这些现象的历史意义及共时效应。经由以上两节的讨论，本文获得以下两点启发：

第一，观察晋语和闽语位移动词"去"因语法化造成的语音缩减，我们发现语音部件缩减存在正面意义，观察语法化前后的形式，有时对于祖语重建将可提出关键性的证据。如何有效辨认出正确的同源词，进而判断不同语法化阶段各形式之间的关系是本项研究最为核心的议题。

第二，根据跨语言语法化演变的历史经验，形态化往往伴随音韵缩减，并造成屈折手段。然则，汉语方言是否也产生了屈折构词手段呢？本文发现闽东宁德方言确实存在局部的屈折构词，方式是谓语动词元音的延长。至于学者提到的晋语汾西方言"去"存在 tɕʰi5~tɕʰia5 和 tɕi0/tɕia0 元音变换现象，在考察汾西方言"去"的句式分布后，我们认为 tɕʰia5/tɕia0 乃是"去也"两个语法成分的合音（contraction），而非元音交替式的屈折变化。汉语方言现象丰富，变化多端，只要善用这些材料，借由跨方言及跨类型的比较，必然可以深化吾人对语言科学的认识。

参考文献

陈泽平：《闽语新探索》，上海远东出版社、上海三联书店 2003

年版。

范慧琴：《定襄方言语法研究》，语文出版社 2007 年版。

侯精一：《长治方言志》，语文出版社 1985 年版。

侯精一：《现代晋语的研究》，商务印书馆 1999 年版。

侯精一主编：《现代汉语方言概论》，上海教育出版社 2002 年版。

胡双宝：《文水方言志》，语文出版社 1990 年版。

江蓝生：《现代汉语探源》，商务印书馆 2000 年版。

江荫禔：《朔县方言志》，山西高校联合出版社 1991 年版。

金梦茵：《忻州方言志》，语文出版社 1989 年版。

李小军：《虚词衍生过程中的语音弱化——以语气词为例》，《语言科学》2011 年第 4 期。

李小平：《临县方言志》，山西高校联合出版社 1991 年版。

马文忠、梁述中：《大同方言志》，语文出版社 1986 年版。

孟庆海：《阳曲方言志》，社会科学文献出版社 1991 年版。

潘耀武：《清徐方言志》，山西高校联合出版社 1990 年版。

乔全生：《汾西方言志》，山西高校联合出版社 1990 年版。

乔全生：《山西汾西方言的归属》，《方言》1990 年第 2 期。

乔全生：《晋方言语法研究》，商务印书馆 2000 年版。

沈明：《太原方言词典》，江苏教育出版社 1994 年版。

史素芬、李奇：《武乡方言志》，山西高校联合出版社 1990 年版。

史秀菊：《近代汉语句末助词"去""来""了""也"在晋方言中的分布与功能》，见乔全生主编《晋方言研究：第三届晋方言国际学术研讨会论文集》，希望出版社 2008 年版。

田希诚：《和顺方言志》，语文出版社 1990 年版。

王希哲：《左权方言志》，山西高校联合出版社 1991 年版。

温端政：《忻州方言志》，语文出版社 1985 年版。

吴瑞文：《共同闽语 *y 韵母的拟测及相关问题》，《语言暨语言学》2009 年第 2 期。

吴瑞文：《论闽东霞浦方言 mang2nau5 "饭"的来历及相关问题》，《中国语言学集刊》2011 年第 2 期。

吴瑞文：《闽东宁德方言完成体的语音形式及来源》，ILASWorkshopon-PhoneticsandPhonology：SynchronicPatternsandSoundChange 会议论文，中研

院，2014年。

邢向东：《陕北晋语语法比较研究》，商务印书馆2006年版。

杨秀芳：《台湾闽南语语法稿》，大安出版社1991年版。

杨增武：《山阴方言志》，山西高校联合出版社1990年版。

杨增武：《平鲁方言研究》，山西人民出版社2002年版。

张益梅：《介休方言志》，山西高校联合出版社1991年版。

张振铎：《沁县方言志》，山西高校联合出版社1991年版。

张振铎、刘毅：《屯留方言志》，山西高校联合出版社1991年版。

郑良伟：《台语、华语的结构与动向》，远流出版社1997年版。

朱德熙：《语法讲义》，商务印书馆1999年版。

Chung, R. F. （钟荣富）："SyllableContractioninChinese"，见郑秋豫主编《中国境内语言暨语言学·第三辑》，中研院语言学研究所筹备处，1997年。

Givón, T., "IrrealisandtheSubjunctive", *StudiesinLanguage*, 1994, 18.2: 265–337.

Haspelmath, M. andSims, A. D., *UnderstandingMorphology*. 2nd edition, Oxford：OxfordUniversityPress, 2012.

Henie, B. &Kuteva, T., *WorldLexiconofGrammaticalization*（《语法化的世界词库》），世界图书出版公司北京公司2007年版。

Hopper, P. J. &Traugott, E. C.：《语法化（第二版）》，张丽丽译，中研院语言学研究所，2013年。

（吴瑞文　台北　中研院语言学研究所　　ruiwen@ gate. sinica. edu. tw）

山西兴县方言指示代词四分现象的特点[*]

——兼与晋语盂县方言四分现象比较

史秀菊

提 要 兴县方言指示代词有比较复杂的分类系统,一般语境中三分,在特定语境中有四分甚至五分现象。四分或五分大多是利用"那"与"兀"或"那"的不同音变形式相区别。经过全面系统的考察,发现兴县方言这种四分或五分现象是一种临时分类,与盂县方言的四分系统有本质的区别。

关键词 山西方言;兴县方言;盂县方言;指示代词

一 引言

兴县位于山西省西北部,东与岚县、岢岚接壤,南与临县、方山相连,北与保德为邻,西隔黄河与陕西神木县相望,是山西省版图最大的县,方言隶属吕梁片兴岚小片。

汉语不少方言的指示代词有比北方官话"这""那"多出一类的现象。最早发现这一现象的是赵元任先生,他在《钟祥方言记》里把这种现象叫作"近指""中指"和"远指"(转引自汪化云,2008)。20世纪80年代以来,随着方言调查的深入,已发现全国约有40个方言点有这种三分现象(汪化云,2002),山西方言大面积存在指示代词三分系统,而且在山西晋语区还存在四分现象,笔者在《晋语盂县方言指示代词四分

---

[*] 本文为国家社科基金"类型学视野下的晋方言语法比较研究"(13BYY047)的阶段性成果。

现象的考察》一文中把晋方言这种四分系统定为"近指：远指：更远指：最远指"。后来我们在吕梁片的兴县等方言中又发现了四分现象，值得注意的是，盂县方言的四分系统已经基本固化，但兴县方言的四分系统还处在形成阶段：从指示代词系统来说，仍是三分系统，但在具体语境中会出现四分甚至五分现象。

二 兴县方言指示代词的读音与分类

兴县方言指示代词十分复杂，可以分为指代人/物、方位/处所、时间、方式、性状等五类。指示代词的词根主要为"这""䘏""那""兀"及其变音形式。根据兴县方言的音系，兴县方言指示代词"这"有四个读音，"那"有两个读音，"兀"和"䘏"都只有一个读音：

"这 1tsou^{324}"：是"这"的单字音，主要用于单说和"这些"语境中。

"这 2tʂəʔ^{55}"：是"这"的促化形式，主要用于"这个""这圪嘟""这圪其""这呱呱"等语境中。

"这一 3tʂei^{324}"：是"这一"的合音形式，主要用于"这一点点""这一号子"等语境中。

"这 4tiɛ^{324}"：是"这"的存古形式，只用于"这底家""这底个"等语境中。

"那 1nou^{53}"：是"那"的单字音，用于单说或"那个""那些""那圪嘟"等大多数语境中。

"那一 2nei^{53}"：是"那一"的合音形式，主要用于"那一点点""那一捻捻"等语境。

"兀 1uəʔ^{55}"：与"那"意义基本相当，属于更远指代词。

"䘏 niɛ^{324}"：是"那家"的合音形式，主要用于较远指语境中。

具体如表 1 所示。

表1 （"~~~"表示是同音替代；"＿"表示是合音形式；"□"表示有音无字）

		近指	较远指	更远指	
指代人或物	A	这 1 tsou³²⁴	茶 niɛ³²⁴	那 nou⁵³	
	B	这 2 个 tʂəʔ⁵⁵ kuəʔ⁵⁵	茶个 niɛ³²⁴ kuəʔ⁵⁵	那个 nou⁵³ kuəʔ⁵⁵	那一个 nei⁵³ kuəʔ⁵⁵
	C	这 1 些 tsou³²⁴ ɕiɛ⁵⁵	茶些 niɛ³²⁴ ɕiɛ⁵⁵	那些 nou⁵³ ɕiɛ⁵⁵	那一些 nei⁵³ ɕiɛ⁵⁵
	D	这 2 圪嘟 tʂəʔ⁵⁵ kəʔ⁵⁵ tu⁰	茶圪嘟 niɛ³²⁴ kəʔ⁵⁵ tu⁰	那圪嘟 nou⁵³ kəʔ⁵⁵ tu⁰	那一圪嘟 nei⁵³ kəʔ⁵⁵ tu⁰
	E	这 2 圪其 tʂəʔ⁵⁵ kəʔ⁵⁵ tɕʻi⁵⁵	茶圪其 niɛ³²⁴ kəʔ⁵⁵ tɕʻi⁵⁵	那圪其 nou⁵³ kəʔ⁵⁵ tɕʻi⁵⁵	那一圪其 nei⁵³ kəʔ⁵⁵ tɕʻi⁵⁵
	F	这一3点点 tʂei³²⁴ iəʔ⁵⁵ tiẽn³²⁴ tiẽn⁰	茶一点点 niɛ³²⁴ iəʔ⁵⁵ tiẽn³²⁴ tiẽn⁰	那一点点 nou⁵³ iəʔ⁵⁵ tiẽn³²⁴ tiẽn⁰	
	G	这一3捻捻 tʂei³²⁴ iəʔ⁵⁵ niæ³²⁴ niæ⁰	茶一捻捻 niɛ³²⁴ iəʔ⁵⁵ niæ³²⁴ niæ⁰	那一捻捻 nou⁵³ iəʔ⁵⁵ niæ³²⁴ niæ⁰	
	H	这一3一种 tʂei³²⁴ iəʔ⁵⁵ tsuəŋ³²⁴⁻³¹²	茶一种 niɛ³²⁴⁻³¹² iəʔ⁵⁵ tsuəŋ³²⁴⁻³¹²	那一一种 nei⁵³ iəʔ⁵⁵ tsuəŋ³²⁴⁻³¹²	那一种 nou⁵³ iəʔ⁵⁵ tsuəŋ³²⁴⁻³¹²
	I	这一3一号子 tʂei³²⁴ iəʔ⁵⁵ xɔu⁵³ tsA⁰	茶一号子 niɛ³²⁴⁻³¹² iəʔ⁵⁵ xɔu⁵³ tsA⁰	那一一号子 nei⁵³ iəʔ⁵⁵ xɔu⁵³ tsA⁰	那号子 nou⁵³ xɔu⁵³ tsA⁰
	J	这2呱（呱） tʂəʔ⁵⁵ kuA⁵⁵ kuA⁵⁵	茶呱（呱） niɛ³²⁴ kuA⁵⁵ kuA⁵⁵	那呱（呱） nou⁵³ kuA⁵⁵ kuA⁵⁵	
	K	这2（圪）□ tʂəʔ⁵⁵ (kəʔ⁵⁵) tɕʻiA⁰	茶（圪）□ niɛ³²⁴ (kəʔ⁵⁵) tɕʻiA⁰	那（圪）□ nou⁵³ (kəʔ⁵⁵) tɕʻiA⁰	
指代处所方位	A	这 2 勒/啦 tʂəʔ⁵⁵ ləʔ⁵⁵/lA⁰	茶勒/啦 niɛ³²⁴ ləʔ⁵⁵/lA⁰	兀勒/啦 uəʔ⁵⁵ ləʔ⁵⁵/lA⁰	
	B	这 2 勒弭家 tʂəʔ⁵⁵ ləʔ⁵⁵ miA⁰	茶勒弭家 niɛ³²⁴⁻³¹² ləʔ⁵⁵ miA⁰	兀勒弭家 uəʔ⁵⁵ ləʔ⁵⁵ miA⁰	
	C	这 2 些弭家 tʂəʔ⁵⁵ ɕiɛ³²⁴ miA⁰	茶些弭家 niɛ³²⁴⁻³¹² ɕiɛ³²⁴ miA⁰	兀些弭家 uəʔ⁵⁵ ɕiɛ³²⁴ miA⁰	
	D	这 2 哒（哒） tʂəʔ⁵⁵ tA⁵⁵	茶哒（哒） niɛ³²⁴⁻³¹² tA⁵⁵	兀哒（哒） uəʔ⁵⁵ tA⁵⁵	那个哒 nou⁵³ kuəʔ⁵⁵ tA⁵⁵
	E	这 2 个哒 tʂəʔ⁵⁵ kuəʔ⁵⁵ tA⁵⁵	茶个哒 niɛ³²⁴ kuəʔ⁵⁵ tA⁵⁵	那个哒 nou⁵³ kuəʔ⁵⁵ tA⁵⁵	那一个哒 nei⁵³ kuəʔ⁵⁵ tA⁵⁵
	F	这一3头 tʂei³²⁴ tʻou⁵⁵	茶一头 niɛ³²⁴ iəʔ⁵⁵ tʻou⁵⁵	那一头 nei⁵³ tʻou⁵⁵	
	G	这2半□ tʂəʔ⁵⁵ pẽn⁵³ tɕʻiA⁰	茶半□ niɛ³²⁴ pẽn⁵³ tɕʻiA⁰	那一半□ nei⁵³ pẽn⁵³ tɕʻiA⁰	

续表

		近指	较远指	更远指	
指代时间	A	这一3一阵 tʂei^{324}iə^{55}tʂəŋ^{53}	茶一阵 nĩɛ^{324}iə^{55}tʂəŋ^{53}	那一一阵 nei^{53}iə^{55}tʂəŋ^{53}	
	B	这2阵阵 tʂəʔ^{55}tʂəŋ^{53}tʂəŋ^{0}	茶阵阵 nĩɛ^{324}tʂəŋ^{53}tʂəŋ^{0}	那一阵阵 nei^{53}tʂəŋ^{53}tʂəŋ^{0}	
	C	这2阵啦 tʂəʔ^{55}tʂəŋ^{53}lA^{0}	茶阵啦 nĩɛ^{324}tʂəŋ^{53}lA^{0}	那一阵啦 nei^{53}tʂəŋ^{53}lA^{0}	
	D	这2阵/早番 tʂəʔ^{55}tʂəŋ^{53}/ tsɔu^{324}xuæ^{0}	茶阵/早番 nĩɛ^{324}tʂəŋ^{53}/tsɔu^{324}xuæ^{0}	那一阵/早番 nei^{53}tʂəŋ^{53}/tsɔu^{324}xuæ^{0}	
指代方式	A	这2底 tʂəʔ^{55}ti^{324}	茶底 nĩɛ^{324}ti^{324}	兀底 uəʔ^{55}ti^{324}	
	B	这4底家 tiɛ^{324}ti^{324}tɕiA$^{324-55}$	茶底家 nĩɛ^{324}ti^{324}tɕiA^{55}	兀底家 uəʔ^{55}ti^{55}tɕiA^{55}	那底家 nou^{53}ti^{324}tɕiA^{0}
	C	这2/这4底/这4个 tʂəʔ^{55}/tiɛ^{324} ti$^{55-324}$/tiɛ^{324}kuəʔ^{55}	茶底个 nĩɛ^{324} ti^{55}kuəʔ^{55}	兀底个 uəʔ^{55}ti^{55} kuəʔ^{55}	
指代性状	A	这2来 tʂəʔ^{55} lei$^{55-324}$	茶来 nĩɛ$^{324-312}$ lei$^{55-324}$	兀来 uəʔ^{55}lei$^{55-324}$	
	B	这2来兰 tʂəʔ^{55} lei$^{55-324}$læ^{55}	茶来兰 nĩɛ$^{324-312}$lei$^{55-324}$ læ^{55}	兀来兰 uəʔ^{55} lei$^{55-324}$læ^{55}	
	C	这2来来 tʂəʔ^{55}lei$^{55-324}$lei^{0}	茶来来 nĩɛ$^{324-312}$lei$^{55-324}$ lei^{0}	兀来来 uəʔ^{55} lei$^{55-324}$lei^{0}	
	D	这2些些 tʂəʔ^{55}ɕiəʔ^{55}ɕiəʔ^{55} /ɕiA^{53}	茶些些 nĩɛ$^{324-312}$ɕiəʔ^{55} ɕiəʔ^{55}/ɕiA^{53}	兀些些 uəʔ^{55}ɕiəʔ^{55}ɕiəʔ^{55} /ɕiA^{53}	

三　兴县方言指示代词的分布及别义手段

（一）三分系统词形区别明显，近指、远指、更远指意义稳定

表1中按近指、远指、更远指给兴县方言指示代词分类：近指离说话人最近；远指离说话人较远，但一般是在说话人视野范围内的；更远指比较远指更远，常常是不在说话人视野范围内的，如果在视野范围内，一定是比远指更远的。这一点与晋语其他具有三分系统的方言相同。

兴县方言三分系统中的指示代词词根形式完全不同：近指都为"这"，远指都为"苶"，更远指为"那"或"兀"。而且三分系统比较稳定：近指、远指、更远指的各类指示代词都是既能单说，又能在对举语境中出现，与盂县及晋方言境内三分系统的指示代词基本相同。

1. 单用

兴县方言近指、远指、更远指代词单用时分别表示近指、远指、更远指意义。例如：

(1) 这家这个孩勒可争气嘞。（近指）
(2) 苶个孩勒吃饭着也，肚勒疼得不能吃咧。（远指）
(3) 那个是甚东西？（更远指）
(4) 那个人自十八上（从十八岁时）走了，再也没回来。（更远指）
(5) 这勒是兴县最好的店（这儿是兴县最好的宾馆）。（近指）
(6) 南山公园在兀勒（那儿）嘞。（更远指）
(7) 苶哒是南山公园。（远指）
(8) 兀哒那圪嘟（那些）人做甚嘞？（更远指）

2. 两类或三类对举

在两类或三类对举中，近指、远指、更远指意义泾渭分明。例如：

(9) 这个孩勒学习可好嘞，苶个可笨嘞。（近指：远指）
(10) 把苶个凳子搬得去，那个留下。（远指：更远指）
(11) 我不要这些西瓜，把那些桃勒（桃子）给我。（近指：更远指）
(12) 我的杯子在这哒嘞，苶（他）的杯子在苶哒嘞。（近指：远指）
(13) 兀哒离这哒可远嘞。（更远指：近指）
(14) 苶家在苶哒窊（住）着嘞，那家在兀哒窊着嘞。（远指：更远指）
(15) 这些是我的，苶些是你的，那些是那（他）的。（近指：远指：更远指）

（16）我买这几本，你把苶几本买上，那几本不用买咧。（近指：远指：更远指）

（17）这哒是公安局，苶哒是法院，兀哒是检察院。（近指：远指：更远指）

（18）这个哒摆下桌子嘞，苶个哒摆下苶几嘞，那个哒摆下沙发嘞。（近指：远指：更远指）

（19）今黑夜勒我在这头睡，你在苶一头睡，叫姑姑到那头睡去。（近指：远指：更远指）

（二）更远指内部既有词形区别，又有音变形式，表现形式复杂

1. 与晋语其他三分系统不同的是，兴县方言更远指内部词形和读音比较复杂：指代人/物和指代时间的都为"那"或其合音形式，指代方式、性状的全为"兀"，指代方所的则既有"那"又有"兀"（见表1）。因此，"那"和"兀"只是处于互补分布中，意义并不对立，都是表示更远指。例如：

（20）那个是甚东西？
（21）把苶个凳子搬得去，那个留下。
（22）兀啦村勒离这啦可远嘞（那儿的村子离这儿可远了）。
（23）这勒（这儿）是商务宾馆，苶勒（那儿）是电视塔，兀勒（那儿）是南山公园。

以上四句中的"那"和"兀"都是表示更远指意义，只是分布有所不同。

2. 指代人/物和方所的指代词表达形式很丰富，值得注意的是更远指很多都有两种说法：大多数情况下是一个词根为"那"的单字音［nou⁵³］，另一种说法是"那一"的合音形式［nei⁵³］；只有指代方所的"兀哒"和"那个哒"是词根"兀"和"那"的对立。这两种说法表示更远指意义时在大多数语境中可以自由替换，属于自由变体。例如：

（24）我不要这些西瓜，把那些/那一些桃勒（桃子）给我。

(25) 把那个/那一个东西放到兀哒，不用管咧。

(26) 兀哒/那个哒离这勒可远嘞。

(27) 我不吃这个，我要吃茶个，那个/那一个也行。

(28) 我坐到这个哒，你坐到茶个哒，那（他）坐到那个哒/那一个哒。

（三）更远指的两种说法可以在四分语境中形成对立，分别指示更远指和最远指

值得注意的是，当在特定语境中需要表达比三类更多的人、物或处所意义时，三分系统中的两个自由变体的意义可以对立，一个指示更远指，另一个指示最远指。例如：

(29) 你要这个？茶个？那个？还是那一个？

(30) 我不吃这个，我要吃茶个，那个也行，那一个也行。

(31) 这些是苹果，茶些是橘子，那些是香蕉，那一些是桃勒（桃子）。

(32) 把这些、茶些、那些、那一些都拾摞给一搭（把这些和那些都收拾到一起）。

(33) 这坨嘟是山药，茶坨嘟是苹果，那坨嘟是辣角子，那一坨嘟是鸡蛋。

(34) 这一种质量好，茶一种质量不咋底，那一种还行嘞，那一种是质量最好的。

(35) 不在这哒，也不在茶哒，也不在兀哒，在那个哒。

(36) 这哒近，茶哒远，兀哒比茶哒远，那个哒才远嘞。

(37) 这哒是公安局，茶哒是法院，兀哒是检察院，那个哒是友兰中学。

以上例句（29）—（34）是指代人、物的指示代词，（35）—（37）是指代方所的指示代词。

值得注意的是，当地甚至还衍生出五分的说法，例如：

(38) 这哒近，茶哒远，兀哒比茶哒还远，那坨哒才远嘞，兀勒

（兀勒）才远嘞。

上例第五指经常用重叠后缀"兀勒勒"强调其远，而且把副词"才"的韵母拖长，以示比第四指更远。这应该符合指示代词的象似性原则。

比较特殊的是，当地指代时间的指示代词没有四分现象，但指代方式的却可以四分。例如：

（39）你不要这底做，也不要荞底做，也不要兀底家做，你要那底家做。

不过，这种说法在当地并不常用，常用的是指代人、物和指代方所的指示代词。

四　兴县方言指示代词四分现象的成因

我们在《晋语盂县方言指示代词四分现象的考察》中认为，盂县方言四分系统的前三指是由"这：那"和"这：兀"两个二分系统叠置形成的，第四指是通过系统内部变音手段产生的新的叠置。兴县方言四分现象的成因应该与盂县方言相同。

但兴县方言四分现象（包括五分现象）与盂县方言还有明显的不同——盂县方言四分系统中的最远指是已经固化了的——不论单说还是在两类对举、三类对举或四类对举中都能运用，都表示最远指意义（参见史秀菊，2010），而兴县方言指示代词的四分或五分却是临时的——最远指的一类在单说或两类、三类对举中并不表示最远指，只表示更远指，例如指代处所的"那圪哒""兀勒勒"，在单说、两类、三类对举中仍是表达更远指意义。只有在需要四分或五分时才会临时从另一类中找一个更远指意义表示最远指意义。试比较：

（40）a. 你要这个？荞个？那个？
　　　b. 你要这个？荞个？那一个？
　　　c. 你要这个？荞个？那个？还是那一个？
（41）a. 不在这哒，也不在荞哒，在兀哒嘞。

b. 不在这哒，也不在茶哒，在那个哒嘞。
c. 不在这哒，也不在茶哒，也不在兀哒，在那个哒嘞。

(42) a. 兀勒（更远指）的学校是最好的。
b. 这勒（这儿）是商务宾馆，茶勒（那儿）是电视塔，兀勒（更远指）是南山公园。
c. 这哒近，茶哒远，兀哒比茶哒还远，那圪哒才远嘞，兀勒（最远指）才远嘞。

从以上三例可以明显看出，最远指代词在别的语境中都是表示更远指意义，只有在需要四分或五分的语境中，才临时用于指代最远指。

五　结语

总之，兴县方言指示词整体上看还是三分系统，四分或五分说法只是在特定语境中的临时用法，是一种语用现象。兴县方言第四指来自本系统同类但非同一套的指示代词，这从表1中可以看得很清楚。这种现象充分说明"第四指应是三分系统内部不同方音形成的新的叠置"（史秀菊，2010）。不同类或不同片方言这种叠置形成的指示代词最初是临时的，是一种语用用法，这种叠置现象有两条出路：一种是受共同语的影响，叠置现象逐步消失，回归三分系统；另一种是像盂县方言一样，四分形式逐步固化，形成一种具有最远指意义的四分系统。

"生活于高山或河谷地带的民族，其语言的指示代词重视所指对象与说话人的位置、方向，正是象似性的一种表现。"（储泽祥、邓云华，2003：304）兴县和盂县一样，境内都多崇山峻岭，错综复杂的地形使得当地人对方向和距离比平川地区的人们更加敏感，因为交际中具有对方位、距离更细微区别的要求，第三指、第四指才应交际需要而产生。

参考文献

储泽祥、邓云华：《指示代词的类型和共性》，《当代语言学》2003年第4期。

刘丹青、刘海燕：《崇明方言的指示词——繁复的系统及其背后的语言共性》，《方言》2005 年第 2 期。

吕叔湘：《指示代词的二分法和三分法——纪念陈望道先生百年诞辰》，《中国语文》1990 年第 6 期。

乔全生：《晋方言语法研究》，商务印书馆 2000 年版。

史秀菊：《晋语盂县方言指示代词四分现象的考察》，《语言科学》2010 年第 5 期。

孙立新：《关中方言代词概要》，《方言》2002 年第 3 期。

汪化云：《汉语方言指示代词三分现象初探》，《语言研究》2002 年第 2 期。

张维佳：《山西晋语指示代词三分系统的来源》，《中国语文》2005 年第 5 期。

（史秀菊　太原　山西大学文学院　030006）

陕西凤翔方言中的第三人称代词"个"*

——兼论西北方言指示代词兼作第三人称代词的成因

张永哲

提　要　指示代词"个"在凤翔方言中具有兼作第三人称代词的特点，凤翔方言与众多西北方言一样，指示代词兼指第三人称的机制源自汉语本身，同时，中古以来又受到了阿尔泰语言的强烈影响。

关键词　个；指示代词；第三人称代词；兼指；成因

凤翔县隶属陕西省宝鸡市，位于关中平原西部，凤翔方言属于中原官话秦陇片。凤翔方言中的"个"有多种读音、用法、意义，其中之一是做代词，包括指示代词和第三人称代词，第三人称代词由指示代词发展而来。代词"个"有［kE⁵³］、［kuE⁵³］和［uE⁴⁴］三种读音，这三种读音是"个"不同语音层次积累的结果，它们虽是"个"的不同读音形式，但在意义、用法等方面有所不同，共时层面上属于不同的代词，［kE⁵³］为近指代词，［kuE⁵³］、［uE⁴⁴］为远指代词，为示区别，本文用"改""拐""咈"分别标注［kE⁵³］、［kuE⁵³］、［uE⁴⁴］，"改""拐"为同音替代字，"咈"为方言自造字，凡不进行区别时，统一称为"个"。由"个"构成的指代人、物的代词如表1所示。

表1　　　　　　　　凤翔方言指示代词

	单数	复数
近指	改［kE⁵³］	改浑［kE⁵³xuŋ²⁴］

* 本文属国家社科基金重大招标项目"西北地区汉语方言地图集"（项目编号：15ZDB106，主持人邢向东）的阶段性成果。

续表

	单数	复数
远指	拐 [kuE⁵³] 咓 [uE⁴⁴]	拐浑 [kuE⁵³xuŋ²⁴] 咓浑 [uE⁴⁴xuŋ²⁴] 咓干 [uE⁴⁴kæ²¹] 咓行 [uE⁴⁴xaŋ²¹] 咓些 [uE⁴⁵siɛ³²]

一 凤翔方言指示代词"个"的用法

(一)"改""拐""咓"

1. "改"和"拐"分别相当于普通话的"这"和"那",有指示、区别、替代三种功能（行文中若不专门区分,都冠以"指代"）。如:

(1) 改表是刚买下咓（这表是刚买的）。（指示）

(2) 过来,把改（这）板凳放下,端拐（那）板凳去。（指示兼区别）

(3) 拐（那）不好吃,你少买点。（替代）

"改""拐"常常成对出现,指代空间中存在的两个事物,近指为"改",远指为"拐",当存在多个对象时,说话人会用"改"来指代近处的一个或多个对象,用"拐"来指代远处的一个或多个对象。如:

(4) 改是洋柿子（西红柿）,改是黄瓜,拐是茄子,拐是豆角,拐是豇豆,……拐是冬瓜,都刚摘下,看你要哪个哩?

用"拐"指代远处的多个对象时,对象越远,"拐"的发音往往越长、越重,反映出指示代词的语音象似性（刘丹青、刘海燕,2005:107;陈玉洁,2010:148—177）。

"改""拐"单用时,目的是将所谈对象从背景事物中指示出来,说话人在决定用"改"或"拐"时,更多时候是无意识地随口而出,基本上没有"改""拐"对举时远近指的区分;但若特别在意所指对象的远近时，还会用"改"指代近处的事物，用"拐"指代远处的事物。如：

（5）你只（如果）不要了就把改/拐菜放下，我还要给再人卖哩（我还要给其他人卖呢）。
（6）（指着远处）拐到兀搭放哩（在那里放着呢）。
（7）（当面给对方某个东西）你把改拿上。

"改""拐"可以单独做主语［如例（3）（4）（6）］、宾语［如例（7）］，也可以做定语［如例（1）（2）（5）］。"改""拐"不能与量词组成指量短语，也不能修饰数量短语。如：

（8）＊改件衣服好看。
（9）＊覅急（别急），拉的有点少，把拐三袋也装上。
（10）＊算了，你把改几十块钱收下，吃亏沾间就再覅争竞了（不管吃亏还是占便宜，就再不要计较了）。

但"改""拐"常常可以被数量短语修饰，替代某个或某些事物。如：

（11）一个改不够用。
（12）四箱拐能花多钱？

另外，复数指示代词"咻干、咻行、咻些"可以置于"改""拐"之前，此时，它们的指代意义与"改""拐"相同，与"改""拐"构成同位短语，"改""拐"此时代表的是某些事物的整体意义。如：

（13）覅扔（别扔），咻干改还能用。
（14）咻行拐看去好的很，吃去完哩（那些看着好得很，吃着不行）。

2. "咻"为远指代词，也有指示、区别和替代三种功能。如：

（15）你认错了，咻是小麦，不是韭菜。（替代）

（16）把这苹果尝嘎（尝一下），再把咻苹果尝嘎，你看哪个好吃？（指示兼区别）

在指代远近不同的两个事物时，近指用"改"，远指有时也可以用"咻"，与远指用"拐"相比，"咻"的使用频率是相当低的。跟"拐"一样，"咻"有时也可以单用指代近处的某个对象，此时其远指义被掩盖了。如：

（17）（身前桌子上放着一块表）你把咻戴上就看时间哩。

"咻"可以单独做主语［如例（15）］、宾语［如例（17）］，也可以做定语［如例（16）］，"咻"常常修饰数量短语，但不能与量词组成指量短语。如：

（18）＊咻根绳太短了。
（19）算了，咻几块钱我不要了。

与普通话"这、那"相比，凤翔方言"改、拐、咻"三者均不能与量词构成指量短语，"改、拐"也不能修饰数量短语，这反映出它们句法功能的有限性。"改、拐"不能修饰数量短语，也反映出"改、拐"与"咻"功能发展的不均衡性。

3. 一般情况下，说话人用"改"指代距离较近的对象，用"拐""咻"指代距离较远的对象。但有些情况下说话人并不会从空间距离上去考虑使用哪个指示代词，而会用"改"指代令自己关切、喜爱的对象，用"拐、咻"指代令自己冷淡、讨厌的对象。如：

（20）拐鞋完哩（坏着呢），把拐放下，改鞋好哩（好着呢），你穿改。（"拐鞋"空间距离近，"改鞋"空间距离远）

（21）咻点心过期了，吃不成，你吃改，改点心新鲜哩（新鲜着呢）。（"咻点心"和"改点心"都在说话人身边，难分远近）

"改"指代的对象与说话人心理距离近,"拐、咻"指代的对象与说话人心理距离远,这种心理距离的远近显然是由空间距离的远近意义引申而成的。这种情况下,空间距离意义让位给心理距离意义。普通话也存在类似的用法,用"这"指代"关心、关切、喜爱等情感"的对象,用"那"指代"不关心、冷淡、讨厌、鄙视、仇视等情感"的对象(丁启阵,2003:29—30)。

(二)"改浑""拐浑""咻浑""咻干""咻行""咻些"

"改""拐"各只有一个复数形式"改浑""拐浑","咻"有四个复数形式"咻浑""咻干""咻行""咻些",这六个复数指示代词可以做主语、宾语,"咻干""咻行""咻些"还可以做定语。如:

(22)改浑(这些)是苹果,拐浑(那些)是梨儿。
(23)先多很了(已经很多了),你把咻干(那些)放下算了。
(24)咻行(那些)话除了我给你说嘎(说一下),旁人(别人)没人给你说。

二 凤翔方言第三人称代词"个"的用法

凤翔方言中,第三人称代词除了"他"及其复数形式之外,表1中由"个"构成的指示代词都可以兼做第三人称代词。

(一)除"咻"使用频率较低外,"改、拐、咻"三者语义基本没有太大差异。它们的句法功能与其作为指示代词时的句法功能相同,可以做主语、宾语和定语。如:

(25)改街上去了,你等嘎寻来(他去街上了,你等一会儿再来找)。
(26)你当娃娃他哥哩,就要像个哥哩,你怎么能净净打改哩(你是孩子的哥哥呀,就要像个哥哥呀,你怎么能经常打他呢)?
(27)咻车子(他的自行车)你轻易燹(别)骑,弄完了可带你不得了(弄坏了跟你没完)。

相较而言,"咻"做主语时的频率比"改、拐"要低得多。[①] 同时,"改、拐"可以做"这+数量短语"的领属定语,但"咻"不行。如:

(28) 拐这两个娃伙浑给宝鸡了(他这两个孩子都嫁到宝鸡了)。[②]

需要说明的是,"改、拐、咻"做称谓语的领属语时必须于其后加"他[53-31]"进行复指。如:

(29) 改他[53-31]爹 | 拐他[53-31]哥 | 咻他[53-31]舅 | 改他[53-31]老师 | 拐他[53-31]老板 | 咻他[53-31]战友。

当被领属对象为非亲属称谓语时,也可以在"改、拐"(不用"咻")之后加结构助词"改、拐、咻",如:

(30) 改改伙计 | 改拐冤家 | 改咻医生 | 拐拐局长 | 拐改秘书 | 拐咻助手。

"改""拐"读音存在开合口的区别,故为避免拗口,"改"后常用"改","拐"后常用"拐"。

"改浑""拐浑""咻浑""咻干""咻行""咻些"等六个复数人称代词的使用频率基本相当,与单数"改""拐""咻"三者使用频率不均衡形成对照。它们的句法功能与其作为指示代词时的句法功能相同,可以做主语、宾语,"咻干""咻行""咻些"还可以做定语。如:

---

① "咻"在凤翔方言中已经有明显的虚化现象,其用于句首时往往为连词,相当于普通话的"那么",如"没有班车了吗?咻我今日就不去了""你不接我电话,咻我就再给你不打了"。由于"咻"有了连词的用法,它做主语的用法反而变得不常用了,一定程度上降低了做第三人称代词的频率。

② 如果换用"咻",这句话就变成了疑问句"咻这两个娃伙浑给宝鸡了?"普通话与之对应的说法有两种:(1)那么说,这两个孩子都嫁到宝鸡了?(2)难道这两个孩子都嫁到宝鸡了?"咻"在第二种说法里又虚化成了表达语气的成分。

(31) 改浑二三月就到西安搞副业去了，忙口下回来收上一料庄稼可就走了（他们春天就去西安打工了，农忙时节回家收获一茬庄稼就又走了）。

(32) 你街上去些把咻浑也引上（你上街去的时候把他们也带上），嫑（别）一个人逛。

(33) 你嫑（别）看咻行改汉子（个头）长的高，实际年龄还碎哩（小着呢）。

（二）"改、拐、咻"做第三人称代词时，其原有的指代功能也潜在地发挥着作用。一般情况下，说话人以空间距离为准，用"改"称代距离较近的对象，用"拐""咻"称代距离较远的对象。如：

(34) 改看着拐来了，吓的蛮跑，刚还尿硬的骂伢哩，这马可挖腿跑哩（他看见他来了，吓得不停地跑，刚才还嘴硬得骂人家呢，现在又拔腿跑呢）。（"改"就在言说双方的跟前，"拐"正从远处往过走）

(35) 先啥会了，拐怎么还没来？你去把咻叫嘎去（都什么时候了，他怎么还没有来？你去叫一下他）。

但有些情况下说话人会以心理距离为准，用"改"称代令自己关切、喜爱的对象，用"拐、咻"称代令自己冷淡、讨厌的对象。如：

(36) （说话人很高兴地提到一个小孩）改乖很，做啥做好很，人浑爱很（他乖得很，不管做什么都做得很好，人们很爱他）。

(37) （说话人很生气地提到一个小孩）拐/咻瞎的根本就管不下，一天光惹事作孽，把人整的没方子（他坏得根本就管教不了，成天光惹是生非，把人整得没有办法）。

（三）当对话中提到的第三方有甲、乙两人时，普通话用两个"他"进行称代，凤翔方言可以同用两个"改"或"拐"（一般不用"咻"）进行称代。如：

(38) 普：他和他是好朋友。
凤翔：a. 改带改是好伙计。　　b. 拐带拐是好伙计。

另外，凤翔方言会用"改"和"拐"对他们进行区分，普通话则难以做到。如果将"他"用上的话，这句话有六种说法：

(39) 凤翔：c. 改带拐是好伙计。　　d. 拐带改是好伙计。
e. 改带他是好伙计。　　f. 拐带他是好伙计。
g. 他带拐是好伙计。　　h. 他带改是好伙计

与a、b两种说法相比，后六种说法是通过"他""改""拐"三者的语音差异来区别指称对象的。

普通话的"他"有时会产生歧义，而凤翔方言却无。如普通话单句"他说他吃过了"中第二个"他"既可能与第一个"他"同指，回指他自己，也可能不同指，指别人，凤翔方言会利用"改""拐""他"进行区分。

(40) 普：他说他吃过了。
凤翔：a. 改说来他吃了。　　b. 拐说来他吃了。（"改""拐"与"他"同指）
c. 他说来他吃了。（两个"他"同指）
d. 改说来拐吃了。　　e. 拐说来改吃了。（"改"和"拐"不同指）
f. 改说来改吃了。　　g. 拐说来拐吃了。（两个"改""拐"均不同指）
h. 他说来改吃了。　　i. 他说来拐吃了。（"他"与"改""拐"不同指）

由a—i9句可以看出，在单句中，凤翔方言只有"他"可以回指自身，"改、拐"却无此功能，后面的"改""拐"与前面的"改""拐"

"他"具有不同指性。①

（四）"改、拐、吥"兼做指示代词和第三人称代词，故会出现人身和事物指代二者共现的情形，并且，所指对象在实际话语中不会发生混淆。如：

（41）改把改吃了（他把它吃了）。

（42）拐骑车子去还不行，刚来叨吥绊给下（他骑车子还不行，刚被它摔了一下）。

（五）"个"作为指示代词的用法开始出现于南北朝后期（吕叔湘，1985：243），这一用法仍然广泛地存在于汉语东南方言中，但据笔者目前掌握的材料，尚未见到"个"在东南方言里用作第三人称代词的报道②。"个"发展为第三人称代词可以看作凤翔方言的特点。

第三人称代词"他"与"改、拐、吥"均由指示代词发展而来，不同之处在于，"他"最初为他称代词，而"改、拐、吥"为近指、远指代词，它们原本属于指示代词内部不同的小类，"改、拐、吥"十分活跃，兼做第三人称代词和指示代词，"他"在凤翔方言中基本不存在他称用法。

凤翔方言指示代词兼做第三人称代词的现象并非个例，汉语西北方言普遍存在这种兼指现象。与众多西北方言一样，凤翔方言指示代词兼指第三人称的机制源自汉语本身，同时，中古以来又受到了阿尔泰语言的强烈影响。

---

① 为说明"个""拐""吥"的用法，我们既将它们与普通话的"他"进行了比较，又与本方言的"他"进行了比较。然而，凤翔方言的"个""拐""吥"与"他"的用法差异表现在多个方面，非本文所能概括，择另文讨论。

② 张惠英（2001：198—199）认为，浙江金华方言和海南临高方言第三人称代词与指示代词"个"相同。查《金华方言词典》（李荣主编，曹志耘编纂，1996：251—253），金华指示代词"格 [kəʔ ˦]"（阴入调）与量词"个 [kəʔ ˦]"读音相同，指示代词"格"由量词"个"发展而来，但第三人称代词"渠 [gə˥ ˨]"（阳入调）与指示代词"格"的声母、调值明显不同，我们不认为二者存在同一性。张先生发现，临高方言表领属的助词"[kə ˦]"和量词"[kai ˦]"与许多南方方言"个"的用法和读音很相似，得出领属助词"[kə ˦]"和量词"[kai ˦]"都是"个"，并据此推断，临高第三人称代词"[kə ˥]"为"个"的变读形式，张先生的论证过程比较简略，结论还不能完全令人信服，故暂且存疑。

三　西北方言指示代词兼做第三人称代词现象的考察

（一）据目前的材料，远指代词兼做第三人称代词的现象广泛分布于西北方言中，包括山西、陕西、甘肃、宁夏四个省区的晋语、中原官话和兰银官话，如：山西晋语吕梁片、并州片、上党片（个别点）用"那""兀""兀家""<u>那个</u>（下划线表示合音，下同）""<u>那家</u>"指称第三人称单数，复数用"那家""兀家""兀家们""<u>那个</u>那咡""<u>那家</u>那""兀家咡""那些"等，中原官话汾河片的古县、临汾、洪洞用"那"指称第三人称单数，复数用"那家""那们家"（史秀菊，2010：21—22）；陕北吴堡、府谷、神木、绥德、佳县、清涧等晋语用"那"指称第三人称单数，复数吴堡用"那家"，其他点用"那些"（邢向东，2006：43）；陕西中原官话关中片的永寿、西安、耀县、渭南单数第三人称用"<u>兀个</u>"①（唐正大，2005：109）；甘肃兰银官话区的兰州、安西、金塔、玉门和中原官话秦陇片的镇原单数第三人称用"那"（雒鹏，2006：48；汪化云，2013：27）；宁夏中原官话区的固原、泾源、隆德和兰银官话区的中卫及其周边的一些方言单数第三人称用"兀"（汪化云，2013：28）。这些方言的第三人称代词由远指代词"那""兀"或以"那""兀"为词根的复合词充当，有些点"那""兀"与"个"或"家"长期高频使用发生了合音，凝固度更高。

唐正大（2005：116）指出，第三人称代词和远指代词同形的现象相当集中地分布在现代阿尔泰语系语言中。张维佳、张洪燕（2007）进一步指出，"兀"做远指代词的集中分布区历史上是汉民族和突厥语言诸民族频繁接触的前沿地带，"兀"可能来自突厥语的远指代词 * ol。西北方言远指代词"兀"兼做第三人称代词的现象与现代阿尔泰语系语言一致，前者明显受到后者的影响，汪化云（2013：29）据此认为，西北方言"兀"的词形和兼指机制来自阿尔泰语言，"兀"完全融入了西北方言，可以视之为西北方言固有的远指代词兼第三人称代词，"那"是官话代词在西北方言中的叠置，其兼指机制也来自阿尔泰语言。

---

① 唐文在正文部分写作"兀"，注文中认为"兀"是由指示单语素"兀"与量词"个"合音而成的指示代词（唐正大，2005：109）。笔者赞成此说，故记作"<u>兀个</u>"。

（二）方言中近指、远指代词均兼做第三人称代词的现象目前学界报道得还比较少，除凤翔方言外，汪化云（2013：28）提到，山西文水、交城、离石、汾阳等晋语用"这家""兀家""那家""那家""那"等兼做第三人称代词。

李崇兴等（2009：147/166—168）指出，中古蒙古语缺乏独立的、专门的第三人称代词，第三人称的表达用替代人物的指示代词 ene（近指、单数）/tere（远指、单数）、ede（近指、复数）/tede（远指、复数）兼任，元代汉语会选择用近指、远指代词去对译，ene/tere 直译体文献有时直译为"这的（底）/那的（底）"，相当于汉语里的"他"，ede/tede 直译体文献有时直译为"这的（底）每/那的（底）每"，相当于汉语里的"他每"（即"他们"）①。如白话碑文：

（43）这的每寺院里、房舍里，使臣休安下者。（1314 年元氏开化寺圣旨碑）
（44）那的每（是）引头儿拜天底人，不得俗人搔扰，不拣甚么差发休交出者。（1238 年凤翔长春观公据碑）

吕叔湘（1985：66）也曾提到元代对译蒙文的文献里使用"这的每""那的每"的例子，如：

（45）真的这的每言语一般呵，一般断了者。（元碑 21）
（46）那的每这令旨听了已后骚扰呵……（又 32）

吕叔湘（1985：66）指出："在早期，……可以说这们和那们，意思是'这些人'和'那些人'，实际上等于他们。"即以指示代词的复数形式表示第三人称的复数"他们"。以指示代词的单数形式"这的""那

---

① 在直译体文献中，蒙古语中替代人的单数指示代词 ene/tere，一般径译为汉语单数第三人称代词"他"，而很少直译为指示代词"这的（底）/那的（底）"，"这的（底）/那的（底）"绝大多数情况下用于对译指示事、物的 ene/tere，且基本用于主格或宾格。究其原因，是由于宋元汉语里，"这的（底）/那的（底）"本身是用来指示事、物的代词，而非指人代词。直译体文献中的"这的（底）/那的（底）"遵循了汉语固有的用法（李崇兴等，2009：168）。

的"表示第三人称的单数"他"。(吕叔湘,1985:227)如:

(47) 曾想他劣缺名目,向这懑眉尖眼角上存住。(刘知远10)
(48) 被那懑引得滴溜地一似蛾儿转。(克斋词5)
(49) 这的是楚昭王嫡子亲妻。(元杂6.4.5)
(50) 那的是急煎煎心痒难揉。(又11.2.2)

汪化云(2013:27)由此认为,西北方言和元代汉语中近指、远指代词都构成第三人称代词的现象是受中古阿尔泰语言的影响所致。

(三)汪化云(2013)对西北方言指示代词兼做第三人称代词成因的解释具有一定的合理性,但仍有可以进一步探讨之处。就对话场景而言,第一、二人称为言谈的参与者,是说话人和听话人的关系,他们是不言自明的,而第三人称则不然,他不是言谈的参与者,是第一人称指示给第二人称的对象,正如刘勋宁(2012:161)所言:"第三人称代词本来就带有指示性,这是毫无疑义的。也因此,第三人称代词由指示代词转来,也就十分自然了。"吕叔湘(1985:1—2)曾提出:"就古代汉语而论,第三身代词跟指示代词的关系异常密切,应该合并成一类。"上古汉语第三人称代词就借用指示代词表示,"如之原来是近指代词,其原来是中指(较近的远指)代词,彼原来是远指代词"(吕叔湘,1985:187)。可见,指示代词兼做第三人称代词的现象在汉语中早就存在,这种兼指机制属于自源性的。

四 汉藏语系语言存在指示代词兼指第三人称的机制

指示代词兼做第三人称代词的现象不光汉语中存在,汉藏语系其他语言中也存在。

(一)布依语表远指代词"那"和第三人称单数"他"都是 te^1 或 ti^1,对应的表第三人称复数"他们"是 $sau^5 te^1$、$tɕoŋ^5 te^1$ 或 $sau^5 ti^1$、$tɕoŋ^5 ti^1$(王均等,1984:870)。如:

(51) $ka:i^5 ku^1 si^1 tu^2 ni^4$, $ka:i^5 muŋ^2 si^1 tu^2 ti^1$. (第163页)
　　　 的 我 是 只 这　 的 你 是 只 那(我的是这只,你的是那只）。

(52) ti^{1}mai^{3}tsɯ^{4}ka:i^{5}zai^2. （第163页）
　　　他　要　买　的　长（他要买长的）。

(53) ku^{1}laŋ^{1}tɕoŋ^{5}ti^{1}pai^1. （第159页）
　　　我　跟　他们　去（我跟他们去）。

(二) 据李方桂先生调查，武鸣壮语表远指代词"那"和第三人称单、复数都是 te^{33}① （李方桂，2005：287）。如：

(54) pai^{31}nɑi^{51} （>pen^{31}) tu^{31}ma^{51}te^{33}rai^{33}lo^{55}. （第32页）
　　　于是　　　　　只　马　那　死　了。
[第157页译文：于是（按：译文少"于是"，今据加），那匹马就死了。]

(55) ʔdaɯ^{33} ran^{31} te^{33} kik^{12} fau^{24} mi^{31}, tau^{55} fan^{55} ʔbau^{55} （>ʔm^{55}) mi^{31}lɯk^{12}. （第25页）
　　　内　家　他　极　富有，　到　反　没　有　子。
（第155页译文：他家里极有钱，可是没有儿子。）

(56) ɕi^{51} nau^{31} koŋ^{33} ta^{33} xan^{13} waŋ^{31} kø^{33} je^{31} ʔbau^{55} （>ʔbu^{55}) xan^{13} te^{33}. （第26页）
　　　就　说　岳　父　爱　黄　姑　爷　不　　　　爱　他们。
（第155页译文：就说岳父喜欢黄姑爷，不喜欢他们。）

(57) koŋ^{33} ta^{33} te^{33} ʔai^{24} ʔdai^{55} tu^{31} ma^{51} pløm^{33} te^{33}. （第31页）
　　　岳　父　他　反　得　只　马　瘦　那。
（第157页译文：他岳父反得那匹瘦马。）［按：te^{33}做远指代词和第三人称代词在句中共现。］

---

① 王均等《壮侗语族语言简志》(1984：870) 记录，武鸣壮语"他"是 te^1，"他们"是 kjoŋ^{5}te^1，"那"是 han^4，远指代词与第三人称代词不同，未记录 te^1 用做远指代词的现象，估计跟调查人和所选的发音人的情况不同有关。

（三）海南东方村语表远指代词"那、那么"和第三人称单数"他"都是 na⁵①，第三人称复数"他们"是 ki¹na⁵（欧阳觉亚，1998：118/122）。如：

(58) kə⁵khoŋ¹mou¹na⁵.（第119页）
　　 我　认识　他（我认识他）。

(59) ki¹na⁵nuŋ³bən⁴lɛu⁵.（第119页）
　　 他们 都　来 了（他们都来了）。

(60) lɔ⁴ mɛŋ¹ mai⁵ tsa⁵ loŋ¹ na⁵ nɔn³ huət² tshɯn¹ kau² thoŋ² fɔn¹ la⁵ duən³.（第230页）
　　　以为 打 着 大 那 蟒 煮　出 够　全 村 吃 顿

（第233页译文：他们想，如果打到一条那么大的蟒蛇，煮熟了够全村的人饱吃一顿。）[按：na⁵注文为"那"，译文作"那么"。]

(61) mɔ⁵a²muŋ¹tsou¹tθɔ (i)¹na⁵.（第123页）
　　 你　别 要　　多 那么（你不要拿那么多）。

（四）义都语第三人称代词具有很强的指示词性质，可以按照所指对象出现情境分为远指、近指和不在场三类，见表2（江荻，2005：70—

---

① 张惠英（2002：170—173）据欧阳觉亚（1998）认为，海南东方村语 na⁵ 可用作"那、那么、这么、这"等，是个不分远近的指示词。欧阳觉亚（1998）全书并没有明确将 na⁵ 解释为"这么、这"，只有一个句子似乎有些例外：

dok²loŋ¹na⁵.（第123页）
有　大那么（有那么 [这么] 大）。

na⁵注文为"那么"，译文作"那么"或"这么"。其实，修饰形容词的"这么、那么"的意义比较抽象，没有指代人和事物的"这、那"那样与现实事物直接密切相关，使用中带有一定的随意性，说话人一般并不着意区分"这么、那么"的远、近特征，尤其是在单用"这么、那么"时，故不能根据译文译作"那么"或"这么"就认为 na⁵ 可用做指示词"这么"。欧阳觉亚（1998）对村语代词的意义、用法只是进行一个概括性的描写说明，好多内容并未全面展开，详细了解村语代词的内容还需进一步深入地调查研究。现有材料尚不能说明 na⁵ 用做近指代词，故我们仍将 na⁵ 视为远指代词。

71）。

表2　　　　　　　　　义都语第三人称代词

	第三人称（远指）	第三人称（近指）	第三人称（不在场）
单数	ɑ^{33}hi^{55}jɑ^{33}	e^{33}tɕɑ^{55}	ɑ^{35}jɑ^{33}
复数	ɑ^{33}hi^{55}jɑ^{33} ʂu^{33}tɕi^{55}	e^{33}tɕɑ^{55} ʂu^{33}tɕi^{55}	ɑ^{35}jɑ^{33} ʂu^{33}tɕi^{55}
双数	ne^{55}kɑ^{33}ȵi^{55}	e^{33}tɕɑ^{55}kɑ^{55}ȵi^{55}	

表远指的第三人称复数 ɑ^{33}hi^{55}jɑ^{33} ʂu^{33}tɕi^{55} 正与表远指的指示代词"那些"同形。（第72页）并且，由词汇表（第265页）和正文相关部分来看，一些表远指的指示代词与"他"具有相同的构词语素 ɑ^{33}hi^{55} 或 ɑ^{55}jɑ^{35}（见表3）。

表3　　　　义都语远指代词与第三人称代词"他"的比较

他（远指）ɑ^{33}hi^{55}jɑ^{33}	他（不在场）ɑ^{35}jɑ^{33}
那边 ɑ^{33}hi^{55}ŋoŋ^{55}（第74页）	那（远指）ɑ^{55}jɑ^{35}
那里 ɑ^{31}hi^{55}mɑ^{55}	那样（远指）ɑ^{55}jɑ^{35}hoŋ^{55}dʐi^{31}
那儿 ɑ^{33}hi^{55}mɑ^{55}（第82页）	那儿 ɑ^{55}jɑ^{35}

表不在场的"他"与表远指的"那""那样"和"那儿"共同的音节为 ɑjɑ，区别在于声调的连读模式，前者为35+33，后者为55+35，这种不同的连调模式正将人称和指示两种意义有效区分开来。表远指的"他"与"那边""那里""那儿"共同的音节为 ɑ^{33}hi^{55}，需要说明的是，义都语的声调存在一定的不稳定性，"那里"和"那儿"的意义完全相同，音节也相同，区别在于 ɑ 的声调，前者为31，后者为33，这两种声调是不区别意义的，ɑ^{31}hi^{55}mɑ^{55}、ɑ^{33}hi^{55}mɑ^{55} 分别注为"那里"和"那儿"并非作者有意为之。

由以上材料可见，汉藏语系语言的第三人称代词与指示代词是密切相关的。同时，现知的语言基本上是远指代词兼指第三人称，说明远指代词更容易语法化为第三人称代词。

五　西北方言指示代词兼做第三人称代词的成因

语言类型学的研究表明，第三人称代词由指示代词发展而来（郭锡良,2005:9—10;徐丹,1989:282—283;Diessel,1999:119),指示代词兼做第三人称的现象相当集中地分布在现代阿尔泰语系语言中(唐正大,2005:116)。就整个汉语方言来看,指示代词兼做第三人称的现象集中分布于西北方言。中古以来,西北方言长期与阿尔泰语系诸语言接触,自然会受到阿尔泰语言的影响,指示代词兼指第三人称的机制在西北方言中自然也会得到加强,但从源流上看,阿尔泰语言的影响只是外因而已。因此,西北方言指示代词兼指第三人称的机制源自汉语本身,同时,中古以来又受到了阿尔泰语言的强烈影响。长期的语言接触导致西北方言将阿尔泰语言的一些语音成分也借了过来,如远指代词"兀"。

参考文献

陈玉洁:《汉语指示词的类型学研究》,中国社会科学出版社 2010 年版。

丁启阵:《现代汉语"这""那"的语法分布》,《世界汉语教学》2003 年第 2 期。

郭锡良:《汉语史论集》(增补本),商务印书馆 2005 年版。

江荻:《义都语研究》,民族出版社 2005 年版。

李崇兴、祖生利、丁勇:《元代汉语语法研究》,上海教育出版社 2009 年版。

李方桂著、孙宏开编:《武鸣土语》,见丁邦新主编、王启龙副主编《李方桂全集》(4),清华大学出版社 2005 年版。

李荣主编:《现代汉语方言大词典》,江苏教育出版社 1993—1998 年版。

刘丹青、刘海燕:《崇明方言的指示词——繁复的系统及其背后的语言共性》,《方言》2005 年第 2 期。

刘勋宁:《陕北清涧话的第三身指代给我们的启示》,见郭锡良、鲁国尧主编《中国语言学》第 6 辑,北京大学出版社 2012 年版。

吕叔湘著,江蓝生补:《近代汉语指代词》,学林出版社 1985 年版。

雒鹏:《甘肃方言第三人称代词》,《西北师大学报》2006 年第 1 期。

欧阳觉亚:《村语研究》,上海远东出版社 1998 年版。

史秀菊:《山西晋语区与官话区人称代词之比较》,《晋中学院学报》

2010年第4期。

唐正大：《关中方言第三人称指称形式的类型学研究》，《方言》2005年第2期。

汪化云：《西北方言指代词兼第三身代词现象的再探讨》，《语言科学》2013年第1期。

王均等编著：《壮侗语族语言简志》，民族出版社1984年版。

邢向东：《陕北晋语语法比较研究》，商务印书馆2006年版。

徐丹：《第三人称代词的特点》，《中国语文》1989年第4期。

张惠英：《汉语方言代词研究》，语文出版社2001年版。

张惠英：《汉藏系语言和汉语方言比较研究》，民族出版社2002年版。

张维佳、张洪燕：《远指代词"兀"与突厥语》，《民族语文》2007年第3期。

张永哲：《凤翔方言代词研究》，硕士学位论文，陕西师范大学，2011年。

Diessel, Holger, *Demonstratives*: *Form*, *Function and Grammaticalization*, Amsterdam/Philadelphia: John Benjamins Publishing Company, 1999.

（张永哲　西安　陕西师范大学文学院/语言资源开发研究中心　710119）

从晋语并州片形容词生动式看"油啊地"来源[*]

刘 艳

提 要 学术界对北方方言助词"也似的"进行过详尽阐述,有的学者指出太原话中的状态形容词后缀"(油)啊地"当来源于"也(似)的",却没有对"油啊地"作进一步的说明。文章结合并州片文水、祁县等地方言中形容词表程度加深的几种生动形式,认为"油啊地"(或者"油来地")实际上是"A(B)油油地"的变式,有人提出的"'油啊地'实是'流了的'"之结论有进一步商榷的余地。

关键词 晋语并州片;叠音后缀;"油啊地"来源

近年来,诸位方家关注的大多是"也似的"的来源和用法(江蓝生,1992;王洪君,2000;邢向东,2002;黑维强,2002、2007;张金圈,2010、2013;杨永龙,2014;韩沛玲、崔蕊,2016),他们分别结合山西(阳高吴家堡)、陕北神木、绥德和山东无棣等方言以及少数民族语言,对"也似的"作了详尽的说明和深入的分析研究,为该词的进一步研究提供了很好的参考价值。不过,由于研究者们出发点的不同,已有的研究成果中都没有触及作为形容词后缀的"也似的"的相关用法。

晋语并州片包括山西中部的16个市县,即太原、古交、清徐、娄烦、晋中(原榆次市)、太谷、祁县、平遥、介休、灵石、交城、文水、孝义、寿阳、榆社、盂县。(参看沈明,2006)该方言片中的状态形容词后缀"(油)啊地"是大家最近比较关注的一个话题。如王文卿(2012)指出,太原方言中的"啊地"相当于"也(似)的",但对于"油啊地"

---

[*] 基金项目:国家社科基金项目(16CYY014),陕西师范大学2015年人文社会科学学术帮扶基金。论文在写作中得到黑维强教授的悉心指导,在此,谨表最诚挚的谢意!

是如何形成的，尚未进一步阐明。袁嫒（2012）根据湖北方言的说法，认为太原话的"'油啊地'实是'流了的'"。笔者对这个问题比较感兴趣，因为文水、祁县等地也有与"油啊地"相对应的"油来地［ai/laiʅ］［ai/laitsʅ］"形式，通过比较并州片方言内部的异同，我们认为"油啊地"（或者"油来地"）实际就是"A（B）油油地"的变式，袁嫒（2012）对于太原话讨论的结论有失偏颇，似有以此求彼之嫌疑，值得商榷。以下就"油啊地"的来源问题也谈些我们的看法，就教于学界时贤。

从"油啊地"的使用情况来看，它是一个形容词生动式性质的词缀，是叠音后缀"油油地"的一种变式。为更清楚地说明它的源流问题，我们简要介绍一下文水话形容词程度加深的几种表达方式。与晋语并州片其他方言一样，文水话表达程度加深的时候，或者在性质形容词前面加上程度副词"可"，或者利用重叠、附加等各种生动形式，常见的有如下几种：

1. 基式是单音性质形容词，重叠式为"AA儿地"。例如：低低儿地（很低）、绵绵儿地（性格很好）、平平儿地（很一般）、足足儿地［（分量）很足］。

2. 基式是双音形容词，重叠式为"AABB地"。例如：可可惜惜地（很可惜）、乞乞沓沓地（很可爱）、寂寂静静地（很安静）、歇歇心心地（很放心）。

3. 带叠音后缀的附加式"ABB地""A圪BB地""A不BB地"。例如：蔫溜溜地（很没精神）、展油油地（很平展）、寂静油油地（很安静）、烂匜匜地（很烂）、白圪洞洞地（很白）、辣不出出地（很辣）。

4. 复杂式通过"AB来地"来表达。例如：绵沓来地（性格或材料很柔软）、白洞来地（很白）、展油来地（很平展）、歇心油来地（很放心）。

5. 运用后加补充性成分"不行、厉害、煞死、慌"等来实现。例如：疼得不行、热得厉害、笨煞（哩）、饿慌（哩）。

其中，3组的"ABB地"与4组的"AB来地"之间有转换关系，尤其是通过比较"AB油油地"与"AB油来地"，我们便可明了"油来地"的形成过程，这是下文讨论的重点，而其余的1、2、5三组本文不予论述。

一　ABB地>AB来地

一般而言，所有的"AB来地"式均由"ABB地"式转换而来，但不是所有的"ABB 地"式都能够转换为"AB 来地"式。两者之间是否能够转换，在很大程度上取决于该形容词的褒贬色彩，能够转换为"AB 来地"式的"ABB 地"式多表褒义（见表1）。同时，"AB 来地"式表达的程度更高一些。

（一）"ABB 地"式

"ABB 地"式是"A+BB"的重叠式的附加型，不是双音节形容词 AB 的不完全重叠式。部分"ABB 地"式还可以只保留一个叠音后缀，该后缀的音节末尾音素拖长一个节拍甚至更长，我们记为"AB-地"式。

根据表义的需要，同一个单音性质形容词 A 后可以附加不同的叠音后缀，同一个叠音后缀也可以附加在不同的形容词词根之后。受语义一致性原则的制约，叠音后缀对单音性质形容词 A 是有选择的。我们从连读变调模式和感情色彩两方面出发，尽可能穷举例词，制作了表1。

表1　　　　　　　　　　　　　ABB 地

BB 调型		例词	备注
42+21（叠音前字重读）	褒义	绵洞洞地（很软和，摸着很舒服）、烂洞洞地、明瓦瓦地、亮瓦瓦地、甜捱捱地、厚腾腾地、肉囊囊地、细顶顶地、香喷喷地、新灿灿地、红蛋蛋地、黑蛋蛋地、红丢丢地、黑丢丢地、圆丢丢地、大喽喽地、宽喽喽地、绿艳艳地、红艳艳地、白刷刷地、利刷刷地、明尖尖地、酸灵灵地、嫩灵灵地、重甸甸地	①均能转换成 AB-地式。②均能转换成 AB 来地式（"-巴巴"类词除外）。③巴：[pA]；刷：[suA]；灵：[lŋ]，下同。
	贬义	凉飕飕地、笨熊熊地、黑熊熊地、淡□□[pʰiA] [pʰiA]地、光□□[pʰiA] [pʰiA]地、皱巴巴地、硬巴巴地、干巴巴地	
22+22	褒义	立端端地、柔出出地、软出出地、油出出地、肉牛牛地、富牛牛地（很饱满）、富鼓鼓地（很满）、扁叶叶地、扁匝匝地、展煞煞地、薄煞煞地、清濯濯地、黑黢黢地、湿黢黢地、黄黢黢地、红扑扑地、匀扑扑地（很均匀）、热扑扑地（很热心）、酥扑扑地、白刷刷地、齐刷刷地、水灵灵地、□[ɕi²¹]灵灵地、脆灵灵地、富沓沓地（很饱满）、绵沓沓地、厚沓沓地、安巴巴地（很安分）、细巴巴地、烂脱脱地、精油油地、对瓜瓜地	①不可以转换成 AB—地式。②大部分可转换成 AB 来地式（加粗的除外）。③巴：[pA?]；刷：[suA?]；匝：[tsA?]。
	贬义	黑洞洞地、黑压压地、紧绷绷地、热饿饿地、酽毒毒地、光秃秃地、白擦擦地、白雾雾地、白恢恢地、白晃晃地（脸皮很厚）、白沓沓地、热巴巴地、红巴巴地、紧巴巴地（衣服窄小）、紧巴[pA]巴[pA]地（日子过得拮据）、薄灵灵地	

续表

BB 调型		例词	备注
22+22	褒义	乖油油地、浅油油地、近油油地、光油油地（很干净）、利油油地（一点不黏）、绿油油地、苗油油地（很苗条）、嫩油油地	①不可以转换成 AB-地式。②加粗的词可以转换成 AB 来地式。③匝：[tsA]；巴：[pA]。④强调这种状态时，叠音后字重读，记作 21+24。
	贬义	冷瓦瓦地、黏瓦瓦地、窄油油地、低油油地、短油油地、慢油油地、薄油油地、糟**匝匝**地（很脏）、黑**匝匝**地、湿**匝匝**地、寡**匝匝**地（形容不喜与人交往的人）、烂**匝匝**地、懒**匝匝**地、丑匝匝地、泥匝匝地、穷匝匝地、热**匝匝**地、瘦**匝匝**地、甜**匝匝**地、酸**匝匝**地、屎**匝匝**地、白**匝匝**地、黏**匝匝**地、土**匝匝**地、秕溜溜地、稀溜溜地、解溜溜地、湿溜溜地、软溜溜地、苦巴巴地、老巴巴地、涩巴巴地、□ [tɕyA42] 巴巴地（说话的语气很强硬；材质不够柔和）	
22+22	褒义	暖洞洞地	①可以替换成 AB-地式，前者可以转换成 AB 来地式，后者不可。②强调这种状态时，叠音前字重读，记作 24+21。
	中性	远溜溜地	
24+21（叠音前字重读）	褒义	蓝盈盈地凉阴阴地	可转换成 AB 来地式，不可以转换成 AB-地式。

从表 1 中不难看出，第一，这些音缀表示不同的感情色彩，分别说明说话人所持的态度，如"匝匝""溜溜""巴巴"多表贬义，"刷刷""灵灵""油油"多表褒义，受语义方面的限制，它们的形象性、生动性和主观性，一般不会因为附在不同的词根后面而改变。而"瓦瓦"是个中性后缀，"冷瓦瓦""黏瓦瓦""亮瓦瓦""明瓦瓦"等词的褒贬色彩就分别与所附词根的褒贬义一致，前两个是贬义词，后两个是褒义词。

第二，叠音后缀"油油""匝匝""巴巴"的构词能力极强，可以附加在不同的词根后面。其中，"油油"不仅可以附加在单音节形容词之后，而且还可以附加在双音节形容词之后，构成"AB 油油地"的形式，多表褒义。见表 2。

表 2　　　　　　　　　　　AB 油油地

叠音后缀	褒贬色彩	例词
油油地	褒义	吃香、吃兴（理直气壮）、脆擦（干脆）、大雅（大方）、得手（得劲）、干净、干燥、高兴、合算、红火（热闹）、活套（灵活）、寂静、简单、结实、精干、精明（聪明）、精神、客戏（漂亮）、宽敞、阔气、利索、暖和、排场、恓惶（可怜）、乞沓（可爱）、轻便、轻巧、轻松（轻）、清秀、清楚、清静、清利、热心、柔和、善至（善良）、实在、顺当、稳当、细详（认真）、仔细、细燥（舒服）、小心、熨帖（舒服）、照直（笔直）

第三，部分叠音后缀读入声与否，还具有区别词义或表达不同感情色彩的作用。如"紧巴巴"，"巴"读舒声［pA］，表日子过得拮据之意；读入声［pA？］，表衣服窄小之意。另如，"扁匝匝"，"匝"读舒声［tsA］，表贬义，形容这种扁的程度不招人喜欢；读入声［tsA？］，表褒义，形容这种脸型很招人喜欢。当然，也有例外，如"白刷刷"中的"刷"舒促两读均可，在词义方面没有太大的区别。

进一步，部分"ABB 地"式的 A 与 BB 中间可以加入表音成分"不"或"圪"，如安圪巴巴地、冷圪瓦瓦地、细圪顶顶地、肉圪囊囊地、实不沓沓地、白不擦擦地、扁不匝匝地、油不出出地等。这种形式在北方方言中具有普遍性，例如河南中和方言多加"哚""骨""圪"等字，获嘉方言多加"圪""骨""卜""没""即"等字，山西娄烦方言多加"圪""忽""不"等字，黑龙江方言的 ABC 式形容词的第二音节多是"得""不""没""答""古"等字，吴堡方言中多加"格"字（参看贺巍，1959、1984；郭校珍，2000；孙也平，1988；邢向东，2013）。但是我们也注意到，有一些"A 圪（不）BB 地"词没有相对应的基式"ABB 地"，如"软不条条地""滑不鱼鱼地""凉不意意地""黑圪影影地"等，为什么？邢向东（2013）的解释很充分，"那个后派生出来的构词格式，一旦作为独立的形式出现，就不完全受制于原来的基础形式，而是自成一个系统，具有独立运作的能力。构词法的系统性在此得到了鲜明的体现"。

在调查中我们得知，加不加"不"或"圪"并不影响程度的高低，两种形式表达的程度是一样的，而且"A 不 BB 地"式既可以在表贬义时使用，也可以用于表褒义的场合。例如：实不沓沓地的个奴子，可好嘞（很老实的一个女孩子，可好呢）｜扁不匝匝地的脸，长得可惜人嘞（脸型长的人招人喜欢）｜今儿炒的菜好吃，辣不出出地（今天的炒菜好吃，辣辣的）。这一点，文水话不同于太原话，王文卿（2013）认为"A 圪 BB"或"A 不 BB"式表示的程度更高、更深一些，"A 不 BB"式只在表示贬义时才用。

此外，就其语法功能而言，"ABB 地"式修饰名词时，需要再加定语标志"的"，如"稀溜溜地的稀粥""嫩油油地的白菜"和"湿匜匜地的衣裳"等。① 同时，它可以充当谓语和补语，一般不做状语。例如：今儿熬的稀粥稀溜溜地，不好喝（今天熬的稀饭很稀，不好喝）｜没荷伞儿，淋得湿匜匜地（没带伞，衣服淋得湿透了）｜白晃晃地，说一回也不听（一点也不知道羞耻，说了也不听）。

（二）AB 来地式

"ABB 地"式中的叠音后缀后字 B 替换为助词"来"，即构成"AB 来地"式，这是两种形式之间的转换规则。例子可参看表1，备注部分我们作了说明。

"来"在文水话中，除了用作动词，还可用作助词，不赘。与本文相关的用法就是可以构成"有"字比较句，是个表推测的助词，主要用于比较高低、轻重、胖瘦等，例如"他有你来高""你有我来重""谁也没你来胖"等。这里的"来"有 [·ai] 和 [·lai] 两读。"来地"在此合起来成为表说话人的一种比拟、推测等语气的助词，主观性很强。它与形容词"AB"（A 为词根，B 为叠音后缀前字）组合，没有构成短语，而是构成状态形容词，这是从其语法功能来说的（见表1），因为这些词整体充当某一句法成分，不能再切分。"AB 来地"的语法功能与"ABB 地"的完全相同，可以充当定语、谓语和补语。例如：稠涌来地的稀粥，你不喝（这么稠的稀饭，你不喝）？｜这根裤儿穿上宽喽来地，还是不要哩（这条裤子穿上太肥，还是不要了）｜写得对瓜来地，你太厉害哩（写得这么准确，你太厉害了）。

如果去掉"来地"，"AB"便不成词，也没有了程度加深或者主观判断的意味，因此将其定义为形容词表加深程度的后缀也是没有问题的。但

---

① 黑维强教授告知，绥德话中也有类似情形，例如"你看那他那个酸溜溜价的样子"，"价"同文水话的"地"。

是为什么会用"来地"表程度？当源于"来"的主观推测义，即 AB 加上"来"更加强了说话者的主观上的感知觉意识和判断力度，这也是它比"ABB 地"式表达的程度更高的原因。

二　AB 油油地>AB 油来地

（一）叠音后缀"油油"的理据性

上述举到的许多叠音后缀，其正确的方言字尚不可知，我们暂时只能写同音字，如"匝匝""瓦瓦""顶顶""出出""煞煞""牛牛""饿饿""喽喽""晃晃""尖尖"等。不过，部分 BB 音缀化的过程是可以观察到的，像"濯濯""熊熊""沓沓""甸甸""蛋蛋""溜溜""油油"等，通过查阅古文献及大型工具书，我们可以梳理出它们的历史发展过程。这里只谈与本文有关的"油油"一词（参看《汉语大词典》，2000）。

【油油】1. 形容浓密而饱满润泽。《尚书大传》卷二："〔微子〕乃为麦秀之歌曰：'麦秀渐渐兮，禾黍油油。'"

2. 流动貌。常形容云、水。《史记·司马相如列传》："自我天覆，云之油油。"

3. 和悦恭谨貌。《礼记·玉藻》："礼已，三爵而油油以退。"郑玄注："油油，说敬貌。"

4. 众多貌；广大貌。汉刘向《列女传·柳下惠妻》："柳下惠曰：'油油之民，将陷于害，吾能已乎。'"

5. 悠然自得貌。汉刘向《列女传·柳下惠妻》："且彼为彼，我为我，彼虽裸裎，安能污我，油油然与之处，仕于下位。"

6. 忧思貌。唐邹绍先《湘夫人》诗："日落水云里，油油心自伤。"

"油油"在古代汉语中作为叠音词单独使用，而到了现代汉语中，只能作为叠音后缀附加在单音节的性质形容词之后构成状态形容词使用，因此，《现代汉语词典》（第 7 版）没有单独列"油油"这个条目。同时，"油油"的词义所指范围逐渐缩小，义项 2、3、4 和 6 在现代汉语中已不使用，表悠然自得的"油油"也多写为"悠悠"。经检索 CCL 现代汉语语料库，我们发现，"油油"的第一个义项还是留存下来了，它多附加在表颜色、色泽的单音节词之后，例如"绿油油、碧油油、青油油、黑油油、乌油油、黄油油、红油油、光油油、滑油油、亮油油"等。

结合文水话的"A（B）油油地"式来看，保留"油油"义项1的词比较少，使用"油油"其他义项的词没有，大部分词中的"油油"语义已经淡化，甚至已不复存在，成了一个构词格式，作为表程度加深的形容词后缀，如"乖油油地、稳当油油地、脆擦油油地、实在油油地"。进一步，受语义一致性原则的制约，由于"油油"是个积极意义的叠音词，所以与其搭配的也是多表褒义的形容词，只有个别例外，如"短油油地、窄油油地、慢油油地"等。

这个例子有一定的代表性，引起了我们对叠音后缀词源理据性探究的兴趣，尤其是对为何有些叠音后缀只置于褒义词之后，有些只置于贬义词之后，有些却没有这些限制；为何有些叠音后缀只能附加在某一形容词词根之后，有些却可以附加在一系列的形容词词根之后等问题的关注。石锓的一些解释给予了我们很大的启示：第一，音缀所附词根的多少与其语义范围的宽窄有关。"有许多所谓叠音词实际应是单音状态形容词的重叠。它们的字形极易变化，这也是我们误认它们为叠音词的原因之一。""语义范围较宽的单音状态形容词，大多能找到独用的例子，而且容易流传后世；语义范围较窄的单音状态形容词，只见叠用例，难以见到独用例，而且不易流传后世。"第二，音缀的形成与其语义的虚化有关。A和BB与句子的主语或与所描述的事物匹配不一致，导致BB的语义开始淡化，于是，在ABB词进一步发展的过程中，实际上是A的语义发展，BB的语义却渐次失落，一步步变成了音缀（参看石锓，2010）。

（二）AB 油油地>AB 油来地

按照"ABB地"式与"AB来地"式之间的变式规则，叠音后缀"油油"的第二个"油"字替换为"来"表示更高的程度，"A油油地"和"AB油油地"分别变成了"A油来地"和"AB油来地"，如苗油油地>苗油来地、光油油地>光油来地、寂静油油地>寂静油来地、稳当油油地>稳当油来地、照直油油地>照直油来地等。

从构词的角度来看，"油油"是前面的形容词词根所选择的叠音后缀，它们之间结合更为紧密，但要表示程度进一步加深时，就需要引入"来"构成另一个词，"油"与"来地"并不是一个不可切分的整体，不能简单地说，"AB油来地"式去掉一个"油"字就变成了"AB来地"式。

王文卿（2012，2013）的两篇文章均将其视为一个不可分割的整体，是因为她没有发现这一现象的存在，或者说是忽视了这个"油啊地"这个后缀的形成过程。实际上，王文卿（2012）已经注意到，"'油啊地'既可跟在单音形容词根之后，也可跟在双音形容词根之后"。但是文章没有深究这个后缀的形成原因，而是将"啊地"和"油啊地"均看作状态形容词的程度后缀，把二者放在了一个平面上。

三　"油啊地"（来地）并非"流了的"

由此，我们可以很肯定地说，袁媛（2012）所认为的"'油啊地'就是湖北等方言中的'流了的'"的结论有失偏颇。理由如下：

第一，"啊地"（"来地"）对置于它之前的名词、名词性短语、代词或动词、动词性短语的语义基本没有限制，只要两者具有比拟性即可，这种情形在山西、陕西甚至山东方言中都普遍存在，只是触及形容词后缀的比较少。而袁文提到的"流了的"的词义核心在于"流"，"'流'的初始语义具体可感，指水等液体因量的变化而流动，在对过量液体存在状态的描述中产生程度义，最后修饰抽象形容词，发展出程度补语的用法，符合人类从具体到抽象的认知规律"。可见，其"了的"的性质与"啊地"（或者"来地"）并不是同一个东西。

"来地"不仅可以附着在形容词后面做词缀，而且还可以附着在其他词或短语之后，构成比况短语，描写人或事物的性状、特征或行为动作、事件引发的结果所达到的程度。这一短语完全能够纳入王洪君（2000）所总结出的三种比拟结构句式中，即：

1. 基本式：XP1 和 XP2 来地。＝XP1 跟 XP2 也似的。如：

"我和你来地，甚也不会。"

表比拟，该句的意思是我和你似的，什么都不会。可能是说话人过分的自谦，也可能是说话人真实的自评。

2. 口语简式：和 XP2 来地。＝跟 XP2 也似的。如：

"（闰社日脏得）和猪圈来地。"

表比拟，该句的意思是（屋里脏得）像猪圈似的，将屋子比作猪圈，说明脏的程度。

3. 口语最简式：XP2来地。=XP2也似的。如：

"小子来地，可捣式嘞。"

表比拟，该句的意思是（那女孩子）同男孩子似的，很淘气，说明这个女孩子淘气的程度。

"来地"除了用作比拟外，还可用于对某种事态作原因、目的或结果方面的主观推测，可以是积极方面的，也可以是消极方面的，还可以是不带任何感情色彩的。例如：

(1)"身上可难活人了，（就）和病咾来地。"
(2)"这两天可想吃饭嘞，和好咾来地。"
(3)"雪来地，下的不是雨。"

(1) 意为身体很不舒服，感觉就像生病了似的。这是向消极的方向进行推测。(2) 意为这两天食欲很好，感觉身体完全恢复了。这是向积极的方向进行推测。(3) 表事实确认之前的主观推测，该句的意思是看起来像雪一样，不是雨。这种推测虽然是主观性的，但不带任何感情色彩。

"来地"还经常用于表示对已然事情原由的主观推测，这种推测有的接近真实，有的与事实不符，多构成"V（+O）+的+来地"（经常使用"的来"［təʔlai］的合音式［tai］）的句式。如"眼也肿哩，哭的来地（眼睛怎么肿成那样，是哭成这样的吧）？｜脸上长咾这些子疙瘩，吃辣角角的来地（脸上长这么多痘痘，是吃了辣椒的缘故吧）｜喘得不行，跑的来地（喘得那么厉害，跑了的缘故吧）｜还不是你惯的来地［（这孩子现在这样）都是你惯的］?"等。这里的"来地"不是"似的"的意思，理解为"的缘故"比较合适。这一点在山西及周边方言中都还没有看到相类似的描述。

从已有的论著可知,"也似的"不仅在山西方言中广泛存在,而且在周边方言中也广泛存在着。它的基本用法多表示比拟和推测,但在山东无棣方言中还可以表示对事实的假设,如"骑车子得半个钟头,走也似的,差不多得一个钟头丨多亏哩了他扶着,不那也似的肯定得摔倒"(参看张金圈,2010、2013)。做比拟助词和情态助词时多置于名词、名词性短语和代词之后,也可以置于动词、动词性短语之后,做假设助词时,可置于假设小句的末尾。而在文水、祁县等地方言中,这两个例句说成:"骑车子得半个钟头,走桑,差不多得一个钟头丨多亏哩他扶着,不桑,肯定得摔倒。"因为表对事实的假设的语法功能由提顿词"桑"承担(参看刘艳,2011)。

第二,从语音上看,在文水、祁县等地方言中,"也似的"中的"也"韵母为[ai],声母可以是零声母,也可以是[l],与其他方言中的"也"的主元音基本一致,如"[iɑ](阳高吴家堡)、[ɑ](榆次、太原)、[iɑ][ɑ][μ](绥德)。因此,可以说,晋语并州片方言中的"啊地(来地)"就是"也(似)的"。王文卿(2012)的结论是可信的。①

第三,从组合结构上来看,"油"和"啊地"(或者"来地")结合得并不是十分紧密,而是与前面的单音节或双音节形容词词根结合紧密,"油"表对状态的描写,"来地"表主观层面的判断。

第四,不论"(油)啊地"也好,还是"(油)来地"也好,在晋语并州片方言中,助词"地"字不可或缺。

"地"表土地义时,文水话读音为[tɿ²⁴],只有在性质形容词重叠之后或带叠音后缀的状态形容词之后,[·tɿ]和[·tsɿ]两读均可,不区别意义。所以我们有下面两种推测,第一,文水、祁县等地方言中的"来地"其实就是"也的",中间的"似"已经脱落了。第二,该地方言中的"似"并没有脱落,而是"似的"发生了合音现象,正好这个读音与"地"的读音契合。因为合音词、分音词是晋语中比较常见的词汇现象,即"似的"本读[sɿtɿ],在发生逆同化的同时,合音为[tsɿ]。

综上所述,我们以文水话为例,阐明了状态形容词后缀"油啊地"("油来地")的来源及形成过程。同时,比较了晋语并州片方言内部以

---

① 不过,我们也不排除文水话中的"来地"就是"来地"的可能,因为"来"在汉语史上也有表示似的之比拟用法。

及与周边方言的异同，为晋语形容词的生动形式补充材料。此外，还简单讨论了叠音后缀"油油"的语义及其音缀化过程，"油油"成为叠音后缀后具有了一定的能产性，成为形容词程度加深的一种表达形式。

参考文献

崔容：《太原方言形容词的生动形式》，《晋东南师范专科学校学报》2003年第1期。

郭校珍：《山西娄烦方言的重叠式形容词》，《语言研究》2000年第1期。

黑维强：《从陕北方言看近代汉语助词"也似"的来源》，《延安大学学报》（社会科学版）2002年第1期。

黑维强：《陕北方言助词"也[ia]是的"》，《语文研究》2007年第3期。

贺巍：《中和方言中的"吥""骨""圪"》，《中国语文》1959年6月号。

贺巍：《获嘉方言形容词的后置成分》，《方言》1984年第1期。

江蓝生：《助词"似的"的语法意义及其来源》，《中国语文》1992年第6期。

李守秀：《榆次方言的助词》，《语文研究》1982年第1期。

李守业：《文水话形容词的复杂形式》，《语言学论丛》1984年第12辑。

李小平、曹瑞芳：《临县"一眉一眼"式俗语例释》，见山西省语言学会、晋东南师专学报编《语言学论文集》，山西人民出版社1990年版。

刘艳：《山西文水（云周）话中的提顿词"桑"》，见《中国语学研究·开篇》第30卷，好文出版社2011年版。

罗竹风：《汉语大词典》（缩印本），上海辞书出版社2000年版。

沈明：《晋语的分区（稿）》，《方言》2006年第4期。

石锓：《汉语形容词重叠形式的历史发展》，商务印书馆2010年版。

孙也平：《黑龙江方言附加式形容词多音后缀》，《语言研究》1988年第2期。

王洪君：《山西方言的"也[ia]似的"》，《语文研究》2000年第

3期。

王文卿:《太原话状态形容词后缀"油啊地""啊地"》,《语言研究》2012年第2期。

王文卿:《太原话形容词程度的表达方式》,《语文研究》2013年第3期。

邢向东:《神木方言研究》,中华书局2002年版。

邢向东:《陕北吴堡话的重叠式构词和词的重叠》,《延安大学学报》(社会科学版)2013年第2期。

杨贵友:《从语序类型的角度重新审视"X+相似/似/也似"的来源》,《中国语文》2014年第4期。

袁嫒:《"油啊地"实是"流了的"》,《语言研究》2012年第4期。

张金圈:《冀鲁官话无棣方言中的"也似的"——兼论汉语比拟助词的来源》,《语言研究》2013年第3期。

张金圈:《无棣方言中的后置假设连词"也似的"》,《语文学刊》2010年第1期。

(刘 艳 西安 陕西师范大学文学院 710119)

定边话形容词重叠式研究

苗 丽

提 要 本文考察定边话的形容词重叠式。根据形容词的重叠变化方式，定边话的形容词重叠式可分为单音节重叠式 AA 儿、分体重叠式 AABB、整体重叠式 ABAB、后重叠式 ABB 和附加重叠式 A 里 AB 五类。文章描写每类重叠式的结构形式，在此基础上探讨其语义特征和语法功能。

关键词 定边话；形容词；重叠

一 引言

形容词重叠是普遍存在于汉语普通话和方言中的一种语言现象，重叠以后，语义和语法功能都发生了变化。因此研究形容词的重叠具有重要的意义。

定边县地处陕西省西北端，与甘、宁、内蒙古三省区毗邻。定边方言处于中原官话、兰银官话和晋语的过渡地带，依语音特点，其方言大致分为两种，一种是属于中原官话秦陇片的定边话，另一种是属于陕北晋语的安边话。本文考察定边话的形容词重叠式。

定边话形容词重叠式根据形容词的重叠变化方式，可分为单音节重叠式 AA 儿、分体重叠式 AABB、整体重叠式 ABAB、后重叠式 ABB 和附加重叠式 A 里 AB 五类。

二 单音节重叠式 AA 儿

单音节形容词 A 重叠并儿化后构成 AA 儿式，这种形式在定边话中很常见，大多数单音节形容词都可以构成这一重叠式。例如：

愣愣儿　红红儿　端端儿　明明儿　稳稳儿　碎碎儿

脆脆儿　文文儿（文静）　张张儿（不稳重的样子）　黏黏儿（绵软）

还有数量众多的成对反义词可分别构成 AA 儿重叠式，重叠后在语义上仍然是相对的。例如：

远远儿——近近儿　美美儿——丑丑儿　软软儿——硬硬儿　胀胀儿——饿饿儿

满满儿——浅浅儿　慢慢儿——快快儿　黑黑儿——白白儿　胖胖儿——瘦瘦儿

臭臭儿——香香儿　新新儿——旧旧儿　冰冰儿——热热儿　真真儿——假假儿

稀稀儿——稠稠儿

不论形容词 A 读音如何，重叠前字读音不变。若 A 读阴平、阳平或上声，重叠后字一律读阳平，若 A 读去声，重叠后字一律读上声。重叠式的重音在重叠后字上，口语中重叠后字发音可拖长。

重叠后，性质形容词 A 变为状态形容词 AA 儿，所指状态的程度加深。

AA 儿式句法功能丰富，可做定语、谓语、状语和补语。例如：

(1) 我爱吃面面儿的苹果。(定语)

(2) 阿贝嘴嘴红红儿的、碎碎儿的，心疼得很（阿贝的嘴巴又红又小，非常可爱）。(谓语)

(3) 别（他）愣愣儿站到那儿，不知道要干啥呢。(状语)

(4) 你站得端端儿的，甭儿动（别动），我给你量一下有多高。(补语)

另外，有一些词在普通话中用做名词，在定边话中可用做形容词，如"雾（模糊、看不清楚）""土（土气）""面（绵软）""毛（毛茸茸的样子）""肉（胖乎乎的样子）"等，例如：

（5）我眼睛这一向雾得很（这些天我的眼睛看不清楚），明儿得去医院看一下。

（6）你在上海那么长时间，咋还这么土（土气）嗟。

这类词重叠后构成 AA 儿重叠式，表示程度加深，有的显示出喜爱的色彩。例如：

面面儿　土土儿　雾雾儿　毛毛儿　肉肉儿

（7）你去哪儿耍去哩，咋培（灰尘覆盖在衣服上）得土土儿的。

（8）八个月大的娃娃最心疼（可爱、招人喜欢）哩，身上到处都肉肉儿的。

普通话形容词重叠式 AA 一般不受否定副词"不"或程度副词"很"修饰，定边话 AA 大多数不能受"不""很"修饰，但少数可以，不过重叠后受"不""很"修饰时不能儿化，这类性质形容词主要有"远、长、大、多、高、深、贵、宽、厚、粗"等。例如：

（9）甲：学校远不远？　乙：不远远。/很（老）远远呢。

（10）这房子不大大么。/这房子很（老）大大呢。

例（9），"不远远"是指"比较近"，"很远远"或"老远远"是"比较远"。例（10），"不大大"指的是"比较小"，"很大大"或"老大大"是指"比较大"。

"不""很"只能修饰、否定"长、大"等积极形容词，不能修饰、否定"短、小"等消极形容词。例如：

（11）这根棍子不长长。

（12）*这个房子不小小。

杨俊芳（2010）指出，山西娄烦话的部分形容词重叠式可受"不"修饰，并指出"不"只能否定或修饰表示量多的形容词，不能否定或修饰表示量小的形容词。娄烦话属于中原官话汾河片，和定边话的情况接近。

可以看出，在定边话中，用"不"来否定积极形容词的重叠式 AA 时，表示形容词所指的性状轻或程度低，除了"不远远""不大大"，再比如"不高高"指"比较低"，"不深深"指"比较浅"。试比较：

(13) 甲：你对象个子高低？　　乙：不高。/不高高。

"不高"与"不高高"的区别在于，"不高"指个子中等或偏矮，而"不高高"只指个子比较矮。

三　分体重叠式 AABB

AABB 重叠式是一种普遍存在于定边话和普通话的形容词重叠形式，它由双音节形容词 AB 的两个语素 A 和 B 分别重叠而构成。例如：

清清爽爽　　整整齐齐　　规规矩矩　　结结实实　　干干净净
慌慌张张　　红红火火　　漂漂亮亮　　明明白白　　高高大大
方方正正

以上例子在普通话中也很常见。而有的是定边话特有的，例如：

服服帖帖（言听计从或照顾周到）　凑凑合合　安安生生（小孩安静乖巧的样子）　咧咧遮遮（圆满）

利利索索　宽宽敞敞　啰啰唆唆　康康谦谦（形容老年人身体健康）　急急忙忙

累累赘赘　木木囊囊（做事情动作缓慢）　拴拴整整（穿着整洁、行事干练）　抠抠掐掐（抠门、小气）

如如服服（舒服）　疯疯张张（疯疯癫癫的样子）　神神道道（装模作样的样子）

重叠后，A 保持原来的读音不变，B 全部读作轻声。
A、B 的内部结构以并列关系居多，如"清清爽爽""急急忙忙"

"疯疯张张""抠抠掐掐"等。从感情色彩来看，普通话 AABB 重叠式基本上都是褒义词，而定边话多数是贬义词，少数是中性词或褒义词。

AB 都可以受程度副词和否定副词修饰，构成 AABB 重叠式后，大多数不能受程度副词和否定副词修饰，但少数例外，如下文例（20）中"抠抠掐掐"受程度副词"兀么"修饰。

双音节形容词 AB 充当定语时，可以单独出现，也可以以"的"字结构的形式出现。而重叠式 AABB 在充当定语时则受到一定的限制，即必须借助于"的"或具有类似功能的"这""那"等词。例如：

(14) 你大（父亲）兀一辈子都是个拴整人。
(15) 你大兀一辈子都是个拴整的人。
(16) 你大兀一辈子都是个拴拴整整的人。
(17) *你大兀一辈子都是个拴拴整整人。
(18) 你看你叔老子（伯伯或叔叔）神神道道那样儿，就知道没安啥好心。
(19) *你看你叔老子神神道道样儿，就知道没安啥好心。

AABB 重叠式在句中可充当定语外，还可用做谓语、状语和补语。例如：

(20) 你尔格（如今）生活条件好哩，咋还兀么（那么）抠抠掐掐嘚。(谓语)
(21) 别（他）急急忙忙走哩，啥话都没说么。(状语)
(22) 我这倒多少年哩，干啥一直木木囊囊的，利撒不了哩（这好多年我做事一直很慢，快不了了）。(补语)

四　整体重叠式　ABAB

双音节形容词 AB 整体重叠构成另一种重叠式 ABAB。

可发生这种重叠变化的 AB 多用来表现颜色，重叠后仍用来表现颜色，例如：

黑红黑红	黑绿黑绿	血红血红	蜡黄蜡黄	雪白雪白
金黄金黄	干红干红	苍白苍白	黄绿黄绿	黑黄黑黄
白粉白粉				

还有表现除了颜色之外的其他特征的，例如：

崭新崭新　黑亮黑亮　火红火红　酸甜酸甜　麻辣麻辣
酸苦酸苦

酸臭酸臭　火热火热　滚烫滚烫　干冷干冷　湿冷湿冷　冰凉冰凉

死犟死犟　细高细高　黑胖黑胖　白胖白胖　干瘦干瘦　黑干黑干（又黑又瘦）

ABAB 重叠式大多是偏正结构，如"火热""黑红"指的是"像火一样热""透着黑的红色"，核心的语法功能和形容词 AB 的语法功能是一致的，都是形容词性的。形容词 AB 能受程度副词和否定副词修饰，而重叠式 ABAB 不能。句法功能同 AB 相同，在句中主要用做定语和谓语，也可做状语和补语。例如：

(23) 你闻，酸臭酸臭的啥味儿噻？（定语）
(24) 你姐姐这一向苦重得很，你看她黑干黑干的（你姐姐这一阵子太辛苦了，你看她又黑又瘦的）。（谓语）
(25) 今儿这饭麻辣麻辣个香，你咋个儿怎么做的噻？（状语）
(26) 锅里头水烧得滚烫滚烫的，正好能拔鸡毛。（补语）

定边话中，部分双音节形容词可发生这两种形式的重叠变化，分体重叠后还是形容词的用法，整体重叠后则转变成动词的用法了。以"安生""暖和"为例：

(27) 阿贝（人名），你安安生生的。（形容词）
　　 阿贝，你给我安生安生。（动词）
(28) 这炉子扯得旺，把房子烧得暖暖和和的。（形容词）

赶紧到炉子跟前暖和暖和。（动词）

五　后重叠式 ABB

后重叠式是指由双音节形容词 AB 的第二个音节重叠后构成的形容词重叠式。例如：

亮堂堂　乏连连（疲乏劳累的样子）　火辣辣　阴森森　干巴巴　舒坦坦（舒服）

有的重叠后必须儿化。例如：

心疼疼儿（可爱，招人喜欢）　冷清清儿　囫囵囵儿

不论第二个音节声调如何，不论重叠后是否儿化，叠音后字一律读阳平。

与 AB 相比，重叠后的 ABB 式所指性状的程度加深，口语色彩更加强烈，一部分儿化的形式使词带上了喜爱的色彩。

ABB 式形容词在句中可做定语、谓语、状语和补语。做定语和谓语时，一般要带助词"的"。例如：

（29）兀干巴巴的苹果不能吃哩吧！（定语）
（30）听你说哩这么多，我心上一下子舒坦坦的。（谓语）

而做状语和补语时，则不受此限制。例如：

（31）慢些儿吃噻，不要囫囵囵儿就咽哩。（状语）
（32）外头太阳烤得火辣辣的，不应（不要）出去哩。（补语）

在定边话和周边方言中普遍存在一种单音节形容词加叠音后缀所构成的重叠式形容词 AYY。叠音后缀 YY 有的组合能力较强，例如"溜溜""锃锃"等，例如：

黑溜溜　憨溜溜　光溜溜　明溜溜　滑溜溜　贼溜溜　灰溜溜　础溜溜

棱铿铿　齐铿铿　端铿铿　亮铿铿　绿铿铿　方铿铿　明铿铿

有的组合能力较弱，只能构成少数重叠式形容词。例如：

般般——俊般般　当当——圆当当　登登——瓷登登　搭搭——白搭搭

在形式上，这类叠音后缀式形容词AYY与形容词重叠式ABB相同。二者差别在于以下几点：①"ABB"中"AB"一般是可以单独使用的形容词，与"BB"搭配的"A"是单一的。而AYY中，"YY"是一个虚化的后缀，因此典型的"YY"后缀具有较强的造词能力，如"杵杵"，可以构成"灰杵杵""黑杵杵""憨杵杵"等词。②在"AYY"中，同一个词根可以和不同的后缀构成形容词且词义接近，如"胖"可以和"念念""墩墩"构成"胖念念"或"胖墩墩"，这两个词在词义和色彩上接近，都是褒义词，用来形容小孩子胖乎乎、招人喜爱的样子。③"AYY"式中部分可以在"A"与"YY"之间加上"个"或"不"构成新的形容词，而"ABB"形式不能加上中缀，这也证明"ABB"形式的"A"和"B"联系更为紧密。

六　附加重叠式 A 里 AB

附加重叠式是指由词根和词缀构成的重叠式"A 里 AB"，其中，AB是形容词，充当词根，"里"是词缀。例如：

第一组：糊里糊涂　冒里冒失　小里小气　兀里兀俗（麻烦的样子）　唠里唠叨　古里古怪　流里流气　邋里邋遢

第二组：慌里慌张　土里土气　嘲里嘲气（胆量大，不稳重）　腾里腾气（傻气，愚笨）　嘎里嘎气（爱使坏，搞恶作剧）　鬼里鬼气（鬼鬼祟祟）　狗里狗气（骄傲自大）

以上两组中，第一组的词根"糊涂""冒失""兀俗"等与第二组的"嘲气""腾气""嘎气"都可以单独使用，两组的差别在于，第二组的"嘲""腾""嘎"还是可以单独使用的单音节形容词。例如：

（33）兀个娃娃一直嘲（说话做事不自量力）得很。
（34）别就腾（傻、笨）得啥都不知道，兀短信明明就是个骗人的么。
（35）兀咋兀么嘎噻，随他大小小儿哩（他怎么那么坏呀，像他爸爸小的时候）。

此外，"AB"与"A 里 AB"的用法也有一定差异。"AB"可单独做定语或加"的"字做定语，而"A 里 AB"必须加"的"字才可做定语。"AB"可单独做谓语或加上程度副词做谓语，而"A 里 AB"必须加"的"才可做谓语。例如：

（36）你就闲得很，闹上这么个兀俗事。
（37）你就闲得很，闹上这么个兀俗的事。
（38）你就闲得很，闹上这么个兀里兀俗的事。
（39）＊你就闲得很，闹上这么个兀里兀俗事。
（40）兀人（那个人）糊涂。
（41）兀人糊涂得很。
（42）兀人糊里糊涂的。
（43）＊兀人糊里糊涂。

定边话中"A 里 AB"都是贬义词，没有发现像陕西商州、安徽祁门等地如"大里大方""简里简单"这样的褒义词和中性词。

七 结语

本文对定边话形容词重叠式作了考察，分析了形容词重叠式的形式、语义和语法特点，并对一些现象作了探讨。研究的语料主要取自日常口语，而在民歌、童谣及说书等说唱形式中，也包含很多重叠形式，日后将对这一部分进行考察，来加深我们对定边话形容词重叠式的认识。

参考文献

高葆泰、林涛：《银川方言志》，语文出版社1993年版。

郭玮、董印其：《新疆汉语方言形容词结构方式特点分析》，《新疆大学学报》2007年第1期。

哈森：《内蒙古西部汉语方言形容词生动形式》，《内蒙古师范大学学报》2004年第1期。

林涛：《宁夏方言概要》，宁夏人民出版社2012年版。

吕叔湘：《汉语语法分析问题》，商务印书馆2005年版。

孙立新：《关中方言语法研究》，中国社会科学出版社2013年版。

汪国胜、谢晓明主编：《汉语重叠问题》，华中师范大学出版社2009年版。

邢向东：《神木方言研究》，中华书局2002年版。

徐烈炯、邵敬敏：《上海方言形容词重叠式研究》，《语言研究》1997年第2期。

杨俊芳：《汉语方言形容词重叠的特点》，《内蒙古农业大学学报》2010年第1期。

杨占武主编：《纳家户回族方言研究》，宁夏人民出版社2012年版。

张安生：《同心方言研究》，中华书局2006年版。

张邱林：《陕县方言形容词Aa重叠式的语义语法功用》，《语言研究》2012年第1期。

赵元任：《汉语口语语法》，商务印书馆2012年版。

（苗丽　银川　宁夏大学民族预科教育学院　750002）

语音研究

中古来母在延安方言中的读音[*]

——地理语言学的视角

孙建华

提 要 延安方言中古来母在撮口呼前有 [l] [ø] [z] 三种读音。其中 [l] 为无标记，[ø] [z] 为内部创新。来母读 [ø] 在延安境内是一种"南部型"分布，读 [z] 是一种"延川—子长型"分布。就延安境内看或者放及周边更大范围看，[ø] [z] 两种读音类型在地理上皆为互补邻接分布。联系各点方言语音的具体差异，我们认为，中古来母丰富的今读类型极有可能受同一因素驱使，即韵母在音节中的地位不断强化且持续舌尖化，驱动声母随其变化，"南部型"和"延川—子长型"代表了音变的不同阶段，反映了音变剧烈程度在地理空间上的差异，从南到北，韵母在音节中的地位进一步凸显，舌尖化程度加剧。

关键词 来母；[ø] 化；[z] 化；南部型；延川—子长型

延安市位于陕北南半部，黄河中游，北连榆林市，南与关中的渭南、铜川、咸阳市毗邻，东临黄河与山西省吕梁地区相望，西以子午岭为界与甘肃省庆阳市接壤。全市辖 2 区 11 县，其方言分属中原官话（关中片、秦陇片、汾河片）和晋语（志延片和五台片）。（方言分区据中国社会科学院语言研究所等，2012）延安属黄土高原区，以黄土高原、丘陵为主，塬、梁、峁、沟纵横交错。其复杂的自然地理面貌使得全区方言在历时演变中形成了明显的内部分歧。

---

[*] 本文得到第六十批中国博士后科学基金资助（资助号：2016M602755）。属国家社科基金重大招标项目"西北地区汉语方言地图集"（项目编号：15ZDB106，主持人邢向东）的阶段性成果。

语言在地理空间上的差异能够一定程度反映语言历时演变的脉络。本文考察中古来母在延安 59 点方言里的读音类型及其地理分布特征，探讨延安方言中古来母读音的流变。除随文交代外，语料来源皆为笔者田野调查所得。

一　来母在延安方言里的读音

延安方言中古来母的读音首先根据介音分为两种情况：开口呼、齐齿呼、合口呼前情况较为单纯，一律读［l］；撮口呼前情况稍为复杂，有三类读音：［l］［ø］［z］。其中［ø］可出现在撮口呼单韵母和复韵母前，［z］出现在单韵母［y］前。

由于［l］是较为规律的音变，本文对此不作专门讨论，下文主要看来母在撮口呼前读［ø］［z］两种情形。先看一下延安方言来母在撮口呼前的读音类型分布图（如图 1 所示）。

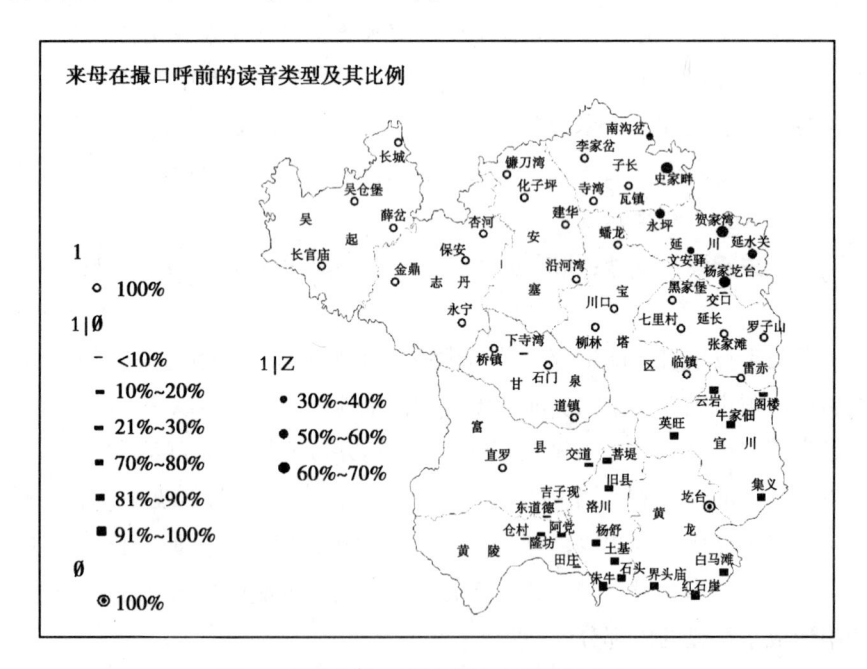

图 1　来母在撮口呼前的读音类型及其比例

如图 1 所示，黑色空心圆是来母在撮口呼前全部读［l］，黑色方块是部分读［l］、部分读［ø］，黑色圆心是全部读［ø］，黑色实心圆是部分读［l］、部分读［z］。第一大类只有无标记读音类型［l］，因此100%的比例是就［l］而言；第二、三大类的比例是指来母在撮口呼前读［∅］所占整个来母撮口呼字的比例，其中方块从小到大代表比例上升；第四大类的比例是指来母在撮口呼前读［z］所占整个来母撮口呼字的比例，圆心从小到大代表比例上升。

再看32个代表点的例字（如表1所示）。①

表1　　　　　　32个代表点来母在撮口呼前读音类型例字表

	驴	泪（白1）眼~；（白2）~花子；（文）~水	卵	轮
	遇合三	止合三	山合一	臻合三
吴起吴仓堡	ly	lue	luæ	lỹɤ̌
子长史家畔	zʅ	zʅ	luæ	lỹɤ̌
子长南沟岔	zʅɪ	lueɪ	luæ	lỹɤ̌
延川永坪	zʅ	zʅ	luæ	lỹɤ̌
延川贺家湾	zʅ	zʅ 白1/luei 白2、文	luɯæ	lỹɤ̌
延川文安驿	zʅ	zʅ 白1/lueɪ 文	luæ	lỹõɤ̌
延川延水关	zʅ	zʅ 白1/lueɪ 白2、文	luɯɜ	luõɤ̌
延川杨家圪台	zʅ	zʅ 白1/lueE 白2、文	luɯɜ	lỹõɤ̌
延长交口	ly	ly 白1/lue 文	luæ	lũɤ̌
甘泉下寺湾	ly	lueɪ	luæ	lyoɤ̌
富县交道	y	lueɪ	lyæ̃	lyoɤ̌
富县吉子现	yɪ	lueɪ	lyɛ	lyoɤ̌
富县东道德	y	ly 白1/lue 白1、文	lyã	lyoɤ̌
黄陵仓村	y	lueɪ	lyã	lyoɤ̌/luẽ
黄陵隆坊	y	ly 白1/lue 文	lyã	lyẽ
黄陵阿党	y	ly 白1/lue 文	lyã̃	lyẽ
黄陵田庄	y	lueɪ	lyã	lyẽ
洛川菩堤	y	lue	lyã	yoɤ̌
洛川旧县	y	leɪ	yã	yoɤ̌
洛川杨舒	y	li 白1/lei 文	yã	yẽⁿ 老/lyẽⁿ 新

---

① 本表选取代表点的原则是：图1的第一大类随机选取1个代表点（吴起吴仓堡），第二大类共23点，第三大类共1点，第四大类共7点，这样共得到32个代表点。

续表

	驴	泪（白1）眼~；（白2）~花子；（文）~水	卵	轮
	遇合三	止合三	山合一	臻合三
洛川土基	ʉ	le	yã	yẽ
洛川石头	ʉɯ	le	ỹã	ỹẽ
洛川朱牛	y	leɪ	ỹã	yẽⁿ
黄龙界头庙	y	le	yæ̃	yẽ
黄龙红石崖	y	y 白/lue 文	yã	yẽ
黄龙白马滩	yɪ	yɪ 白/le 文	yã	yẽ
黄龙圪台	y	y	—	yẽ
宜川英旺	y	y 白1/lue 白2、文	luã	lue
宜川云岩	y	y 白1/lue 白2、文	luæ̃	lue
宜川牛家佃	y	y 白1/lue 白2、文	luã	lue
宜川阁楼	y	y 白1/lue 白2、文	luæ̃	lue
宜川集义	ɣᵊ	ɣᵊ	næ̃	yẽ

说明：注字为"白"指"白1""白2"为同一音。注"白1""文"而未注"白2"指"白2"不说。不标词汇环境为只有一读。"/"指"和"。"—"为缺语料。来母读 [∅]、[z] 加粗突出显示。

（一）来母读 [∅]

1. 地理分布特征

由图1可见，来母读 [∅] 在延安南部集中分布，这一读音类型可以看作"南部型"。就具体分布比例来看，地理上表现出显著的渐变性。具体是：首先，来母读 [∅] 比例最高的是黄龙圪台，该点具体调查的是圪台乡长村_{自然村}，本村位处深沟，异常偏僻，距乡政府驻地40余公里，距县城50公里。村里老户占95%以上，世居此地300年有余，可谓幽处一隅。大姓为高，多说祖籍陕西韩城，其余各姓祖籍不详。圪台乡长村来母在撮口呼前读 [∅] 达到100%，可以看作来母变读 [∅] 的核心地带。其次，以洛川、黄龙、宜川为中心的一带，来母在撮口呼前读 [∅] 均高达80%—90%。以此三县为中心放眼周边，来母在撮口呼前读 [∅] 的比例骤降。先看西边与洛川接壤的黄陵、富县一带，来母读 [∅] 渐降至：21%—30%、10%—20%、<10%；再看宜川东北部，阁楼1点降至21%—

30%；继续向北至延安中部，我们看到两处孤点分布甘泉下寺湾、延长交口，这两点来母读［Ø］的比例均降至10%以下。这种地理分布几近一种完美的"波浪"状扩散，以东南端为源头，渐次向周边扩散，距离扩散地愈远，语言特征的表现力愈弱。

图1中有一片区域引起我们注意，即来母读［Ø］在中部的延长、甘泉两县偏北两点分布，与南部相连分布的大片区域在地理上出现了中断。对此作何解释？

先说说与这两点相关的一些背景信息。

首先是延长交口。具体调查点是房家塬行政村，辖六个自然村，其中上房家塬、下房家塬皆为房姓，人口比例最大，世居此地已有数代。据发音人介绍，房姓祖上来自山西大宁县道教村，遗憾的是未能提供确切的家谱。其余三姓李、卫、张亦为世居此地的老户。调查过程中政府工作人员向我们提供了一个重要信息：交口镇在历史上是南来北往的交通要道，行经此地的人身份难辨、地域混杂。这样，来自四面八方的外地口音避免不了与本地口音相互影响。不过，调查点房家塬村距乡政府驻地12公里，里程上看不算太远，行程上却较为艰难，机动车辆从乡政府出发，沿着狭窄崎岖的山路一路攀缘方至塬上。至今记得调查时突逢雪天，路面封冻了数日，积雪消融时异常小心缓慢驱行才得以下塬。房家塬村这样一种地理位置，在交通尚不发达的历史年代里，本地话与他乡话密切接触的可能性不太大。通过在当地走访，南部移民来源的可能性也被排除在外。

其次是甘泉下寺湾。具体调查点是龙咀沟行政村，位处川面。龙咀沟行政村下辖两个自然村，大姓为刘、宋，均是世居数百年的老户，他姓仅个别几户。当地只传刘、宋两姓祖上来自山西大槐树，无更多确切史料，而山西大槐树作为明洪武年间移民迁出的一个临时集聚地，在具体人口来源上说明不了太多。下寺湾镇的口音分为两大类：一类是川面话（村名多是"××沟"），另一类是沟里话、山上话。前者可以根据我们调查的龙咀沟村为代表，是世居数百年以上的古老的土著；后者可以雨岔沟村为代表，说的是"上头话"，祖上多来自榆林横山一带，居此地长的已有四五代，少的有两三代。

最后，联系甘泉下寺湾、延长交口两点的地理人口信息，我们得出两个结论：（1）延长交口排除受他方言影响的可能，因此，来母读［Ø］比例较小不大可能是本地话与他乡话接触中自身特征磨损的结果。（2）延长交口、甘泉下寺湾排除由于移民原因使延安南部语音特征植入本地。由此进一步得出第三个重要结论：延长交口、甘泉下寺湾两点语言身份年代久远，从其与延安南部相同的语言特征推测，这两点具有显著的早期中原官话的特征。也就是说，来母读［Ø］在延安中南部广泛发生过，曾经的分布面积应该比目前所见要广得多。自20世纪初叶以来，随着延长、甘泉一带迁入越来越多的榆林地区移民，当地老土著话便在和"上头话"日益频繁的接触中越来越多地丢失了其固有的特征，所幸，即便是同一个地域，各点语言变化的速度也会参差不齐，如此，变化慢一些的话便为我们提供了探寻早期语言面貌的有力线索。

2. 与周边方言的比较

我们通过对照延安以南9个邻近方言点以及黄河东岸10个邻近方言点的材料，发现来母读［Ø］在延安南部的集中分布，实际上是更广的地理分布面中的其中一片。来母读［Ø］在延安周边19个点的分布情况如表2所示。

表2　　　　来母读［Ø］在延安周边19点的分布情况①

来母逢撮口呼有无读［Ø］	延安以南相邻点（陕西关中）	黄河东岸相邻点（山西）
有（11点）	白水、澄城、韩城、合阳、大荔	河津、万荣、临猗、永济、芮城、运城
无（8点）	蒲城、铜川、渭南、潼关	洪洞、吉县、新绛、临汾

说明：澄城、大荔的材料参考了白涤洲（1954），韩城、河津、万荣、临猗、永济、芮城的材料参考了邢向东、王临惠等（2012），蒲城、铜川、渭南、潼关的材料参考了刘静（2006），其余见"参考文献"对应著述。

从地理位置上来看，表1所示延安周边来母读［Ø］的11个点与延安南部23个点形成大面积的连片分布，由此可以看出，"来母逢撮口呼［Ø］化"在秦、晋两省沿河两岸中原官话里曾经普遍发生过。

（二）来母读［z］

1. 地理分布特征

如图1，从地理分布上看，来母读［z］集中在延安东北部，构成一种典型的"延川—子长型"分布类型。延川县境内尤为集中，子长县呈

---

① 值得注意的是19点来母无一读［z］。

局部分布。来母读［z］的比例在东北一带存在一定的内部差异。

2. 周边方言的表现及其他汉语方言的类似读音

我们查阅了延安周边山西晋语的34个方言点（材料参考了侯精一、温端政，1993，山西中区10点、西区7点、北区8点、东北区1点、东南区8点）和陕北晋语的49个方言点（材料参考了李建校，2006）后发现，山西晋语34点未见来母读［z］的情形，陕北晋语49点中的7点存在来母读［z］的情形，其中3点分别位于延川、子长两县境内（延川镇、冯家坪乡_{上延川县}、马家砭镇宜家畔_{子长县}），可以看作对本文延川、子长一带10个调查点的进一步增补，其中马家砭是图1中的调查点史家畔正东的邻镇，这样，增补3点后使得延川、子长一带的布点更为密集，而地理分布与图1的表现却毫无二致。另外4点分别是何家集镇高家塔、淮宁湾乡杜家湾_{上子洲县}、宽洲镇、石盘乡_{上清涧县}。清涧县南接延川县、西接子长县，子洲县南接子长县。这样，图1中的"延川—子长型"分布便进一步向北扩展，至榆林东南部，形成更大范围的邻接分布。①

以上是延安周边方言的情况。其他汉语方言也存在类似的读音，例如汉语闽西北方言来母读［s-］。闽西北方言来母读［s-］可出现在开、齐、合、撮四呼前，未见其他明显的内部语音条件。目前对此现象的解释有三家观点具有一定的代表性：一是认为［l］读为［s］或者［z］，只是用舌尖浊擦音念舌边音字，是发音方法转变（曾光平，1987）。二是认为来母［s-］音是上古音的痕迹，是对早期闽方言特点的继承，并与台语、苗语保持了一定的远古时代的同源性（李如龙，1996）。三是来母［s-］音是辅音音位发音时长的变化引起的音值的转变，即发音特征引起的音值变化（丁启阵，2002）。

延安方言来母读［z］与闽西北方言有一个最大的区别：前者有明显的语音条件（撮口呼），后者没有。我们认为，二者属于不同性质的音变，延安方言来母读［z］是韵母变化一步步引发了声母变化，是发生在音节结构内部的一种顺应性调整。下面结合上文作具体分析。

---

① 值得注意的是，我们查阅到的山西晋语、陕北晋语中的83点来母无一读［Ø］。这样，就关中、陕北、山西整体观察，来母读［Ø］分布在南，来母读［z］分布在北，地理上互补，呈现邻接分布。

二　音变的讨论

（一）"延川—子长型"韵母音变引发声母音变

延安方言来母读 [z] 在地理上形成"延川—子长型"分布，来母读 [z] 出现在单韵母 [ʅ] 前，是韵母音变引发了声母音变。根据我们对延安 59 点方言韵母所发生的舌尖化音变的考察，延安方言蟹、止、遇三蟹存在舌尖化音变。① 具体如表 3 所示。

表 3　　　　　　　　　延安方言的舌尖化音变

韵摄	音变内容	地理分布
蟹开三四、止开三	[i] > [ʅ]	集中在子长、延川两县，邻县个别散点分布
遇一（精组）	[u] > [ɿ]	延安中北部（延长、宝塔区、甘泉及以北）及西南宜川县中北部有所分布，延川、子长二县比例最高
遇三（泥精组、见系）	[y] > [ɥ]	集中在子长、延川两县，其余各县整体空白
遇三（知系）	读 [ʮ]	延安中北部（延长、宝塔区、甘泉及以北）及西南宜川县中北部有所分布

由表 3 可知，延安东北部延川、子长二县可以看作全区舌尖化音变的核心地带，此与本文图 1 来母读 [z] 的地理分布不谋而合，二者具有密切的关联。

我们从延川、子长一些点可以清楚地看到韵母音变引发声母音变的例子，例如：

端母塞擦音化子长南沟岔：低底弟兄~：弟弟地分~tsʅ｜梯~子剃 tsʰʅ（韵母 i>ʅ 使声母进一步舌尖化）

见组前化子长瓦镇：驹驴~子tsɥ｜去过~；出~区 tsʰɥ｜鱼语 zɥ（韵母 y>ɥ 使声母前化）

疑母前化延川文安驿：宜（白）~君 mʅ/（文）便~zʅ（韵母 i>ʅ 使声母前化）

---

① "舌尖化"指舌面高元音 [i] [y] [u] 变读舌尖元音 [ʅ] [ɥ] [ɿ]，并通常引起音节内其他成分变化的音变现象。

以上是韵母音变已经引发声母变化的例子，我们从延安相邻的方言里也可以看到进行中的变化（韵母已变而声母尚未变），例如文水、汾阳上山西晋语：驴 lʮ（侯精一，1993：166）。

（二）从地理分布看延安方言来母读［∅］［z］

由图1可见，延安方言来母的三种读音类型［l］［∅］［z］地理上互补，且呈邻接分布。上文通过与周边关中方言、陕北晋语、山西方言作以比较，我们把范围扩展到了关中、陕北、山西这样一个更大的范围来考察来母读［∅］［z］的情形，发现来母读［∅］在延安南部、与延安南部紧邻的关中东部、山西西南部连片分布，来母读［z］则在延安东北部延川、子长两县及北与之相邻的清涧县、子洲县形成连片分布。这样，就延安境内小范围看，或是放眼周边大范围看，来母的两种读音类型［∅］［z］都在地理上互补，呈现邻接分布。

由此，我们得到启示，中古来母看似丰富多样的今读极有可能和同一个因素有关，此正是延川、子长一带来母［z］化的动因，即韵母音变引发声母音变。具体而言，由于某种发音习惯或者其他尚未可知的原因，韵母在音节中的地位强化且不断舌尖化（或称前化），出于音系结构的自我调整或声韵配合的关系，韵母变化推使声母随其变化，然而，音变的剧烈程度（或者说音变速度）总会在地理空间上表现出一定的差异，相邻区域则通常有同步表现，延安方言来母读［∅］［z］的互补分布便是这样形成的。由南往北，来母音变的程度是不断加剧的：第一步，［y］在音节中的不断强化持续冲击声母［l］，致使其丢失，声母变读［∅］——"南部型"；第二步，［y］持续前化而变读舌尖音［ʮ］，便滋生了发音上与之更为协调的声母［z］——"延川—子长型"。我们对"南部型"音变过程通常不易察觉，大概与韵母音值尚未完全改变，只是与其相配的声母发生了变化这一事实有关，至"延川—子长型"，声韵皆已变化，音变链更加显而易见。

联系来母读［∅］在整个汉语方言中的分布中，以及与其相配的韵母的读音类型，我们对上述音变过程会看得更为清楚。田文静（2013：70—71）图3-16（"来母读零声母的分布图"）标注了来母读［∅］在汉语方言中的分布点，有新疆1点、青海1点、山西3点、陕西4点、甘肃1点、河南1点、四川1点、湖北7点、安徽3点、湖南3点、江西2点、福建1点、云南2点、广东1点、海南1点，跨越了官话（中原官话、西南官话、江淮官话）、晋语、吴语、赣语、客家话、畲话、土话、平话各大方言区。除山西原平（晋语）、广西龙胜（平话）、浙江景宁（畲话）、江西安义（赣语）、修水（客家话）、广丰（吴语）、新疆喀什（中原官话）来母读 [Ø] 发生在齐齿呼或开口呼前，与延安方言属于不同类性质的音变外，其余各点来母读 [Ø] 均见于撮口呼前，与延安方言音变的性质相同①，主要集中在官话区和少数晋方言点。我们发现，声母读音相同（[Ø]），音变条件（撮口呼）相同的25点，具体韵母形式并不相同，以"驴""吕"为例，有未发生变化的 [y]，如山西河津、湖北天门、湖南永州等，有已舌尖化的 [ʮ]，如湖北咸宁，有已舌尖化的 [ʮ]，如安徽岳西，[ʮ] [ʮ] 若进一步强化，则分别带出同部位声母 [z] [ʐ]，此时，便完成了 [y] 配 [Ø]、[ʮ] 配 [z]、[ʮ] 配 [ʐ] 的音变过程，反映了韵母音变对声母的持续影响。实际上，齐齿呼单韵母 [i] 也有同样的表现，[i] 变为舌尖音 [ɿ]（如：梨李礼ɿ 安徽合肥｜立力ɿ 青海湟源）后，便有可能滋生同部位声母 [z]，来母也随之"变读" [z] 了。

三　余论

延安方言中古来母在撮口呼前有 [l] [Ø] [z] 三种读音。其中 [l] 为无标记，[Ø] [z] 是一种内部创新。来母读 [Ø] 在延安境内是一种"南部型"分布，读 [z] 是一种"延川—子长型"分布。放眼周边，"来母逢撮口呼 [Ø] 化"曾经在秦晋两省沿河两岸中原官话里普遍发生过，"来母 [z] 化"集中在延安东北部的延川县、子长县及北与之相邻的清涧县、子洲县上榆林市，由此形成小范围的连片分布。无论就延安境内看，还是放眼山西、关中、陕北更大范围看，来母读 [Ø] [z] 均在地理上互补，且呈邻接分布。这种地理分布以及各点语音的具体差异启示我们，中古来母丰富的今读类型极有可能受同一因素驱使，即韵母在音节中的地位不断强化且持续舌尖化，驱动声母随其变化，"南部型"和"延川—子长型"是音变不同阶段或者说音变剧烈程度不等的反映，从南到

---

① 安徽合肥、青海湟源两点来母读 [Ø] 出现在齐齿呼单韵母前，韵母已发生了 i>ɿ 音变，为便于分析对照，未排除在外。

北，韵母在音节中的地位进一步凸显，舌尖化程度加剧。

延安方言来母［Ø］化、［z］化反映了韵母在音节中地位的强化以及舌尖化音变这一趋势，这是来母音变的基本动因，而韵母音变的动因又是什么？这是避免不了的进一步追问。正如朱晓农（2004）所言：音变的起因问题一直是个大难题。此是另一个需要专门讨论的大问题。

参考文献

白涤洲调查，喻世长整理：《关中方音调查报告》，中国科学院，1954年。

蔡权：《吉县方言志》，山西高校联合出版社1990年版。

丁启阵：《论闽西北方言来母s声现象的起源》，《语言研究》2002年第3期。

郭珍珍：《白水方言语音研究》，硕士学位论文，西安外国语大学，2011年。

侯精一、温端政主编：《山西方言调查研究报告》，山西高校联合出版社1993年版。

刘静主编：《陕西关中东府五县市方言志》，陕西师范大学出版社2006年版。

李建校：《陕北晋语语音研究》，博士学位论文，北京语言大学，2006年。

李如龙：《闽西北方言来母字读s-的研究》，见李如龙《方言与音韵论集》，香港中文大学中国文化研究所，吴多泰中国语言研究中心，1996年。

吕枕甲：《运城方言志》，山西高校联合出版社1991年版。

乔全生：《洪洞方言研究》，中央文献出版社1999年版。

田文静：《古次浊声母在汉语方言中的读音研究》，博士学位论文，北京语言大学，2013年。

温端政主编，潘家懿：《临汾方言志》，语文出版社1988年版。

邢向东、蔡文婷：《合阳方言调查研究》，中华书局2010年版。

邢向东、王临惠、张维佳、李小平：《秦晋两省沿河方言比较研究》，商务印书馆2012年版。

曾光平：《闽西北方言"来"母字读 s-的再研究》，《河南大学学报》（哲学社会科学版）1987 年第 2 期。

中国社会科学院和澳大利亚人文科学院：《中国语言地图集》，（香港）朗文出版（远东）有限公司 1987 年版。

中国社会科学院语言研究所：《方言调查字表》，商务印书馆 1981 年版。

中国社会科学院语言研究所、中国社会科学院民族学与人类学研究所、香港城市大学语言资讯科学研究中心：《中国语言地图集》（第 2 版），商务印书馆 2012 年版。

朱晓农：《汉语元音的高顶出位》，《中国语文》2004 年第 5 期。

朱耀龙：《新绛方言志》，山西高校联合出版社 1990 年版。

（孙建华　西安　陕西师范大学文学院　710119）

古全浊声母字在晋语志延片中的演变

高　峰

提　要　本文根据田野调查所得晋语志延片方言的材料，归纳志延片方言古全浊声母字的今读类型，探讨其演变过程，并分析志延片"送气型"方言的古全浊仄声字保留送气音声母的因素。

关键词　古全浊声母；类型；演变；志延片；晋语

侯精一先生在《晋语的分区》（1986）一文中首次用晋语"志延片"指称陕北地区南部处于晋语和中原官话过渡地带的方言。之后，学界对志延片地域范围的界定一直存在分歧。我们认为，陕北晋语志延片包括吴起、志丹、安塞、延安（今宝塔区）、甘泉、延长六县区方言（高峰，2011：127）。本文把延川方言作为参照方言列出。

志延片方言中①，古全浊声母今逢塞音、塞擦音存在文白异读，文读系统平声送气、仄声不送气，白读系统平声送气、仄声部分送气，部分不送气。本文的讨论对象是白读系统的读音。

一　志延片古全浊声母的今读类型与分布

我们根据《方言调查字表》（中国社会科学院语言研究所，1981）制作了《古全浊声母字调查表》，对各县代表点方言的古全浊声母字进行了专题调查。该调查表剔除《方言调查字表》中本片方言不用的字，包括

---

①　由于历史地理及移民因素，志延片各县都存在"老户话"与"上头话"两类方言。"老户话"是指境内老户所操的方言，"上头话"是境内榆林移民所操的带有榆林方言特点的方言。本文出现的"志延片方言"均指"老户话"。"上头话"是移民方言，属于异源层次，本文暂不讨论。

245个平声字，287个仄声字（88个上声字，123个去声字，76个入声字）。

志延片方言中，古全浊声母今逢塞音、塞擦音平声送气，仄声部分送气，部分不送气，其中仄声读送气音的字数各点差异较大，统计数据见表1。

表1　志延片及延川话古全浊塞音、塞擦音声母仄声字今读送气音的字数与比例表

方言点①	吴起镇	志丹 金鼎镇	安塞 沿河湾乡	延安 宝塔区	甘泉镇	延长镇	延川镇
送气音字数	32	32	81	92	57	135	141
比例	11.1%	11.1%	28.2%	32.0%	19.9%	47.0%	49.1%

表1反映出以下特点：一是古浊塞音、塞擦音声母仄声字（简称"古全浊仄声字"）今读送气音声母的字数，吴起、志丹相同，所占比例仅为11.1%；延川、延长相近，比例接近50%；延安、安塞、甘泉相近，比例在20%—30%。在地理分布上呈现出由东而西递减的趋势：东部的延川、延长＞中部的延安、安塞、甘泉＞西部的吴起、志丹。二是安塞、延安、甘泉居于志延片的中央地带，呈现出以延安为中心的递减趋势。我们调查的甘泉石门乡话，保留的古全浊仄声字今读送气音声母的字数比城区多，也只有71字，仍低于延安的92字。三是志延片处于陕北晋语与中原官话的过渡地带，古全浊仄声字的今读现状反映出典型的过渡性特征。志延片以北的陕北晋语除少数沿河方言点外，大部分方言点古全浊仄声字今读送气音的字数在20至50字之间（李建校，2009：54）。南部的关中片方言，古全浊声母字今读送气音的字数，除了以西安为中心的11个县在33个以下外，其余22个县市均在50至119字之间（张维佳，2002：242）。志延片古全浊声母仄声字今读送气音的，字数少的接近陕北晋语，字数多的接近南部的关中方言，显示出明显的过渡性。

徐通锵（1990：1）将古浊塞音塞擦音（并定从澄群床）在现代山西方言中的语音表现，大致分为以下三个类型：一是平仄分音区，按声调平仄分化，平声送气、仄声不送气。晋北、晋中、晋东南都有平仄分音的方

---

① 为称说简便，下文用县名代表具体方言点的名称。

言，如兴县、大同、忻州、太原、寿阳、长治、晋城等。二是送气区，白读系统不论平仄一律送气，主要集中在晋南，如洪洞、临汾、闻喜、万荣等。三是不送气区，白读系统不论平仄一律不送气，如太谷、祁县、平遥、文水等。乔全生（2005：100—103）把晋方言古全浊声母的今读析为四种类型，送气型、不送气型、平送仄不送型、平不送仄送型。与徐文相比增加了第四种类型——平不送仄送型，"可能是一、二种类型的混合体"。

我们按照上述分类标准，结合陕北权威方言绥德话的古全浊仄声字的今读状况，大致以仄声送气20%的比例为界，将晋语志延片古全浊声母的今读划分为以下两种类型。

1. 平送仄不送型

吴起、志丹古全浊声母字，平声读送气清音，仄声字88%以上读不送气清音，读送气音的不足12%，因此基本属于平送仄不送型。晋语五台片、大包片、上党片方言都属于这种类型。

2. 平仄送气型（简称"送气型"）

延长古全浊声母字，平声字读送气清音，仄声字部分读送气清音，部分读不送气清音，读送气音的字数为135个，与晋南方言保留的送气音字数（120至160之间）相近，应属"送气型"。延川读送气音的字数是141个，也属这种类型。安塞、延安、甘泉古全浊仄声字读送气音的字占到20%—30%，虽然比例不是很高，但与陕北晋语古全浊声母字的主流读音相比，仄声读送气音的字还是多出很多，所以归入"平仄送气型"也未尝不可。

各点古全浊仄声字读送气音的字各异，除与普通话相同的"佩叛仆瀑艇挺强勉~沓特突"（下列统计数字包括这10字）外，其余辑录如下：

（1）吴起镇吴起32：部簿捕稗败倍婢避饽面~；舵簟笛；褯造噍；绽花~开了着睡~撞；镯；跪柜掘。

（2）金鼎镇志丹32：部捕倍败避鼻勃饽面~；舵垫笛；造褯錾噍；绽着睡~撞；镯；跪柜窘~迫。

（3）沿河湾乡安塞81：薄簿部步捕败倍焙背鼻辫伴拌~汤铍拔被避傍勃饽面~病白闭；舵驮垛递杜肚淡蛋垫夺独读叠碟；坐座自字造褯噍杂捷贱践截匠凿贼族；杜赵绽蛰侄传~记撞着睡~宅~子；寨铡镯；跪柜轿件橛俭勤~（勤快）。

（4）宝塔区延安92：薄~荷部簿步捕败倍背焙被避鼻自瓣办不得~（来不及）拔伴搭~儿拌~~汤笨饽面~傍~晚薄泊雹白病；舵驮~笼杜肚住拉~递地字淡碟谍蛋垫断夺囤粮~动笛独~生子女犊毒；坐裖在造就捷~径路錾匠净杂~面嚼贼族；赵绽侄着睡~撞泽择郑~庄（地名）；寨南~砭（地名）栈~羊铡镯；跪柜旧俭勤~件健康~（健康）橛冰~（冰溜子）圈猪~近远~局。

（5）甘泉镇甘泉57：部簿步败倍被避鼻瓣辫拌伴办不得~白；驮笼~肚弟兄~淡地碟独读毒；坐座裖在字造噍捷~径路嚼净族；绽侄撞；炸栈~羊镯；跪柜轿旧俭勤~件健康~。

甘泉石门比城区保留的送气音字多出以下字：背笨病；杜动；贱尽贼；柱住赵重轻~；铡；圈猪~。这说明甘泉城区方言的演变速度较周边乡镇快。

（6）延长镇延长135：簿部步捕罢~了败倍焙被避鼻抱菢瓣办不得~便宜（现成的）拔辫伴拌笨勃饽面~傍薄~厚泊棒雹白病并合~；舵大驮~笼垜杜肚待息弟地递稻豆碟谍弹子~蛋佃垫奠酒~断段缎锻夺囤粮~锭笛动洞独读犊毒；坐座裖尿~子在罪自字造噍就杂捷集錾践贱尽匠嚼贼族静净；柱住坠赵绽辙阵这~儿侄丈杖着睡~撞直~性子值择轴车~郑~庄（地名）重轻~；助寨炸栈~羊铡镯；跪柜轿舅旧俭勤~妗件健康~圈猪~橛冻~儿近局。

（7）延川镇延川141：部簿步捕罢~了败倍背~书焙被避鼻抱菢鲍瓣办不得~拔辫伴拌笨勃饽面~傍薄泊棒雹白病；舵大驮~笼垜杜肚度渡待息弟第地递道井~稻盗叠碟谍蛋垫奠酒~断段缎锻夺囤荡锭笛敌狄动洞独读犊；坐座裖尿~~在罪自字皂造噍就杂捷集錾践贱尽匠嚼贼族净；柱住坠赵兆绽辙阵侄丈着睡~撞直值泽择宅轴车~重轻~；乍寨炸栈~羊铡状镯；跪柜轿舅旧俭勤~妗件健康~圈猪~橛近。[①]

二　志延片古全浊声母的演变

如上所述，志延片古全浊声母字的今读分为"平送仄不送型"和

[①] 我们对延川话古全浊声母字的调查结果，与《延川县方言志·同音字汇》（张崇，1990：25—56）的记录基本一致，只有6字不同："饯蚌蝶牒"《方言志》记为送气音声母，实际上当地口语里并不说这4个字，我们不计入；"仗杖"在《方言志》里记为送气声母，本次发音人读不送气声母。

"平仄送气型"。送气型方言如延长话,与晋南方言相似,仄声字虽然是部分送气,但送气字数较多,所占比例接近50%,其早期方言无疑属于古全浊字清化后不论平仄都送气的类型。延川话与延长话一致。志延片"平送仄不送型"方言古全浊声母仄声字今读送气的比例不高,尽管如此,从历时角度看,我们认为志延片各县方言以及延川话在早期都属于古全浊字清化后不论平仄都送气的类型。

首先,属于"平送仄不送型"的吴起、志丹话中有少数古全浊仄声字读送气音的"例外"字,实则是早期全浊声母不论平仄一律送气的语音层次的反映。分析吴起、志丹的这些"例外"字,我们发现这些例外字分为两类,一类是与普通话同样读送气音的字,如:佩沓叛突强特艇挺仆瀑;另一类是方言常用字,如:部倍败避撞着睡~镯跪柜褯噍绽馎造,其中有些是对一般人而言不知道本字的常用字:褯 tɕhiɛˀ 尿~~:尿布;噍 tɕhiɔˀ 倒~;绽 tshæ̃ˀ 花~开了;馎 phuə 面~。方言常用字往往因为高的使用频率得以保留旧读,不知道本字的常用字因为语言与文字分离而保留旧读。"因为语言(语音和语义)与文字处于一种分离状态,这样,它们便得以避免主流汉语以文字作为媒介的语言渗透,没有随'大流'发生变化。"(万波,2009:209)所以,我们认为以上"全浊仄声送气"的"例外"字是底层的残存形式,不是方言扩散的结果。

其次,晋语志延片地处西北,当与古代西北方音有继承关系。罗常培先生(1961:29)研究《大乘中宗见解》的汉藏对音材料,发现除"凡梵、怠道第大地盗定达、着"等 11 字外,其余全浊声母字都变成次清,读送气音。李范文(1994)通过分析《番汉合时掌中珠》中大量的西夏汉互注材料,认为宋代时汉语西北方言的全浊声母已经清化,清化后读送气音。显然,志延片方言"全浊仄声送气"的特点并非"无源之水",而是与唐宋西北方音一脉相承。

最后,根据现有的研究成果,早期属于古全浊声母字不论平仄都读送气音的方言在西北地区分布的范围相当广,陕北晋语就囊括在此范围之内。李如龙、辛世彪(1999:197)指出:"近年来的调查显示,我国西北地区的山西、陕西、甘肃等地的方言固有的'白读音'里也存在大片的送气音区,而且连成一片。"王福堂(2010:176)明确指出,古全浊声母清化后全部送气的方言分布地区"大致以山西晋南、晋中西部以及陕北这一片地区最为集中"。根据上面几位先生及张维佳(2002:241—

242)、李建校（2009：53—54）、吴媛（2011：70）等的考察，这个"送气音区"分布在山西晋南、晋西、陕西关中、陕北、甘肃的东部地区，还有河南西部与晋南关中交界的灵宝、陕县。此外，古全浊仄声送气字音在陕南、宁夏、青海等地也有多少不等的分布。以上地区在地理上连成一片，志延片大致位于这一区域的中部。

综上，我们可以确定，古全浊声母清化后，在志延片方言中曾经不分平仄都读送气音，"全浊送气"是该片方言曾经存在过的一个历史层次。受到汉语权威方言的影响，志延片方言"全浊送气"的现象逐渐萎缩，部分古全浊仄声字的声母发生了从送气到不送气的演变。

此处的权威方言包括北京话和普通话，其"古全浊字声母平送仄不送"。如前所述，"全浊送气"是唐宋西北方音具有的特点。其后元、明、清三朝历时600多年，均定都北京，北京话作为权威方言，对北方方言产生了有目共睹、广泛且持久的影响。西北方言的古全浊仄声字声母从"送气"向"不送气"变化正是北京话影响的结果。根据刘育林（1990：12—43）、各县县志以及我们的调查，在20世纪90年代初，即普通话推广之前，陕北晋语现有的古全浊声母字读音类型的格局已定：榆林、绥德、吴起、志丹等陕北大部分方言属于"平送仄不送型"，古全浊仄声字声母的演变接近完成，保留送气音的字数较少，且一般存在于较老的词语或口语高频词中；清涧、延长、延川等陕北南部和沿河方言属于"平仄送气型"，古全浊仄声字演变速度慢，仍有大量读送气音。而20世纪90年代末开始大力推广普通话，普通话的强势推广加快了送气型方言古全浊仄声字的声母向不送气演变的速度，同时也对平送仄不送型方言残存的古全浊仄声送气音字的声母产生影响，使之以词汇扩散的形式向不送气演变。目前，志延片古全浊仄声字的声母"从送气到不送气"的演变仍在进行中。

三 志延片古全浊声母仄声字今读送气音的内外因素

"从送气向不送气演变"是陕北晋语古全浊仄声字的声母演变的方向。陕北大部分方言，包括吴起、志丹话，都属于"平送仄不送型"，这些方言古全浊声母演变速度较快，残存的古全浊仄声读送气音的字往往保留在较老的词汇或口语高频词中，很明显，词汇条件是送气音得以保留的最主要因素。但是属于"平仄送气型"的延安、延长等方言，古全浊仄声字保留送气音的字数较多，只用词汇条件不能解释，其他影响因素是什么呢？我们下面从方言的内部与外部两个方面寻找答案。

1. 内部因素

志延片古全浊声母字以调类为条件，平声送气，仄声部分送气。从现有的研究成果看，古全浊仄声字的送气与否，一般与声类、韵类关系不大，但在某些方言中与阳入调有密切关系。晋语吕梁片方言中，古全浊仄声字今读送气音的大都是阳入字，例如神木南乡方言、吴堡方言。邢向东先生（2002：99；2007：31）认为，"入声字发音急促，有利于保留送气成分"，"全浊送气和阳入调之间有一种互相依存的倚变关系"。

志延片方言古全浊仄声字的送气与否在声类、韵类上都找不出明显的规律，那么是否也和入声调类有关系呢？

志延片六县方言入声舒化严重，入声调不分阴阳。延川话入声韵保留较多且入声调分长短入（与阴阳入不能等同）。古全浊入声字今既读送气声母又读入声调的字，延川最多，也只有14字；安塞、延安、延长各有1字；吴起、志丹、甘泉为零。如此看来，就志延片六县方言和延川话而言，全浊送气的保留与入声调没有关系。

为了进一步弄清志延片"古全浊仄声字送气"与调类的关系，我们统计了志延片六县方言以及延川话中古全浊仄声字今读送气音的字在全浊上声、去声、入声中的分布字数与比例。从统计结果看，在吴起、志丹、安塞、延安、甘泉五县方言中，古全浊入声字保留送气音字的比例较上、去声字略高，但并没有表现出明显的优势；这一比例在延长、延川两个方言中反而略低。从具体字数看，各方言古全浊仄声送气字在上、去、入各调类中分布比较均匀，与晋南方言相似（见表2）。

表2　古全浊声母仄声字今读送气音字的调类分布与比例

方言点	送气音字数及比例	全浊上声字 88 字数	比例	全浊去声字 123 字数	比例	全浊入声字 76 字数	比例	今读入声调的字
吴起		11	12.5%	11	8.9%	10	13.2%	/
志丹		9	10.2%	13	10.6%	10	13.2%	/
安塞		23	26.1%	29	23.6%	29	38.2%	局
延安		31	35.2%	30	24.4%	31	40.8%	敌

续表

方言点 \ 送气音字数及比例	全浊上声字 88		全浊去声字 123		全浊入声字 76		今读入声调的字
	字数	比例	字数	比例	字数	比例	
甘泉	18	20.5%	22	17.9%	16	21.1%	/
延长	48	54.5%	49	39.8%	38	50.0%	独
延川	50	56.8%	49	39.8%	42	55.3%	泊泽择宅贼直值白笛敌狄独读族

通过以上的比较与分析，我们认为：志延片方言"全浊送气"的保留与声类、韵类、调类都没有直接关系。

2. 外部因素

从语言地理看，志延片以北的陕北晋语大多属于古全浊声母字平送仄不送的类型，以西、以东、以南的方言都属于古全浊声母不论平仄都送气的类型。因为有子午岭山脉阻隔，志延片以西的陇东方言产生的影响较小，暂且忽略。

志延片东面是山西方言的"全浊送气"中心区，包括晋南芮城、平陆等 23 点以及晋西的隰县、永和、大宁、蒲县、汾西 5 点。中心地区方言的特点往往呈放射状向周边方言扩散，"总的来说，方言离中心地区越近，送气字音保留得越多，离中心地区越远，送气字音保留得越少"（王福堂，2010：178）。志延片方言"全浊送气"的分布规律与此吻合，古全浊声母仄声字保留送气音的字数由东而西递减：延长（以及延川）最多，字数与晋南方言相当，安塞、延安、甘泉次之，吴起、志丹最少。这反映出位于晋南、晋西的"全浊送气"中心区对沿河方言——延川、延长话有直接影响，而对延安、甘泉、安塞、志丹、吴起方言的影响呈逐渐减弱的态势。

志延片南面是关中方言。张维佳（2002：241—242）在考察关中方言古全浊声母的读音情况时发现，"古全浊声母今读在关中方言片内形成一种'涡状'分布，中心地区读送气少，周边地区读送气多"。"最多的是东府的渭南、华县、华阴、大荔、合阳、澄城、韩城、宜川、白水、铜川、洛川、黄陵、丹凤等地。"其中的宜川、洛川、黄陵位于延安地区南部，与志延片相接。志延片方言古全浊仄声字的送气特征正与相邻的关中方言一致。

由上可见，紧邻"全浊送气"中心区的地理位置、与邻近的关中方言送气特征的一致性，是影响志延片"古全浊仄声字送气音"保留的决定性因素。这说明，东南两面被送气型方言半包围的地理格局，是志延片送气型方言古全浊仄声字保留送气音的外部因素。

需要指出的是，吴起、志丹的地理位置偏西偏北，不论晋南、晋西方言还是关中方言，对两县方言古全浊字的读音的影响都比较小。如本文第二部分所述，吴起、志丹话以及志延片以北的部分陕北晋语，其古全浊声母字今读"平送仄不送"，均是权威方言影响的结果。

参考文献

高峰：《晋语志延片语音研究》，博士学位论文，陕西师范大学，2011年。

侯精一：《晋语的分区》，《方言》1986年版第4期。

李范文：《宋代西北方音——〈番汉合时掌中珠〉对音研究》，中国社会科学出版社1994年版。

李建校：《陕北晋语古塞音塞擦音声母的读音及演变层次》，《山西大学学报》2009年第5期。

李如龙、辛世彪：《晋南、关中的"全浊送气"与唐宋西北方音》，《中国语文》1999年第3期。

刘育林：《陕西省志·方言志（陕北部分）》，陕西人民出版社1990年版。

罗常培：《唐五代西北方音》，科学出版社1961年版。

乔全生：《晋方言古全浊声母的演变》，《山西大学学报》2005年第2期。

万波：《赣语声母的历史层次研究》，商务印书馆2009年版。

王福堂：《古全浊声母清化后塞音塞擦音送气不送气的问题》，《汉语方言论集》，商务印书馆2010年版。

吴媛：《陕西关中西府方言语音研究》，博士学位论文，陕西师范大学，2011年。

邢向东：《神木方言研究》，中华书局2002年版。

邢向东：《陕北吴堡话的文白异读和历史层次》，《语言研究》2007年第1期。

徐通锵：《山西方言古浊塞音、浊塞擦音今音的三种类型和语言史的研究》，《语文研究》1990年第1期。

张崇：《延川县方言志》，语文出版社1990年版。

张维佳：《演化与竞争：关中方言音韵结构的变迁》，陕西人民出版社2002年版。

中国社会科学院语言研究所：《方言调查字表》，商务印书馆1981年版。

（高　峰　西安　西安文理学院人文学院　710065）

陕南肖台客家话的语音特点与分析

付新军

提　要　肖台话是陕南商洛地区的一种客家方言，它是乾隆年间广东移民的后裔所说的方言。本文主要描写了肖台客家话的音系，并详细讨论了其声、韵、调三个方面的音韵特点。现今的语音特点表明肖台客家话已经是一种混合程度较高的方言，在保留着客家方言主要特征的同时，也兼有了很多本地话的语音成分。

关键词　肖台；客家话；音韵；特点

一　概说

肖台，旧称赖家湾，位于柞水县东南部，距离县城54公里、杏坪镇7公里，全村位于一条大川之中，前后都是高山。肖台的赖姓客家人主要集中在三组和四组的赖家湾，现在赖姓客家人共有102户，350多人。村中老、中、青三代都能够说客家话，不过客家话只限于赖姓客家人之间的内部交流，见到外人则是遇见什么人说什么话，因此被当地人称为"嘴软"。由赖和德负责重修的《赖氏祖谱》所载的《赖氏族谱·河源天用公分谱》云："自始祖叔颖公下排至天用公共有八十九世。天用公定居于广东河源，为我河源开基始祖。自天用公下排至龙生公共有十二世，龙生公定居于陕西旬阳县（属安康市）。龙生公生荣茂、荣芳、荣兰三个儿子。荣兰公生五子，开舜、开荣在旬阳县居住，开华、开富、开贵三兄弟随母李氏迁居柞水县肖台赖家湾。从荣兰公生长子开舜时日算起，至今有261年，繁衍子孙十代。"又"天用公于明至正十八年（1358年）由江西赣州府宁都徙居广东河源永顺都蔡庄约（今之涧头）广东坝"。"荣兰公为第十三世孙。荣兰公之继妣李氏孺人（李凤英），后裔尊称为'李氏婆太'……李氏婆太于乾隆年间，大约是公元1774年，时年55岁上下，携开华、开富、开贵三兄弟告别家人，告别众多父老乡亲，壮怀理想和信念，从旬阳东里惠家沟（今旬阳县公馆乡寨子沟村）出发……来到镇邑县东乡六甲金井河桑园沟口（今柞水县肖台赖家湾）。"由此可知，赖氏一族客家人，最早定居于江西赣州府宁都，其开基始祖天用公始由江西迁移至广东河源，至十二世龙生公又由广东徙居陕西安康旬阳县，其孙开华、开富、开贵随母亲李氏凤英于乾隆年间（约1774年）又辗转来到今柞水县肖台村。今肖台赖氏一族已经历经230多年，传衍至第九代，其堂号为"颍川堂"。排行字是：宏明腾和盛，光祥德裕兴，延远嘉声振，桂秀有芳生。财季勤慧泉，富昌康乐绵，儒仕英良豪，春中近牡万。

词汇及语法方面，肖台话基本保留着客家话词汇的面貌，与当地话有明显区别，尤其是日常口语词。称谓词如：阿公（祖父），婆（母亲，面称），老弟（弟弟），赖子（儿子），婿郎（女婿），心舅（儿媳妇）等；一般名词如：月光（月亮），落水（下雨），猫公（猫）。

肖台话同样保留了一些典型的客家话语法特点，突出地表现在词法上，如广泛运用客家话所特有的区别性别的词缀构成新词，如：鸡公，猫公，勺嫲，虱嫲。方位词后缀较多用"背"，如：里背（里面），后背（后边）。表领属的结构助词用"个"，如：食个（吃的），女个（女的）。典型的代词如：偓（我），佢（他），偓□ŋai⁵³nən⁰（我们），□子 i⁵⁵tsʅ⁰（这里），那子 nai⁵⁵tsʅ⁰（那里），等等。

二　肖台客家话的声韵调系统

（一）声母25个

p 布包边剥	pʰ 步坡盘胖	m 门猫尾问	f 飞灰符红	v 微武闻挖
t 到带党东	tʰ 毒夺同汤	n 难怒拿能		l 劣路兰连
ts 糟祖赞争	tsʰ 粗仓铲造		s 散苏丝生	
tʂ 招主卷橘	tʂʰ 昌潮拳犬		ʂ 暑扇训声	ʐ 绕然运援
tɕ 精经结金	tɕʰ 秋丘旧戚	ȵ 业念软染	ɕ 休气胁衅	
k 甘甲隔更	kʰ 扣砍柜跪	ŋ 硬岸眼偃	x 海好厚霍	
∅ 爷椅而盐				

说明：

(1) pʰ 在 u 韵前双唇颤动，实际音值为［pᶲʰ］。

（2）v 是典型的唇齿音，唇齿摩擦较重。

（3）t、t^h 在齐齿呼韵母前发音部位靠近舌面，且送气的 t^h 声母有时还有较强的摩擦，音值近似 $tʂ^{sh}$。

（4）送气塞音、塞擦音 p^h、t^h、k^h、$tsʰ$、$tʂʰ$、$tɕʰ$ 送气强烈。

（5）tɕ、$tɕ^h$、ɕ 发音部位较靠前，舌叶后部与硬腭前部接触。

（6）tʂ、$tʂ^h$、ʂ 发音部位较靠前，舌尖与硬腭前部接触，塞音成分较重，卷舌音色彩很轻。

（7）k、k^h 在 u 韵前时，上齿轻微碰到下唇产生摩擦，实际音值是 k^f、k^{hf}。

（二）韵母46个，包括2个声化韵在内

ɿ 资紫刺斯			
ʅ 知池脂时	i 喜耳西密	u 古付虚局	y 驴绪
a 怕马察甲	ia 惹野夜写	ua 瓜夸寡跨	
o 河歌博落	io 茄脚确岳		
ɛ 辣八夹掐	uɛ 刮		
E 肋责舌褶	iE 斜卸铁月	uE 决缺国绝	
oi 菜盖害渴			
ai 赛崖泥鸡		uai 块帅乖快	
ei 犁递累恢		uei 虢税闰贵	
au 宝貌巢交	iau 敲焦挑叫		
ɛu 斗豆走促	iɛu 厚狗口后		
əu 肘丑族赎	iu 流酒六舅		
ɚ 尔而			
an 三贪蛋山			
ən 甘看关惯			yən 软阮
ɛn 根垦等杏	iɛn 减天远愿		
ən 身盆彭程	iən 心彬紧亲	uən 昆棍困永	yən 迥
aŋ 硬正听零	iaŋ 平轻青醒		
ɔŋ 帮党张黄	iɔŋ 姜羊江降	uɔŋ 床昌光双	
əŋ 朋弘公董	iəŋ 荣营穷雄	uəŋ 空宫松充	
m̩ 唔	ŋ̍ 五鱼渔戊		

说明：

（1）单韵母 i 的实际音值是 [ɨ]，y 韵口型较松，只辖"驴绪"两字。

（2）u 在 ts、tsʰ、s 后面是 [ɿ]，在 tʂ、tʂʰ、ʂ、ʐ 后面是 [ʅ]，在 f 声母后发成 [ʋ]，上齿始终不离开下唇，vu 音节则发成 [ɣ]，但双唇较松地闭拢。u-*类韵在 tʂ、tʂʰ、ʂ、ʐ 后面韵母都带卷舌色彩，实际音值为 ʅ-*。

（3）ɛ 组与 E 组的主要元音尽管位置接近，但在多个声母后形成对立，属于两套声母。

（4）ən 韵在 ts/tʂ 组声母后 u 介音较明显，其他声母后则不明显，呈互补分布。

（5）yən 韵的介音 y 不是典型的撮口韵，音值介于 u/y 之间。

（6）韵尾 n 的发音部位较靠后，实际位置介于 n、ŋ 之间，是 [ɲ]。

（7）yən 韵只辖一个字"迥"，在整个音系中比较特别。

（三）单字调 4 个

阴平 312 高低安开天婚暖买近

阳平 553 穷陈才平寒徐鹅尺发

上声 44　古展走口好五草体普

去声 324 大盖抱正送食舌截月

说明：

（1）阴平和去声都为曲折调，两者的区别是前者降的部分比较明显，后者升的部分比较明显。

（2）阴平 312 调有嘎裂声现象出现。

（3）阳平 553 调单念的时候前头会有一个较低的调头，但快念或在语流中这个调头则不明显。

（4）上声 44 调略有上升，大致是从 3.5 起向 4 度升，调尾有上冲的感觉。

三　肖台客家话的音韵特点

（一）声母特点

（1）古全浊声母已全部清化，今逢塞音、塞擦音无论平仄大多读送气声母，不过有些非口语常用字读不送气音，如：兑 tei^{324}，皂 tsau^{324}，臼 tɕiu^{312}，栈 tsã^{443}，撰 tʂən^{443}。我们对《方言调查字表》中总共 498 个全浊声母字①进行统计后发现有 346 个是读成送气音的，比例占到了 69.5%。

（2）少数非组的常用字今读为双唇音，反映上古"轻唇归重唇"的特点，如：尾 mi^{44}，袜 mɛ^{553}，分 pən^{312}，问 mən^{324}。

（3）精组字与见晓组字在齐齿呼韵母前已经合流，即不分尖团音，读为 tɕ、tɕʰ、ɕ，但来自古合口三四等今读 tɕ、tɕʰ、ɕ 母的字，则读为 tʂ、tʂʰ、ʂ 母，如"绝 tʂuE^{324}，俊 tʂuan^{324}，殉 suan^{553}，续 su^{324}（以上为精组字）；圈 tʂʰən^{312}，橘 tʂu^{312}，区、曲 tʂʰu^{553}，玉 ʐu^{553}（以上为见组字）。

（4）中古知庄章组开口字基本按照知二庄、知三章的界限分为两组，知二庄归入精组，读 ts、tsʰ、s，知三章独立为 tʂ、tʂʰ、ʂ，合口字读 tʂ、tʂʰ、ʂ。庄组字的表现多有例外，不少归入 tʂ、tʂʰ、ʂ 母，其韵母也往往与同一音韵地位的知章组不同，例如止合三脂韵：衰 ʂuai^{312}，帅 ʂuai^{324}；效开二肴韵：抓 tʂua^{312}；流开三尤韵（与一等同）：搊 tsʰɛu^{312}，瞅 tsʰəu^{55}，愁 tsʰɛu^{553}，搜 sɛu^{312}，瘦 sɛu^{324}；深开三侵韵：森 ʂən^{312}，涩 sE^{553}；臻开三入：衬 tsʰən^{324}，瑟虱 sE^{553}；曾开三入（不读 ʅ）：侧测 tsʰE^{553}，色 sE^{553}；通合三东韵入声：缩 so^{312}。

（5）古日母字有三种读音。多数读白读音 ȵ 母，与泥母相同，如：惹 ȵia^{312}，耳 ȵi^{44}，月 ȵiE^{324}，热 ȵiE^{324}；文读音声母有两个，一个读 ʐ，如：入 ʐʅ^{553}，闰 ʐuən^{324}，瓤 ʐuaŋ^{553}，另一个读零声母，如：而 ɚ^{553}，绒 iəŋ^{553}，其中读零声母的字最少。

（6）古见系开口二等字多保留舌根音或喉擦音声母 k、kʰ、ŋ、x，如：家 ka^{312}，下 xa^{312}，崖 ŋai^{553}，交 kau^{312}，咸 xan^{553}～味，甲 ka^{312}，匣 xɛ^{553}。有的字文读腭化为 tɕ 组声母，白读不腭化，如：孝 ɕiau^{324}～顺/xau^{324}～服。

（7）少数古溪母字今读擦音声母。如：开 xoi^{312}，气 ɕi^{324}，口 xiɛu^{44}，渴 xoi^{553}，壳 xo^{553}。

（8）古疑母今读有四种。古一等字今读为 ŋ，部分合口字读 v 或 ʐ，少数遇摄字读为声化韵 ŋ'，例如：我 ŋai^{553}，卧 ŋo^{324}，熬 ŋau^{553}，误 vu^{324}，

---

① 这里的 498 个字，是指在肖台话的口语中常用的，一些偏僻的，平时口语中用不到的字如"豉、鳍、怠、聚、宕"等不在统计的范围之内。

语 ʐu⁴⁴，鱼渔 ŋ'²¹；二等字有的保留 ŋ 声母，有的开口韵读为零声母，有的合口韵读为 v，例如：硬 ŋaŋ³²⁴，瓦 ŋa⁴⁴，眼 ŋan⁴⁴，雅 ia⁴⁴，顽 vən⁵⁵³；三四等字部分读零声母，部分开口字读 ȵ 母，部分合口字读 v 母，例如：研 iɛn⁵⁵³，尧 iau⁵⁵³，疑 ȵi⁵⁵³，牛 ȵiu⁵⁵³，魏 vei³²⁴。

(9) 古影母一二等开口字大部分读 ŋ 母，如：安 ŋən³¹²，爱 ŋai³²⁴，懊 ŋɑu³²⁴，恩 ŋɛn³¹²，少数读零声母，如：阿 a³¹²，乌 u³¹²。合口字读 v 声母，如：威 vei³¹²，腕 vən⁴⁴，挖 vɛ⁵⁵³；三四等字一般读零声母，如：意 i³²⁴，阴 iən³¹²，约 io⁵⁵³。

(10) 古晓匣母合口字与 f 相混，即 xu-、f 不分，如：花 fa³⁵，灰 foi³¹²，胡 fu⁵⁵³，少数匣母合口字读 v 母，如：换 vən³²⁴，完 vən⁵⁵³，黄 vəŋ⁵⁵³。

(二) 韵母特点

(1) 基本没有撮口呼音节。古合口三四等字今读韵母，少数归入相应的齐齿呼，如"吕 li⁴⁴，许 ɕi⁴⁴，全 tɕʰiɛn⁵⁵³，元 iɛn⁵⁵³，粤 ȵiE³²⁴，迅 ɕiən³²⁴"，多数都读成了合口呼，如"语 ʐu⁴⁴，区 tʂʰu⁵⁵³，绝 tʂuE³²⁴，拳 tʂʰən⁵⁵³，均 tʂuən³¹²"。不过依然有个别字读成了撮口呼，如"绪 ɕy³²⁴，软 ȵyən³¹²，阮 ȵyən⁴⁴，浚迥 tɕyən³²⁴"。以上三种不同的今读韵母形式实际上代表了三个不同的语音层次，反映了三种不同的读法在时间先后上的不同。以梅县为代表的客家话，其韵母系统的一个重要特点就是没有撮口呼韵母，而都读成相应的齐齿呼。可见肖台客家话少数来自古合口三四等字的韵母今读齐齿呼的现象正是一种对源方言语音特点的保留。肖台所处的柞水县，当地的权威方言是下湖话，此方言的一个重要特点就是中古合口三四等见系字今声母都读为 tʂ 组，受声母影响，韵母也相应地由撮口呼改读合口呼，因此肖台话中读合口呼韵母的现象正是由于受了下湖话影响的结果，是一种后来的演变。而极个别的读成撮口呼韵母的几个字，多具有极为浓厚的书面语化色彩，显然这些字当是来自普通话的转读。

(2) 有两个声化韵m̩、ŋ'。其中"唔m̩"表示否定；ŋ'韵字都来自中古遇摄疑母，如：五 ŋ⁴⁴，鱼渔 ŋ⁵⁵³。

(3) 古入声的塞音韵尾 p、t、k 已脱落，古入声韵以主要元音相近为原则，或归入相应的阴声韵，或独立成韵，相对比较复杂（见表1）。

表1

入声韵摄	咸山摄				深臻摄			
归派韵摄	果	假	蟹	入声韵	果	蟹止	遇流	入声韵
音值	o	ɑ/iɑ/uɑ	oi	ɛ/uɛ/E/iE/uE	o	i/ʅ	u/əu	E
例字	鸽	纳辖刷	渴	答涩刮月绝	勃	立汁	骨突	虱

入声韵摄	宕江摄				曾摄	梗摄	
归派韵摄	果	蟹止	入声韵	假	蟹止	入声韵	
音值	o/io	i/ʅ	E	ɑ	i/ʅ	E	
例字	博削	力食	北	白	壁赤	窄	

入声韵摄	通摄	
归派韵摄	遇流	遇流
音值	u/əu/iəu	ɛu
例字	谷鹿肉	促

(4) 古阳声韵尾 m、n、ŋ 中，m 尾已全部并入 n 尾，即咸山摄合流，深、臻合流。部分 ŋ 尾也并入 n 尾，主要是曾、梗摄文读韵母。宕、梗白读、通摄韵母保留 ŋ 尾。

(5) 假摄开口三等字的主要元音大多读低或半低的元音 ɑ、ɛ，ɑ 相对 ɛ 来说是一种更早期的读法，这从和源方言的比较以及两类不同读法的字的口语化程度高低与否两方面都可以得到证明，如：车 tʂʰa³⁵，写 siɑ⁵⁵³，夜 iɑ³²⁴（少数）；遮 tʂE⁵⁵³，蔗 tʂE³²⁴，谢 ɕiE³²⁴（多数）。

(6) 遇摄字今读韵母情况复杂，逢舌尖音声母 ts、tsʰ、s 和 tʂ、tʂʰ、ʂ、ʐ 时，部分字的韵母是 əu，如"组 tsəu⁴⁴，煮 tʂəu⁴⁴，鼠 tʂʰəu⁴⁴，书 ʂəu³¹²"，部分字的韵母是 u，但这个 u 实际上是带有卷舌色彩的 ʮ，这也是受了当地方言影响的结果，如"主 tʂʮ⁴⁴，区 tʂʰʮ³¹²，序 sʮ³²⁴，暑 ʂʮ⁴⁴，语 zʮ⁴⁴"；逢 p、pʰ、m、f 和 k、kʰ、x 时，韵母才是真正的 u。另外，尚有少数几个字今读韵母为 i，如"吕 li⁴⁴，徐 ɕi⁵⁵³，取 tɕʰi⁴⁴"；一等的"粗"字韵母是舌尖前音 ɿ，读为"tsʰɿ³¹²"，三等的"鱼渔"字韵母是 ŋ'，读成声化韵，这些现象都反映了肖台话早期的读音面貌。

(7) 蟹咸山摄一等、二等、三四等韵母有别。一等的主要元音为 o，二等为 a、ɛ，三四等为 E、e、i。

如蟹摄开口字，一等为 oi 韵，二等为 ai 韵，三等知系为 ʅ 韵，其他为

i 韵，四等字存在文、白两读现象，文读音为 i 韵，白读音为 ai 韵；蟹摄合口字，一等为 oi、ei 韵，二等为 uai 韵，三四等为 ei、uei 韵，如表 2 所示。

表 2

改开一	来开一	排开二	买开二	制开三	例开三	帝开四	米开四
koi³¹²	loi⁵⁵³	pʰai⁵⁵³	mai³¹²	tʂʅ³²⁴	li³²⁴	ti³²⁴	mi⁴⁴
洗开四/白	弟开四/白	外合一	每合一	乖合二	怪合二	肺合三	闺合四
sai⁴⁴	tʰai³¹²	ŋoi³²⁴	mei³¹²	kuai³¹²	kuai³¹²	fei³²⁴	kuei³¹²

咸山摄开口非见系舒声字一二等合流为 an，见系舒声字一二等有别，一等为 on，二等为 an、iɛn，入声字合流为 ɛ，三四等合流，开口舒声字为 ɛn、iɛn，入声字为 E、iE，如表 3 所示。

表 3

胆开一	单开一	衫开二	盏开二	甘开一	干开一	眼开二	衔开二
tan⁴⁴	tan³¹²	san³¹²	tsan⁴⁴	kɒn³¹²	kɒn³¹²	ŋan⁴⁴	ɕiɛn⁵⁵³
答开一	瞎开二	蝉开三	线开三	沾开三	险开三	舌开三	业开三
tɛ⁵⁵³	hɛ⁵⁵³	ʂɛn⁴⁴³	ɕiɛn³²⁴	tʂɛn³¹²	ɕiɛn⁴⁴	ʂE³²⁴	ȵiE⁵⁵³

山摄合口舒声字，一等为 ən、o（个别为 oi），二等为 uan（部分为 ən）、uɛ，三四等舒声字为 iɛn、ən、yən，入声字为 E、iE，如表 4 所示。

表 4

官合一	碗合一	活合一	聒合一	关合二	栓合二	刮合二	元合三
kən³¹²	vən⁴⁴	voi³²⁴	koi³³	kuan³¹²	ʂən³¹²	kuɛ⁵⁵³	iɛn⁵⁵³
船合三	软合三	发合三	月合三				
ʂən³¹²	ȵyən³¹²	fɛ⁵⁵³	ȵiE³²⁴				

（8）流摄一三等韵有别，一等字读 ɛu、iɛu，其中一等见晓组字有 i 介音，如："斗 tɛu³²⁴，豆 tʰɛu³²⁴，狗 kiɛu⁴⁴"；三等字读 əu、iəu，少数庄组字读 ɛu 韵，如："抽 tʂʰəu³¹²，周 tʂəu³¹²，流 liəu⁵⁵³，修 ɕiəu³¹²，愁 tʂʰɛu⁵⁵³，瘦 sɛu³²⁴"。

（9）臻摄开口见系舒声字韵母为 ɛn，如："根 kɛn³¹²，垦 kʰɛn⁴⁴，很 hɛn⁴⁴，恩 ŋɛn³¹²"。

（10）宕江摄开口字合流，舒声字主要为 ɔŋ（知系字为 uɔŋ）、iɔŋ

韵。入声字为 o、io 韵，与果摄韵母合流，规律非常整齐。

（11）曾摄一等白读与三等主要元音有区别，一等舒声韵白读为 ɛn，三等韵读 ən、iən，和部分一等韵文读音韵母合流。一等入声韵读为 E，三等韵读为 i、ʅ，如表 5 所示。

表 5

登开一/白	能开一/白	蒸开三	僧开一/文	北开一帮	则开一精	逼开三帮	职开三章
tɛn³¹²	nɛn⁵⁵³	tʂən³¹²	tsən³¹²	pE⁵⁵³	tsE⁵⁵³	pi⁵⁵³	tʂʅ⁵⁵³

（12）梗摄韵母有文白异读。其中舒声韵二等白读为 aŋ，文读为 ɛn、əŋ；三四等白读为 iaŋ，个别四等字与三等有别，如"零铃"读 aŋ 韵；文读为 ən、iən、əŋ、iəŋ。梗摄舒声三四等合口字今读仍反映出合口字的特点，因此读入通摄的 iəŋ 韵。入声字二等读为 a、E，三四等多数为 i、ʅ，少数为 a、ia，后者反映了方言早期的读音面貌。

白读如表 6 所示。

表 6

争开二庄	生开二生	冷开二来	命开三明	影开三影	百开二帮	尺开三昌	壁开四帮
tsaŋ³¹²	saŋ³¹² 不熟	laŋ³¹²	miaŋ³²⁴	iaŋ⁵⁵影子	pa⁵⁵³	tʂʰa⁵⁵³	pia⁵⁵³

文读如表 7 所示。

表 7

猛开二明	坑开二生	行开二匣	影开三影	兄合三晓	窄开二庄	炙开三章	笛开四定
məŋ⁴⁴	kʰɛn³¹²	ɕiən⁵⁵³	iən⁴⁴影响	ɕiəŋ⁵⁵³	tʂE⁵⁵³	tʂʅ⁵⁵³	tʰi⁵⁵

（13）通摄一三等舒声字读 əŋ、iəŋ、uəŋ 韵，不过读为 əŋ、uəŋ 两韵的字情况比较复杂，没有规律可寻，同一声母条件下的字读音也不相同，有的读成开口，有的读成合口，如：公 kəŋ³¹²，工 kuəŋ³¹²；中 tʂəŋ³¹²，仲 tʂuəŋ³²⁴。见系字如果已经腭化，则读为 iəŋ 韵，如：穷 tɕʰiəŋ⁵⁵³，熊 ɕiəŋ⁵⁵³。入声字今读韵母一般与流摄韵母合流，韵母读为 əu、iu，如：鹿 ləu⁵⁵³，速 səu³¹²，六 liəu⁵⁵³，肉 ȵiəu⁵⁵³，少数与遇摄同韵，如：福 fu⁵⁵⁴，曲 tʂʰu⁵⁵³，个别字与果摄同韵，如：目 mo⁵⁵³，缩 so³¹²。

(三) 声调特点

（1）有四个单字调，即阴平、阳平、上声、去声。具体的演变规律是中古平声按清浊分为阴阳两类，浊上归去声，去声不分阴阳合为一类。入声调已经消失，但具体的演变情况相对复杂，清入字归阳平，全浊入归去声，次浊入部分跟清入走，如：灭 miɛ⁵⁵³、目 mo⁵⁵³、捏 ȵiɛ⁵⁵³、猎 liɛ⁵⁵³、日 ȵi⁵⁵³、肉 ȵiu⁵⁵³；部分跟全浊入走，如：墨 mɛ³²⁴、麦 ma³²⁴、落 lo³²⁴、热 ȵiɛ³²⁴、月 ȵiɛ³²⁴、叶 iɛ³²⁴。

（2）肖台方言的阴平、阳平、上声、去声的调值分别是 312、553、44 和 324。从调型的曲线图上看，四个声调中有三个都是曲折调，具体是一个前凹调、一个后凹调、一个凸降调和一个高平调，朱晓农（2014）在比较了北京、沈阳、天津、荣成、滕州、重庆等六大官话区方言的调型格局后发现它们的表现惊人地相似，并说道："可见，四个声调的系统，一'升降高低'为最佳区别格局。"而同为四个声调的肖台方言，其两凹、一凸降①、一平的声调格局就显示出其自身的特殊性了。我们认为这样的声调格局是具有类型学价值的。

（3）阴平调是一个后凹调，且发音时多有嘎裂声的现象出现。朱晓农（2010）："看来嘎裂声消失后的自然演变就是前高后低的凹调，以后可能再变成降调。"前高后低的凹调也即后凹调，显然无论是由高到低再到半高，或者是由高到底，这样的调值走向最容易产生嘎裂声。图 1 是肖台方言四个阴平字的语图及基频曲线图。从语图来看，上面的声波图中间的部分明显变细，说明能量的微弱，下面的基频曲线的中间位置也都明显地分为两段而不连续，都表明这种嘎裂声现象的存在。

（4）部分次浊平、次浊上、全浊上字读为阴平调，其中次浊上字最多，这是客家方言的普遍现象。次浊平如：毛 mau³¹²、拿 na³¹²、囊 naŋ³¹²、聋 ləŋ³¹²、拈 niɛn³¹²、牙 ŋa³⁵、昂 ŋɔŋ³¹²；次浊上如：野 ia³⁵、惹 ȵia³¹²、买 mai³¹²、满 man³¹²、柳 liu³¹²、冷 laŋ³¹²；全浊上如：坐 tsʰo³¹²、社 sai³¹²、徛 tɕʰi³¹²、稻 tʰau³¹²、淡 tʰan³¹²、动 tʰəŋ³¹²。

---

① 朱晓农先生是将凸降调视为降调的一个类别的，但我们觉得单从调形的趋向上看，凸降调和降调还是有差异的，前者和凹调一起都是传统意义上的曲折调。

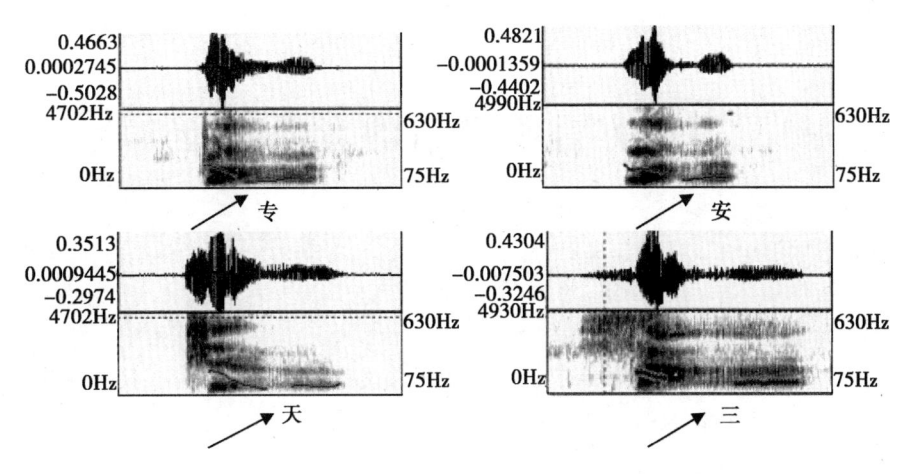

图1 肖台方言四个阴平字的语图及基频曲线图

四 结语

从肖台先民迁移至此算起到如今已经有230余年，如今的肖台方言却依然较好地保留了客家方言的特点，尤其是村内很多小孩也依然可以讲很流利的客家话，让我们再次感受到了客家人那句"宁卖祖宗田，不忘祖宗言"的古训。不过我们同时也看到，由于长时间受到当地权威方言及普通话的影响，作为方言岛而存在的肖台话，其原本属于客家方言的语音特点也已经或正在消失，而且随着年青一代思想上对方言意识的淡化，以及和本地人通婚、外出等各种社会因素的干扰，肖台客家话未来可能会濒临消失，因此对其作全面的调查和研究是一件刻不容缓的事情。

参考文献

朱晓农：《语音学》，商务印书馆2010年版。
朱晓农：《声调类型学大要》，《方言》2014年第3期。

(付新军　咸阳　陕西中医药大学人文管理学院　712046)

三声调方言临夏话的音系特征[*]

张建军

提　要　本文归纳了临夏老城区汉民话的声韵调系统，较为详尽地描写了它的语音、音韵特征。

关键词　临夏话；音系；特征

一　概说

临夏市地处黄河上游，距省会兰州117公里，临夏回族自治州州府所在地。史称枹罕、河州。临夏市是沟通中原与西域政治、经济、文化的纽带，古丝绸之路南道之要冲，唐蕃古道之重镇，享有"河湟雄镇"之美誉。

临夏历史悠久，文化灿烂。夏商时属雍州，秦汉时设枹罕县，明清置河州卫，民国时期先后易名导河县、临夏县。1950年设临夏市。全市总人口27万，境内有汉、回、东乡、保安、撒拉等18个民族，少数民族人口占总人口的51.6%，其中回族占少数民族的95%。

临夏市回汉杂居，虽同操临夏话，但有一定差异。我们称这种差异为"汉民话"和"回民话"。汉民话以临夏市老城城内话为代表，回民话以南关八坊话为代表。临夏话属中原官话河州片（雒鹏，2008）。

2014年1月我们调查了临夏市老城区汉民方言。调查软件为中国社会科学院李蓝教授设计开发的汉语方言处理系统8.0版，调查材料为软件中的3810个单字，268条两字组连调表，431条词汇表，118条语法例句及若干条长篇语料。本文根据这些调查材料讨论临夏汉民话的音系特征。

---

[*]　本文为国家社科基金重大招标项目"西北地区汉语方言地图集"（项目编号：15ZDB106，主持人邢向东）和国家社科基金项目"多语接触视域下的河州方言语音研究"（项目编号：12XYY007，主持人张建军）的阶段性成果。

二 声韵调

（一）声母 25 个，包括零声母（见表 1）

表 1

p	帮 保别布	pʰ	皮 怕跑盼	m	买 毛女麦	f	扶 放冯父	v	乌 文王袜
t	东夺 赌豆	tʰ	体 踏烫拖	n	难 眼泥捏			l	兰 粮炉辣
ts	卒最 昨钻	tsʰ	草 从财错			s	梭 三撒酸		
tʂ	知 招专铡	tʂʰ	吃 出船测			ʂ	湿 山烧色	ʐ	任 惹绕日
tɕ	家 杰局军	tɕʰ	请 去秋掐			ɕ	楔 续醒悬	ʑ	衣 雨姨遇
k	哥 街根骨	kʰ	开 规糠哭	ŋ	我 饿鹅讹	x	红 还鞋航		
ø	押 荣跃圆								

说明：

(1) 唇音与单韵母 u 相拼时，双唇有轻微颤动。
(2) v 声母在 u 韵母前摩擦较强，在其他韵母前摩擦较弱，实际音值为 ʋ。
(3) n 声母逢洪音读 n，逢细音读 ȵ。
(4) tɕ 在 i 和 y 韵母前偏前偏紧，其发音部位介于 tɕ 和 ts 之间。
(5) ʑ 声母是韵母 i 和 y 摩擦而产生的。

（二）韵母 32 个（见表 2）

表 2

ɿ	资磁私四	i	比米地起	u	布柱固杜	y	区虚吕鱼
ʅ	知迟十日						
ɯ	儿耳二扔						
ɑ	搭爬茶杂	iɑ	家夏治牙	uɑ	抓娃华刷		
ɛ	盖筛爱得	iɛ	铁姐野灭	uɛ	快怪横摔	yɛ	瘸脚雪药

续表

ɔ	烧跑草刀	iɔ	叫小巧要				
ə	河蛇哥测			uə	戳活国勺		
ei	飞碑贼煤			uei	鬼追推碎		
ɤu	藕口丑走	iɤu	九牛修有				
ã	班安盼弯	iɛ̃	天见棉烟	uã	短专船涮	yɛ̃	全选圆院
aŋ	党帮厂康	iaŋ	杨良讲乡	uaŋ	光装床霜		
əŋ	根庚很深	iŋ	新星英林	uəŋ	蹲春遵虫	yəŋ	云军群胸

说明：

（1）i、u、y 做单元音韵母带摩擦。在 m、n、l 三个声母后面摩擦非常小；在 p、pʰ、t、tʰ 四个声母开头有摩擦；在 tɕ、tɕʰ、ɕ 三个声母后摩擦明显。

（2）ʅ 发音时舌尖前伸，开口度逐渐增大，收音时接近 ə，实际读音为 ʅə。

（3）ɯ 较松，略有动程。

（4）ei 实际音值接近 ɪ。

（5）aŋ、iaŋ、uaŋ 鼻化非常弱，收音时几近口元音。

（三）声调 3 个，不包括轻声（见表 3）

表 3

平声	13	高开飞穷寒鹅得七黑月六药局白熟
上声	42	古口好五老有
去声	53	盖大病抱近厚

说明：

（1）上声起头有点平，然后降。实际音值为 442。

（2）上声实际上有好几种变体，只是 42 更为典型，故将其定为上声的代表调。

三 音韵特点

（一）声母特点

1. 古全浊声母塞音、塞擦音仄声字绝大数今读不送气清音。例如：
病并 piŋ⁵³ ｜ 簿 pu⁵³ ｜ 白 pɛ¹³ ｜ 薄 pə¹³ ｜ 杜肚~子 tu⁵³ ｜ 稻道巷~tɔ⁵³ ｜ 淡 tã⁵³ ｜ 洞动 tuəŋ⁵³ ｜ 垫 tiɛ̃⁵³ ｜ 断 uã⁵³ ｜ 读毒犊 tu¹³ ｜ 夺 tuə¹³ ｜ 跪柜 kuei⁵³ ｜ 在

tsɛ⁵³ | 坐 tsuə⁵³ | 赵兆 tʂɔ⁵³ | 贼 tsei¹³ | 着~火 tʂuə¹³ | 重~量 tʂuəŋ⁵³ | 襟 tɕiɛ⁵³ | 轿 tɕiɔ⁵³ | 近净 tɕiŋ⁵³等。

2. 古疑母字声母有四读：北京话开口呼零声母部分字读 ŋ 声母，例如：蛾鹅俄 ŋə¹³ | 我 ŋə⁴² | 饿讹鄂 ŋə⁵³。北京话开口呼零声母部分字和齐齿呼部分字读 n 声母。例如：熬挨额 ŋɛ⁵³ | 艾 nɛ⁴² | 岸 nɛ⁵³ | 疑 ni¹³ | 熬 nɔ¹³ | 咬 niɔ⁴² | 眼 niɛ̃⁴² | 硬 niŋ⁵³等。北京话齐齿呼及撮口呼部分字读零声母，例如：牙 ia¹³ | 言 iɛ¹³ | 原 yɛ¹³ | 月 yɛ¹³等。北京话合口呼零声母字读 v 声母。例如：瓦 va⁴² | 五 vu⁴² | 危 vei¹³ | 外 vɛ⁵³等。北京话 i、y 做单韵母的零声母字临夏话读 ʐ 声母。例如：艺 ʐi⁵³ | 议 ʐi⁵³ | 鱼 ʐy¹³ | 语 ʐy⁴²等。

3. 古影母字声母有四读：北京话开口呼字读 n 声母。例如：安 nã¹³ | 暗 nã⁵³ | 案 nã⁵³ | 恩 nəŋ¹³等。北京话齐齿呼部分字和撮口呼字读零声母，例如：鸭 ia¹³ | 音 iŋ¹³ | 烟 iɛ¹³ | 约 yɛ¹³等。北京话合口呼字读 v 声母，例如：窝 və¹³ | 蛙 va¹³ | 乌 vu¹³ | 弯 vã¹³等。北京话 i 做单韵母的零声母字读 ʐ 声母，例如：一 ʐi¹³ | 椅 ʐi⁴² | 乙 ʐi⁴² | 意 ʐi⁵³等。

4. 除了上述来自古疑母和古影母的合口呼字以外，北京话中其他合口呼字在唐临夏汪话中也读 v 声母，例如：微 vei¹³ | 晚 vã⁴² | 卫 vei⁵³ | 王 vɑŋ¹³等。

5. 古泥来母字分立不混，泥母字读 n 声母（除个别字读 l 声母外），来母字读 l 声母，例如：脑 nɔ⁴² ≠ 老 lɔ⁴²，男 nã¹³ ≠ 兰 lã¹³，怒 nu⁵³ ≠ 路 lu⁵³，你 ni⁴² ≠ 李 li⁴²，年 niɛ̃¹³ ≠ 连 liɛ̃¹³，尿 niɔ⁵³ ≠ 料 liɔ⁵³。

6. 古知庄章三组字声母合流，读 tʂ、tʂʰ、ʂ。例如：站 tʂã⁵³ | 茶 tʂʰa¹³ | 斩 tʂã⁴² | 查 tʂʰa¹³ | 愁 tʂʰɤu¹³ | 瘦 ʂɤu⁵³ | 渗 ʂəŋ⁵³ | 支 tʂʅ¹³ | 师 ʂʅ¹³ | 齿 tʂʰʅ⁴² | 尸 ʂʅ¹³ | 珍 tʂəŋ¹³ | 真 tʂəŋ¹³ | 除 tʂʰu¹³ | 初 tʂʰu¹³ | 处相~ tʂʰu⁴² | 撞 tʂʰuaŋ⁵³ | 桌 tʂuə¹³ | 窗 tʂʰuaŋ¹³ | 抓 tʂua¹³ | 致 tʂʅ⁵³ | 池 tʂʰʅ¹³等。

7. 古见系开口二等少数生活常用字，读 k、kʰ、x 声母，与开口呼韵母相拼，例如：街 kɛ¹³ | 解~开 kɛ⁴² | 腔胸~ kʰɑŋ¹³ | 瞎 xɑ¹³ | 咸盐~ xã¹³ | 巷项脖~ xɑŋ⁵³等。

8. 古云母字"荣"、以母字"容蓉融"等为零声母，读 yəŋ¹³。

(二) 韵母特点

1. 古日母止摄开口三等字读 ɯ 韵母。例如：儿而 ɯ¹³ | 耳 ɯ⁴² |

二 ɯ⁵³。

2. 古深臻两摄和曾梗通三摄韵尾混为一类，也就是 ə 系鼻韵母鼻音无前后之分，一般做后鼻音 ŋ。例如：门＝蒙 məŋ¹³，音＝英 iŋ¹³，蹲＝东 tuəŋ¹³，群＝穷 tɕʰyəŋ¹³。

3. 古蟹摄合口一等和止摄合口三等泥来母字读为合口。例如：累 luei⁵³｜雷 luei¹³｜内 luei⁵³。

4. 古果摄开合口一等见溪晓匣四母字的韵母，北京话有的读 ə，有的读 uə，临夏话也是如此，有的读 ə，有的读 uə。例如：哥 kə¹³｜鹅 ŋə¹³｜饿 ŋə⁵³｜河 xə¹³｜贺 xə⁵³｜果 kuə⁴²｜过 kuə⁵³｜科 kʰuə¹³｜颗 kʰuə¹³｜课 kʰuə⁵³｜火 xuə⁴²｜货 xuə⁵³｜和 xuə¹³｜祸 xuə⁵³。

5. 古曾摄开口一等、梗摄开口二等入声字有两种读音：ɛ、ə。例如：北 pɛ¹³｜墨默 mɛ¹³｜得德 tɛ¹³｜塞 sɛ¹³｜百 pɛ¹³｜拍白 pɛ¹³｜客 kʰɛ¹³｜麦脉 mɛ¹³｜特 tʰɛ¹³；则 tsə¹³｜刻 kʰə¹³｜拆 tʂʰə¹³｜择 tʂə¹³｜窄 tʂə¹³｜责 tʂə¹³｜策 tʂə¹³｜革 kə¹³。例外字有：肋 liɛ¹³｜贼 tsei¹³｜黑 xei¹³。

6. 临夏话没有儿化韵。"儿"单念时读 ɯ。做后缀自成音节，不读轻声；做后缀的情况很少。临夏话多用叠音词表小称。例如：包包 pɔ²¹pɔ⁴²｜盅盅 tʂuəŋ²¹tʂuəŋ⁴²｜盆盆 pʰəŋ²¹pʰəŋ⁴²｜瓶瓶 pʰiəŋ²¹pʰiəŋ⁴²｜碗碗 vã²¹vã⁴⁴｜本本 pəŋ²¹pəŋ⁴⁴｜罐罐 kuã⁴⁴kuã²¹｜袋袋 tɛ⁴⁴tɛ²¹。

（三）声调特点

1. 临夏话有三个单字调，古平声分阴阳，古入声字全部派入平声。
2. 临夏话串调现象较为普遍，其中上声和去声互串现象突出。
3. 临夏话的连读变调现象较为复杂，具体变调规则我们另文讨论。

（张建军　兰州　兰州城市学院甘肃方言研究所　730070）

词汇研究

原音词浅论

王克明

提　要　本文运用学界研究成果，通过与汉语上古拟音和蒙语等语言语音的对应比较，对陕北方言中成群的嵌 L 形态词语和圪头词语等，作了较新视角的探讨，认为这些词语来源于单音汉语形成前的原来语音形态，具有发生学意义上的原始继承性，称谓其"原音词"更切近本质。

通过古代文献研究比较陕北话词语，可以探讨陕北方言的历史继承性。进一步，陕北话词语里，有没有比文字记载的近古、中古、上古的继承，更为久远的继承？在具有历史继承性的同时，陕北方言有没有发生学意义上的原始继承性？

一　蒙汉"不浪"群发生学关系提示的"原音词"认知

通用的"分音词"称谓，也作嵌 L 词、缓读词、切脚词、析音词、反语骈词、分音式单纯入头词、前冠衍接式韵律词等，专家学者多已备述。"分音词"称谓表述了对这类词语的定义，认为它们是从单音词发展为语音相类反切、嵌入 L 声母而原词义不变的连绵词。

秦汉文献有少量这种词，宋元书中多了起来，根据现在一字对一音的汉语言经验，认为文献显现了语词分音过程，形成了"分音词"的认识和称谓。但同时存在另外的可能性，即先秦文献里"不律"类不太多，宋元时代这类词成其大势，不一定是先秦说得少，而是技术条件的限制，记载得少，先秦典籍文字总量也较有限。宋元时期，这种词不一定是比先秦说得多了，而是记得多了。先秦按词义记，是一个字。宋元按词音记，是两个字了。

众所周知，陕北方言乃至晋语里，"棒"说"不浪"。这是记音，没有字形。按词义写，就是一个汉字，棍棒的"棒"，《说文》作"棓"。棒子、棍子、桩子之类，相对不太细长者，都泛称"不浪"。如手指头不浪、打架拿的木不浪、埋半截的桩子不浪、高高竖起的电杆不浪等。乞丐使用的枸子棍类，因细长而不叫"不浪"，只能叫棍棍。

"不浪"在现代汉语普通话里的唯一存留，是"拨浪鼓"一词，现在被解释为因"拨浪拨浪"声响而名"拨浪鼓"。这样的解释是错的。真实的是，因为鼓下面插着一根"不浪"，所以叫"不浪鼓"。若按词义念单音节，是"棒鼓"。元代"棒鼓"曾写作"不郎鼓""不琅鼓"，《四春园》杂剧有"我摇动不郎鼓儿"，《渔樵记》杂剧有"摇动这不琅鼓儿"，也都是记音而无固定用字。

为什么"棒"说"不浪"？根据分音理论，是"棒"缓读嵌入"L"声母所致，先有"棒"单音而后分成"不浪"，因此"不浪"是分音词。语言中的真实演变与理论阐说的先单后分顺序是否一致？

蒙古族有一种打猎的工具，是一端略弯曲的木棒，叫 bʊlʊː①，译名"布鲁棒"。bʊlʊː 是器物名词，本泛指棍棒，与陕北的"不浪"音义对应。bʊlʊː 亦用于狩猎，猎具发展定型后，沿袭棍棒旧称。不仅是布鲁棒，蒙语的棒子、桩子、棍子等词，音义都与"不浪"一致。它们的读音和汉译是：杖、棒、长棍 bərə（巴利亚）②，布鲁棒 bʊlʊː~bɪlʊː（必鲁）、棒子、棍子 bɔrɔːxœː（布鲁亥）、桩子 bʊlaːr、bʊlaː（布拉）、鼻勒（穿驼鼻木栓）bʊIl（百勒）、木槌、棒子 balbʊːr（布拉伯勒）。这些词形成了蒙语中的"不浪"群，具有共同发生的意义。元代时，妇女拖垂衣背的辫子，长条形状，当时也曾以"不狼儿"名之。③

阿尔泰语系的蒙语与汉藏语系的汉语，是黏着语与孤立语的不同类型，

---

① 本文蒙语音标引自内蒙古大学蒙古学研究院蒙古语文研究所《蒙汉词典》，内蒙古大学出版社 1999 年版。引用时个别声调符号未显示。

② 2005 年陈子明先生委托北京语言大学谢小庆教授，请他们原来插队的内蒙古锡林郭勒盟东乌珠穆沁旗国境线边懂汉语汉字的蒙古族居民为本文中引用的蒙语词汇译写汉字。蒙语音标后括号内为蒙民所译汉字。

③ 额尔登泰、乌云达赉、阿拉萨图：《〈蒙古秘史〉词汇选释》，引述郑所南《心史》记，内蒙古人民出版社 1980 年版，第 151 页。

应该风马牛不相及，为什么会有成群形态的蒙语词音义与"不浪"相通？徐通锵先生在《历史语言学》中指出："语音对应关系的解释力和普遍性远远超过形态的共同性或相似性原则。"① 从 20 世纪 20 年代开始，陆续有学者依据汉语和阿尔泰语的同质关联部分，认为它们有发生学关系。

20 世纪之前，陕北方言里"不浪"完全占有单音"棒"的位置，其使用具有广泛性、日常性、单一性。"某一人类集体用来表达这些无处不在的事物和情景的词构成该集体的语言中的基本词汇。"② "不浪—棒"正是这样一个基本词汇。人类最早的工具或武器，应是树上折下的一根"不浪"，远早于石器的使用。因此它不是从蒙语借用或受蒙语影响的词汇，而是自身起源的汉语词汇，是陕北方言里一个年深日久的基本词汇。蒙语里的"不浪"，以其成群的形态来观察，可以确定是草原游牧文化中，甚至远在那之前的文化类型中，生活里必需的词汇，同样是蒙语中年深日久的基本词汇。

作为词项，"棒"已列在 M. 斯瓦迪士 200 个基本词汇表中，确定为用于比较历史语音对应关系的一个人类语言基本词汇。鉴于超越语系的语言比较是通用的学术方法，符合历史语言学的原则，故而有理由认为，"不浪"是汉语和蒙语共同的基本词汇。

由于"棒"是基本词汇，且判断蒙语没有经历过单音词阶段，所以，无法用分音理论解释蒙汉共存"不浪"的现象，也无法脱离蒙语"不浪"群，单方面解释汉语"不浪"的形成。但可以参考复辅音理论认识这方面问题。陈独秀先生 1937 年在《中国古代语音有复声母说》一文中简明解释："盖自单音象形字固定以后，无法以一字表现复声母。而在实际语言中，复声母则仍然存在，于是乃以联绵字济其穷。"汉字"棒（棓）"固定后，字形不表现复辅音。但实际语言中，复辅音余迹仍存，如洪迈所记"旁为步廊"。其前辅音独立为一个音节后，形成了嵌 L 形态的语词。

邢公畹先生曾说："一个带复辅音声母的原始语词到不同的方言里，有的以第一辅音为声母，有的以第二辅音为声母。"③ 汉语语音的偏失造

---

① 徐通锵：《历史语言学》，商务印书馆 1991 年版，第 33 页。
② [美] 霍凯特：《现代语言学教程》，北京大学出版社 1987 年版，第 260 页。
③ 引自雷春辉《从"来麦""令命"同源看上古汉语复辅音 ml-的存在及演化》，《现代语文》2011 年第 5 期。

成复辅音分化,从而进入单音化过程。如"罅"义缝隙,上古音 qhraas。北方话古音 ha,广州话和客家话是 laa。北方话继承了复辅音的第一辅音,广州话和客家话继承了第二辅音。① 陕北话则双双继承,音"喝腊（圪腊）",成为今天认知的嵌 L 词。汉语中,与单音词"棒"同时存在的,有单音词"桹（榔）"。"桹"是渔人用以敲击船舷驱鱼入网的长木棒,即长"不浪",潘岳《西征赋》有"纤经连白,鸣桹厉响"。这两个词义相同的词,"棒"是以原始语词的第一辅音为声母,"桹"是以其第二辅音为声母。它们形成同词异字的异文现象,可以认为是从复辅音分化而来。陕北口语把两个辅音都保留,因有"不浪"存世。

董、高、周、王、郭诸公的上古音拟音,"棒（棓）"均无 L 复声母。② 从蒙汉的"不浪"词语反观历史语音,这个词 L 复声母的上古拟音,应更近历史语言真实。本文上古音采用郑张尚芳构拟音系。③

棒（棓）的上古音是 brooŋʔ。与棒同一词项,榔上古音 brooŋ,柲（兵器柄）上古音 bliig、prig,柄上古音 praŋʔ、praŋs,朴上古音 boog、phruk（李方桂）④。柄等词语以棒为本,名称应是从"棒"发生的,语词因此相关。桩上古音 ʔrˀooŋ,桹上古音 raaŋ,杖上古音 laŋg,梲（木杖）上古音 lhood,枹（鼓槌）上古音 buu,它们的语音发生也与棒相关。希腊语的旗杆矛、长矛音 lonkhē,与杖对应相关。古北欧语谓用棍棒打是 bauta,原始印欧语棒的词根是 baud-,与枹有对应性。⑤

在棒的基础上加缚石斧形成的工具,是石器时代人类的常用工具,棒和斧的词语因此也有发生学关系。"斧"的前上古音是 plag,上古音缩为 paʔ,其梵语是 parasú-š,希腊语是 pélekys,6000 年前两河流域的苏美利

---

① http://tieba.baidu.com/p/1986116119。
② 董同龢、高本汉、周法高三家所拟"棓"周秦上古音参见周法高主编《汉字古今音汇》,香港中文大学出版社 1974 年版,第 146 页。王力、郭锡良"棒"上古音拟音,参见李珍华、周长楫《汉字古今音表》,中华书局 1999 年版,第 31 页。
③ 除注明外,本文所列上古音引自郑张尚芳《上古音系·古音字表》(第二版),上海教育出版社 2013 年版。
④ 李方桂:《上古音研究》,商务印书馆 1980 年版,第 71 页。
⑤ 引自周及徐《历史语言学论文集》,巴蜀书社 2003 年版,第 145 页。

亚语是 balag①。"由于梵语和希腊语的'斧'一词与苏美利亚语相联系，裴特生认为这个词存在于印欧语的时间十分古老，'这个借词是发生在庞大的印欧语统一体还没有分裂以前'。"②

"语言是爆发式地产生的。一旦一些物体被赋予了名字之后，人们需要提到的一类事物、动作、状态和性质的名称也会马上形成。"③ 以棒（棓）为基本词，与梆、柄、斧、柲、朴一起观察，包括桩、桹、杖、桡、枹，可知在汉语早期，也有一个共同发生的"不浪"群。这个与蒙语"不浪"群对应的汉语"不浪"群，在汉语单音节化的进程中被遗忘了。蒙汉"不浪"语音对应一致的集群性表现，排除了对应偶然形成的可能性，也排除了互为借用词语的可能性。而认可蒙汉集群形态词语的基本词汇属性，会导致令人难以置信的推论：汉语方言的"不浪"和蒙语的"布鲁"有发生学关系，它们不是相互借用的相似性，而是共同起源的对应性。它们来自同一个原始的词语。

鉴于"不浪"不是单音词分音而成，而是先有复辅音，后为单音词，是原始多音节语言的遗产，是"棒"的原始语音的基本形式，所以对这类词语的"分音词"等称谓不够贴切，名之为"原音词"更切近本质。"原音词"是谓：一是继承单音化之前原本语音形态的汉语词汇；二是保有上古甚至远古原始语音信息的记音汉语词汇。

历时语音比较观察到的情况，与从古籍文献观察到的情况相反，不是上古"分音"少而宋元多起来，而是上古复辅音字词更多。郑张尚芳上古音系1.8万字词中，有l、r复辅音构拟的在4500字以上，不少于25%，比例远远大于先秦文献对"不律"类词语的记载，亦远远高于宋元时期的原音词记载比例。

二 原音词与上古音和蒙语词汇的对应性观察

在分音理论解释嵌 L 词，并以"分音词"命名的同时，复辅音理论

---

① 引自周及徐《历史语言学论文集》，第160页。
② 同上书，第161页。
③ [澳] 罗伯特·迪克森：《语言兴衰论》，朱晓农等译，北京大学出版社2010年版，第55页。

也对这类词语进行解释，认为是上古汉语的遗留。百余年来，中外学者通过谐声、声训、读若、反切、重文、异读、音注、异文、方言、连绵词、古文字、亲属语言等多方面观察，说明上古汉语存在复辅音。复辅音是原音词的源头。

汉语与藏缅语、侗台语、苗瑶语构成汉藏语系的亲属语言关系被广泛认知，汉语与北欧语言的同源关系也开始有深入探究，汉语与南亚语和南岛语的密切关系亦为多家探讨。黏着语类型的南岛语与汉语的同源学说受到关注，是因为古语音对应关系的解释力超过类型比较。那么，从现代汉语普通话走进陕北方言，一些阿尔泰语系词汇与嵌 L 形态汉语词汇的对应性也可以显现出来。同时并与上古语音进行比较，可以提高对应性的解释力，观察原音词的源流。

单音汉字"罅"义缝隙、裂缝，无法与蒙语比较。而在陕北，这个词音"喝腊（圪腊）"，谓裂开的口子，多指山体裂缝。蒙语裂口、裂罅、裂隙 aŋgǎl（昂格拉），裂缝、裂开的 aŋgǎrxæː（昂格里亥），语音与陕北"圪腊"对应。同时，藏语裂隙、裂缝 hrag，标敏瑶语裂口 glai，也对应"喝腊（圪腊）"。"罅"上古音 qhraas，喝腊（圪腊）是罅的原音词。

陕北口语有词"喝浪"，谓狭窄的地形或通道，如两山之峡、峭壁山沟等，或两墙之巷、楼房过道类。元代蒙语"忽剌 qulat"指悬崖下的沟壑①，今蒙语峡谷 xɔːlœː（浩拉），满语峡谷 xɷlo（霍洛），与喝浪语音对应。谓两山之间的汉语词"陕""峡"，上古音 greep；谓过道之间的"巷"，上古音 grooŋs。随着汉语言的浊音清化过程，声母 g 已改为 x。对两山之间地形的称谓早于两墙之间，所以喝浪是陕、峡的原音词。也可以认为是巷的原音词。

"扑拉"，陕北话词义掸、拂、轻擦尘土等。北京话亦有此词。蒙语涂抹、涂掉、消除 ballǎx、bɪlǎx（布拉赫），与"扑拉"音义对应。这个词本字是"拂"，其上古音 phɯd，中古时期舌音尾变成流音 l。② "扑拉"是"拂"的原音词。

"扑拢"，陕北词义蓬，或群、帮、伙：上来一扑拢学生。蒙语说帮、

---

① 额尔登泰、乌云达赉、阿拉萨图：《〈蒙古秘史〉词汇选释》，第 185 页。
② 参见郑张尚芳《上古音系》（第二版），第 188 页。

伙、群、批是 buləg~bolǒg（布勒），与扑拢对应相似。洪迈记"以蓬为勃笼"，即今扑拢。蓬上古音 blooŋ，"扑拢、勃笼"是蓬的原音词。

陕北说"卜烂"，是"绊倒"的"绊"。蒙语绊跤、跌跤、打前失作 budrəx~bodrǒx（布德勒赫），跌、绊说 bud~bod（布刀），困难、困、险阻 bərx（布勒克）。"绊"有上古音 plaans。这几个蒙语词与 plaans 和"卜烂"相关，"卜烂"是"绊"的原音词。

"拇拉"，陕北口语词，义抚平、抚摸、胡噜。蒙语搔、抓挠、抠作 marǔx（玛热忽），与拇拉有对应性。拇拉是"抹"的原音词，抹上古音 maad，后来舌音尾变流音 l。

陕北口语有"大啦"一词，很口语化，表加大行为强度，也有尽管义。蒙语的大、许多、很多是 dalæː。这与大的上古音 daals 对应相似。"大啦"是大的原音词。

陕北人说："把二溜扒拦上，一搭儿走北京。""扒拦"有音无字，义为拉扯、结交，本字是"攀"。"攀"的上古音是 phraan。蒙语说做伴者、陪伴者是 baraː（巴拉），与 phraan 和"扒拦"音义对应。"扒拦"是"攀"的原音词。

陕北说"这娃娃可幅（biē）咧"，是说过于老实内向。"幅"不是原音词，它的上古音是 phrɯg。蒙语迟钝的、低能的谓 biːraː（必勒），与"幅"同义。从上古音 phrɯg 和蒙语的必勒，可观察到"幅"的原音形态。

解大手、大便，陕北说"把""把屎"。这方面，蒙语也有一个词汇群，粪便 baːs（巴斯），大便、解大手 baːx（巴赫），把把类脏东西是 baːba（巴巴）。现在普通话里也称粪便为"把把"。这个词的汉字书写，最早见《岳飞精忠》杂剧："输了的都罚去史家胡同吃把把。"从客家话的开裆裤名称"擘屎裤" pa² ʃɪ³ fu⁵ 可知①，"把"不是元代借词，是早于元代的蒙汉音义对应的词。

对圆圈形状的事物，陕北话不说"圈（quān）"，说"圆圙"。洪迈、俞文豹曾记"屈挛"是圈，睢景臣写作"曲连"。蒙语的圈、库伦、古列延 xurəː（库列），也是圆圙。《蒙古秘史》古里延、古列延，旁译"圈子"。16 世纪《史集》："所谓古列延（kuriyan）是圈子的意思。当某

---

① 罗美珍、林立芳、饶长溶主编：《客家话通用词典》，中山大学出版社 2004 年版，第 1 页。

部落驻在某地时，就围成了一个圈子，部落首领处于像中心点那样的圈子中央，这就叫做古列延。"①《蒙古秘史》"古列延"亦旁译"营"，即谓这种圆形战阵。但汉语圐圙不是蒙语译词，而是圈的古音。圈上古音有溪纽 khron 等，圐圙是圈的原音词。它与蒙语库伦音义对应，表现出同源特征，上古音是其祖征。

蒙语牲口圈、栅栏、囚笼谓 xœrIʊl（浩劳列），院子、院落、围墙和圈（juàn）谓 xɔrɔː（浩劳）。《屈原贾生列传》有"拘士系俗兮，攌（huǎn）如囚拘"，谓拘泥于世俗就像把自己关在木栅栏囚笼里。攌是木栅，一围木栅是囚笼，牲口圈亦然。《说文》："圈，养畜之闲也。"陕北谓"羊圈圐圙"。这个"圈"上古音有群纽 glons 等。

圆圈儿，一围，陕北亦说"呼烂"：娃娃们围成一呼烂。即睢景臣所写"胡阑"。这是与蒙语 xɔrɔː 和汉字"攌"义项相关的"环"。满语"圈"是 xorimpi，去掉后缀，其"xori（霍里）"正是"胡阑"。环和圜等字，上古音都是 gʷraan，"胡阑、呼烂"是环、攌的原音词。此外，拉丁语的栅栏是 uallum②，与"胡阑"也有对应关系。

陕北话把半大猪叫"克郎"，这是古语"豤"的原音词。"豤"的上古音是 kraa，豤豚指小公猪，属于"克郎"。旧时蒙语称豪猪、箭猪为 gaxæːlǎg（格亥郎），与克郎有对应性。

公牛，陕北叫"犤（pō）牛"。《康熙字典》释犤："《玉篇》特牛，《广韵》牛未劇。"《广韵》"劇"是"以刀去牛势，或作犍"，是谓犍牛。种公牛，蒙语 bʊx（勃哈），元代汉字写扑哈、不合，明代写不花、布哈，义译多是牤牛、牯牛。《卢龙塞略》则有"补哈，庞牛也"③。"庞牛"一词即今陕北"犤牛"之音。庞、犤音同蒙语扑哈，也与下列各语言的"公牛"一词语音对应：满语 Buka，鄂温克语 bʊxā，维吾尔语 buka，哈萨克语 buka，柯尔克孜语 buqa，乌兹别克语 bɵqæ，塔塔尔语 buqa，图瓦语 buʁa，西部裕固语 buGa，土耳其语 boga，古突厥语 buqa，塔吉克语萨里库尔口语

---

① 引自朱学渊《中国北方诸族的源流》，中华书局 2002 年版，第 24 页。
② 引自周及徐《历史语言学论文集》，第 158 页。
③ 引自方龄贵《古典戏曲外来语考释词典》，汉语大辞典出版社、云南大学出版社 2001 年版，第 197 页。

bwqa。① 可以认为元明汉字书写的扑哈、布哈等,是襆的原音词。

陕北管小牛叫"牛不劳",颇令人费解,其他各种动物均无"不劳"称谓。蒙语中,出生几个月间的小牛叫bɔːltrɔg(宝劳多拉),两岁的牛叫bɪrʊː(别劳)。《蒙古秘史》"不剌兀"旁译"二岁牛"。这与陕北"牛不劳"的"不劳",是同一个词。牛与人类生活关系密切,石器时代开始驯化饲养,对小牛的称谓,应属语言中的底层词汇。陕北口语不使用"牛犊"等"牛不劳"的同义词,或许说明了"不劳"是陕北的底层词汇。同时它也是蒙语的一个底层词汇,二者有同源可能。未知"不劳"对应的单音汉字。古有"犕"字,上古音bruugs,但《玉篇》释为八岁的牛。又有"犥"字,上古音phleu②,《说文》释为黄白色的牛,《集韵》亦释苍白色的牛。

四川甘孜的藏语巴塘话,"牛犊"说 $pi^{13}lo^{53}$(鼻酪)③。这也是"不劳"之音,即"牛不劳"。而英文未阉割的公牛称为bull。将牛阉割的做法已约万年之久④,因此bull的未阉割义值得观察。陕北耕牛的阉割年龄,一般在两岁上下,"不劳"都是未阉割者。蒙语"别劳""不剌兀"的两岁牛称谓,应与未阉割义相关。"宝劳多拉"更是未阉割之"不劳"。陕北的"不劳"、蒙语的"别劳"、藏语的"鼻酪"和英语的"bull",是有音义对应关系的。虽未知对应单音汉字,但从多家对应的现象,可以认为"不劳"是一个汉语原音词。此外,藏语的家养母牦牛是hbri-mo,野牦牛是hbron⑤,应是语音分化的同时出现了语义的分化,但未脱离"牛"这个基本义。

三 通过历史比较观察圪头词的原音词性质

陕北方言的"圪头词"现象也引人注意。对入声kəʔ不表义音节,

---

① 均引自方龄贵《古典戏曲外来语考释词典》,第198页。
② 上古音引自周及徐《历史语言学论文集》,第164页。
③ 音标引自江荻《汉藏语言演化的历史音变模型》,民族出版社2002年版,第403页。
④ [以色列]尤瓦尔·赫拉利:《人类简史》,林俊宏译,中信出版社2014年版,第392页。
⑤ 引自[加拿大]蒲立本《汉语的历史和史前关系》,见王士元主编,李葆嘉主译《汉语的祖先》,中华书局2005年版,第328页。

专家学者已极备述，论说者众。圪头词与上古音和蒙语以及不同时期藏语等词语的历史比较，反映出词头"圪"的一种起源现象，由此可以观察到圪头词的原音词性质。

陕北话"圪溜"是描述"弯曲"的形容词。杨雄所记"钩"之"钩格（洛）"音，是其可能来源。但上古钩无复声母，未知前上古音。"屈"是"曲而不伸者"，上古音 klud、khlud；"曲"是"不直也"，上古音 khlog。二字词义都是"弯曲"，"圪溜"也可能是屈、曲的原音词。

《诗经》有"兕觵其觩"。觩（qiú）上古音 grɯw，指兽角弯曲状，后也写作觓。觓上古音 gu。《扬雄·甘泉赋》有"玄瓚觓鬵"。①"觓鬵（liú）"也是谓弯曲状，是觩的原音词。班彪《北征赋》有"远纡回以樛流"。樛（jiū）义弯曲，上古音 krɯw。"樛流"亦义弯曲，是樛的原音词。又有"佝"，《集韵》释"病偻"，脊背弯曲。佝上古音 qhloos，佝偻是佝的原音词。"樛流、觓鬵、佝偻"都与"圪溜"有原音传承关系。钩、屈、曲、樛、觩、佝等词的上古音，构成了汉语中一个形容弯曲的"圪溜"词群。这说明圪溜的圪头是源于历史原音的。

蒙语的"弯"是 mæxIr（玛格里），与"圪溜"有对应性。"弯"的藏语夏河话 gər，错那话 kur³⁵mo⁵³，羌语博嘎尔语 pakar，景颇语阿侬怒话 go³¹laŋ⁵⁵，缅语载瓦语 kor⁵⁵②，都与"圪溜"对应。在藏语、羌语、景颇语、缅语、彝语的 26 种方言中，"弯"这个形容词，约 80% 都与"圪溜"或"钩"有语音对应性。除上述外，藏语支中，藏文 gugpo，拉萨 ku¹³ku⁵²；羌语支中，普米（九龙）gõ，尔苏 khuo³³khuo⁵³；景颇语支中，独龙 dɯ³¹gɔʔ⁵⁵，达让 kɯ³¹tiɯ⁵⁵，格曼 kai⁵⁵tɯ³¹kai⁵⁵；缅语支中，缅文 kɔk⁴，仙岛 kɔʔ³⁵，阿昌 kok⁵⁵，缅语 kau⁷⁴，克伦 ke³¹；彝语支中，彝语（南华）gu²¹，傈僳 go³¹，基诺 a⁴⁴khu³³，纳西 gv²¹。③

陕北话"圪捞"是谓搅和、和弄。蒙语搅和 xoelIɔx（赫俩赫），与"圪捞"有对应性。"搅"的藏语是 dkrug，藏语支错那门巴语的麻玛话是 krɔʔ，都与"圪捞"对应相似，也与搅的上古音 kruuʔ 对应，圪捞是搅的原音词。此外，不少地方都有的"和弄"一词，也与蒙语 xoelIɔx（赫俩

---

① 网友元流书坊为本文提示了觓鬵、樛流、矙、頴颅、奢等词。
② 江荻：《汉藏语言演化的历史音变模型》，第 411 页。
③ 江荻：《汉藏语言演化的历史音变模型》，第 411 页。

赫）有对应性。胡卧切"和（huò）"上古音 gools，和弄是和的原音词。

陕北的"圪揠"一词，有别扭、固执、不好相处、不协调的意思，与蒙语说偏向、偏差的 xələbrəl（格勒伯），对应相似。同义，陕北也说"狡"：那人可狡了。狡有戾义，乖张违逆，上古音 kreewʔ。"圪揠"是"狡"的原音词。

陕北"圪梁"词义是"岗"。蒙语说棱、梁是 xɪr（格里。山梁音格令），与圪梁对应。走山梁说 xɪrlăx（格日勒忽）。"岗"上古音 klaaŋ，圪梁是岗的原音词。

陕北量词"骨唎"，是一挂鞭炮的"挂"。蒙语量词串、挂是 xilxə:（格里格），与骨唎有对应性。"挂"上古音 kʷrees，骨唎是挂的原音词。

陕北说"滚"是"骨拢"，即北京的"骨碌"。蒙语打旋、翻滚一词是 xʊɪlrăx（归拉赫），与骨拢、骨碌有对应性。"滚"上古音 kluunʔ，骨拢、骨碌是滚的原音词。

陕北"骨圙"是卷的量词，指一卷一卷的，筒形的。蒙语的卷、卷成筒形是 xʊɪlăx（归拉赫），与骨圙对应。居转切"卷"上古音 kronʔ，骨圙是卷的原音词。

陕北动词"骨拉"义"刮"，蒙语刨、铲、刮、削是 xarăx（哈热忽）。中世纪后，蒙语里的 k 辅音，分化演变成了 g 和 x[①]，故 xarăx 与骨拉音义对应。"刮"上古音 kʷriid、kʷraad，骨拉是刮的原音词。

陕北"圪岔"一词指山沟类地形、偏远的小山沟，词源于"谷"。谷是两山之间，上古音 kloog。缅语谷 khlok，标敏瑶语山间 dənkhlɛ，藏语深涧 grogpo，都与"圪岔"对应。"圪岔"是"谷"的原音词。

陕北话"角"说"圪崂"，同孔颖达所记角落，亦同元人所写肮落、阁落、圪落，也同今人所说旮旯。藏语"角落"音 grwa，标敏瑶语"屋角"说 plaklɔ，都与圪崂对应。角上古音 kroog，"圪崂"和角落、旮旯等都是"角"的原音词。

陕北把黑心秤叫"黑圪栏秤"，"圪栏"义"杆"。庄稼秆的"秆"，《集韵》谓"与杆同"。"秆"上古音是 klaanʔ，因之，圪栏是杆的原音词。

陕北话"圪塄"义谓埂坎。埂上古音 kraaŋ、kraaŋʔ，圪塄是"埂"

---

① 参见内蒙古大学蒙古学研究院蒙古语文研究所《蒙汉词典》前言，第 21 页。

的原音词。又有"瞵"义田垄,与"埂"形成异文。瞵上古音 rin、rins。

陕北话还有"圪愣"一词,用于停阻义,如说话中间圪愣一下。圪愣是"梗"的原音词,梗上古音 kraaŋʔ。

陕北语词"骨连",义蜷缩,是"蜷"的原音词。蜷上古音 gron。

陕北管夹肢窝叫"胳老钵",这是"夹"的原音词。夹上古音 kreeb,甲骨文字腋下二人。

从藏语言中观察前置辅音音节化的过程,可以看到,复辅音中的前置辅音 g,在语言变化中,独立为音节,成为了"圪"。如古藏语新旧的"新" gsarpa,羌语成为 khsə,嘉戎语前置辅音弛化成了 kəʃək;古藏语"活的" gsonpo,嘉戎语弛化为 kəsəso;"豹" gzig,嘉戎语弛化为 kəʃtʃək。"嘉戎语曾经大范围地发生过前置辅音音节化过程"①,其数字一至九中,八个出现了前置 kə 音节②。如"三",古藏语是 gsum,羌语变为了 khsə,而嘉戎语前置辅音独立,成为 kəsam;"九" dgu 成为 kəugu。

"干净"一词,羌语 kɛntsɛ 的双音节语音几近汉语,嘉戎语 kəʃo 也是双音节。它们都来自古藏语 gtsaŋma 的前置辅音音节化,独立出了"干"(kɛn、kə)这个不表义音节。③ 汉语词"干净"中的"干",实际上也是"不表义音节",不具有从古至今汉字"干"所具有的任何词义。与羌语词一样,"干净"的两个音节两个字,表达的只是"净"的词义。汉语的"干净"是一个"圪头词",元代开始把圪头书写为"干"。不过"净"上古音 shreeŋ,无前置辅音 g、k。未知前上古音。《集韵》释"净"为"冷貌"。"冷"上古音 reeŋ,与"净"形成异文。虽然在与羌语的比较中尚观察不到"干"的来历,但可判断"干净"也是一个汉语原音词。

陕北话里的一些圪头词,因为未知对应单音词,不易判断源流。但它们与蒙语词的音义对应,从一个方面反映出古语传承的可能性。

如"圪尖、圪桩",是谓木尖桩一类。蒙语变尖、变细长是 gɔdʒɪːx(格吉忽),尖的、尖锥形的是 gɔdʒgɪr(格吉格日),尖的、尖长的是 gɔdʒɪŋ(格庄)。它们与"圪尖、圪桩"相近或相同。

---

① 江荻:《汉藏语言演化的历史音变模型》,第 427 页。
② 郑张尚芳:《上古音系》(第二版),第 117 页。
③ 引自江荻《汉藏语言演化的历史音变模型》,第 426 页。

如"圪胩儿",陕北谓小疙瘩。宋《轩渠录》有"要剪脚上骨茁儿、胩胩儿也"。蒙语说鼓起、凸起是 gudiːx（古地克），与圪胩儿相似。

陕北说土堆、土峁是"圪堆、圪都"。宋元写作"骨堆、孤堆"，《五灯会元》有"平地起骨堆"，《老生儿》杂剧有"嫁的狗随狗走,嫁的孤堆坐的守"。蒙语说凸起的、隆起的是 gudgər（古都格日），与"圪都"有相似性。

干而翘起,起皱,收缩发皱,陕北说"圪龊";皱眉,皱褶,陕北说"圪皱"。蒙语干而翘起、起皱的 xɔrtʃIːx（浩拆），抽皱、起皱褶的 xartʃIːx（哈拆），声母 x 是从 k 演变过来的,因此与圪龊、圪皱对应相似。

陕北话"圪料"义不平整、弯曲、两头儿翘起。宋代写作"吉獠"。《五灯会元》有"吉獠舌头问将来"等语。蒙语两头翘起说 gædrux（格德热忽），与圪料有对应性。翘上古音 gew、gews，无 L 复声母。但宋代俗语常用"吉獠",说明"圪料"不是元代影响,早已是口语。

不表词义的前置音节,陕北话除了"圪",还有骨、卜、忽、得。藏语的音变中,有的前置辅音独立成了骨、卜、得等词头音节。如古藏语的"贼" rkuma,扎坝话成为 kuma,木雅话是 kumi；古藏语的"官" dponpo,扎坝话 pembu,木雅话 pəmbə；古藏语的"爪子" sdermo,嘉戎语 tɒpDI,木雅话 demə。① 在同属汉藏语系的壮侗语言中,以及温州方言、闽粤方言中,动植物名词带"圪、卜、忽、得"不表义词头是普遍现象。这类词陕北虽然存量不多,但蛇蚤、圪针等,反映出它们来自共同祖语的可能性。

傣语（德宏）的䴔鹩 ka¹tsai²、白鹭 ka'jaːŋ³，壮语（武鸣）的樟树 ko'ɕuːŋ'、草 ko'tum⁶，温州方言的蟑螂 kuɔ⁸za⁸、臭虫 kuɔ³sai⁷，闽粤方言的蟑螂 ka'laʔ⁸、八哥 ka'diŋ⁶等,词头是"圪"的同类。壮语（武鸣）的蜜蜂 tu²tiŋ²、老鹰 tu²lam⁶，闽粤方言的蚯蚓 tɔ⁶kin³，词头是"得"的同类。温州方言的蚂蚁 fu³ŋa⁴，闽粤方言的苍蝇 pu'jiŋ²，词头是"卜"的同类。闽粤方言的苍蝇 hɔu³liŋ³，词头是"忽"的同类。"忽"即"胡"。东汉前"胡"无实义,是不表义音节,如胡蝾、胡蝉等。② "胡"指西域是后起义。

古代南方地名和人名的发语词,也可以与陕北的"圪、卜、忽"等

---

① 引自江荻《汉藏语言演化的历史音变模型》,第 426—428 页。
② 引自周振鹤、游汝杰《方言与中国文化》,上海人民出版社 1986 年版,第 140—142 页。

词头比较。句章、句容、句余、句无、姑苏、姑蔑、姑幕、姑复等地名，勾践、句吴、夫差、夫椒、无余、无疆、余善、余祭等人名，"它们的冠首字，却可以确知只是古越语的发语词而已"①，也是没有词义的不表义音节。传至今天，南方的个旧、个马、个陋、个宕等地名的"个"，亦不表义。古越语是多音节语言，有学者认为属于南亚—南岛语。它们像阿尔泰语、藏羌语给陕北留下了"圪"字头一样，在南方留下了"个"字头。"圪"与"句、姑、个、古、过"对应，"卜"与"夫、无"对应，"忽"与"余、于、乌"对应。

四　多种语言对应关系中的原音词认知

　　汉语与周边藏缅语言、侗台语言比较，有一些与汉语上古音对应的词语，学界多有例举，如："孔"khlooŋʔ，暹罗语 klong，泰语 kluŋ、kluang。"禀"prɯɯmʔ，藏文 brim。"烙"g·raag，泰语 klak。"兼"kleem、kleems，泰语 klem。"蓝"g·raam，暹罗语 k'ram、gram，泰语 k'ram，古泰语 gram。"栏"g·raan，标敏瑶语 glan。"凉"g·raŋ，藏文 graŋ。"狗"klooʔ，标敏瑶语狗 kla。这些词语与汉语密切相关，尤其与汉语原音词特征高度相合。对密切相关的语言，学界释为同源性亲属语言。同源性定义为原音词提供了一种源流认识。

　　同时，历史语言学认为，汉语在上古时期或许没有单音节、有声调、无形态变化等"孤立语"特征。因此，汉语词汇与不认为有亲属关系的不同语言词汇进行比较，有学术合理性的空间。"如果这几种语言表达同一事物或现象的词的语音存在着整齐的对应关系，那么这几种语言在历史上必定有发生学上的关系。"② 当代对于"远距离语言"亲属联系可能性的研究，扩展了原音词观察的视野。这方面有汉语与南岛语系语言的对应研究、汉语与北欧语言的对应研究等，如狗，爱沙尼亚语 koer，芬兰语 koira，乌拉尔语 koje-ra③，都与汉语、瑶语对应。但对汉语与北方阿尔泰语系语言的比较，关注度则较低。

---

① 周振鹤、游汝杰：《方言与中国文化》，第 176—177 页。
② 周及徐：《历史语言学论文集》，第 126 页。
③ 引自冯蒸《汉语来源的新假说》。

元明时代的蒙语汉译词"抹邻""秣邻""牧林""抹伦",都是"马"。《哭存孝》杂剧有"米罕整斤吞,抹邻不会骑",《破天阵》杂剧有"我做番将委实好,不骑抹邻则是跑"。蒙古语、女真语、满语,"马"都是 morin、mori。阿尔泰语系蒙古语族和满—通古斯语族中各族语言里的"马",发音都接近"抹邻":土族 morə,东乡 məri,东部裕固 moorə,保安 morə,达斡尔 morj,女真 morin,满 morin,赫哲 mθrin,鄂温克 mvrin,鄂伦春 mvrin,锡伯 mærin、mθrin。① 汉语的"马",前上古音 maarg②,上古音 mraaʔ。在原始语言中,中原与北方民族语言的马,语音是对应的,源于共同的祖语。"马"是公认的非单音节演化为单音节的"二合之音"。同时,东亚的"马"一词与印欧语也有相关性:原始印欧语词根 marko-,古威尔士语 march,康瓦尔语 margh、march,不列尼塔语 marh,原始凯尔特语母马是 markā,马是 markos。③ 所有这些不同语言称谓马的语音,存在着整齐的对应关系,应该有发生学意义。曾用汉字记音书写的"抹邻"一词,可谓"马"的原音词。

陕北话"头"有"得劳"之谓。"头"列在 200 个基本词汇表中,是人类语言基本词汇之一。"头颅"一词,《战国策》有"头颅僵仆,相望於境"。由于用字固定,现代汉语普通话使用,不列为嵌 L 词。《说文》还有"頢(duó),颅也"。《康熙字典》记:"《释名》頢颅谓之骷髅。"这也是头颅。元明时代文字里,记有蒙语"头"terigün 的汉译词忒娄温、铁里温、帖里兀等。④ 如《至元译语》作"忒娄温",《紫钗记》传奇有"风声大,撞的个行家,铁里温都答喇(杀)"。元人也写汉语词汇"天灵"。蒙语今亦记 tɔlgoe:,译"陶勒盖"。这个译音北宋已出现在汉语文字中,写作"天灵盖"。王辟之《渑水燕谈录》:"尝令子和药,有天灵盖,温叟见之,亟令致奠埋于郊。"元杂剧中"天灵盖"与"天灵"通用。⑤ 元代以前汉语中已有的"天灵",与"头颅"音义相通,"盖"音

---

① 均引自方龄贵《古典戏曲外来语考释词典》,第 60 页。
② 引自周及徐《历史语言学论文集》,第 153 页。
③ 均引自周及徐《历史语言学论文集》,第 154 页。
④ 方龄贵:《古典戏曲外来语考释词典》,第 45 页。
⑤ 马致远《黄粱梦》:"推一交险擤破天灵盖。"康进之《李逵负荆》:"则蚤砍取我半壁天灵盖。"高文秀《襄阳会》:"则你这宣花斧著他天灵碎。"关汉卿《单刀会》:"七稍弓,八楞棒,打碎天灵。"

成为名词，使义域变小。除蒙语，蒙古语族的"头"，东部裕固语作 turyːn，土族语是 turoŋ，东乡语是 tceiərun。① 这些都与汉语"头颅"音义对应。"头"的上古音是 doo，未见前上古音。《集韵》《广韵》谓"䪡"音铎、牍、讬，这三个字的上古音分别是 l'aag、l'oog、lhaag。观察"头颅、䪡颅、天灵"与蒙古语族语言的对应关系，和它们的元代之前汉语词汇性质，可以认为它们同"得劳"一样，是"头"的记音，是"头"的原音词。

"说"也是斯瓦迪士 200 个人类语言基本词汇之一。陕北词"圪咧"是"说"义，如"瞎圪咧"，是谓瞎说。蒙语的"说、讲说、言语"，是 kele、kelen、helehu 等，元明时候汉字写作客连、客勒、客列等②，如《桃源景》杂剧"他道是卯兀客勒莎可只"。汉语"说"义词语有"侃"，与"客连"同义。《说文》"侃"无"说"义，但之前《论语》中"朝与下大夫言，侃侃如也"，实为说话样貌。至元代，《西厢记》杂剧"隔墙酬和都瞎侃"，是谓瞎聊、瞎圪咧。口语如此民间熟用，说明不是当时借用，而是口语固有。限于《说文》的定义，认为"侃"迟至元代才是"说"的同义词，但在口语里未必如此。"侃"的上古音为 khaanʔ、khaans，未知其前上古音。除蒙语外，阿尔泰语系蒙古语各族的"说"是：土族 kəle，东乡 kiəliən，东部裕固 kelen，保安 kalə，达斡尔 xəlj。另，女真语 xəlsə，土耳其语 keleci，波斯语 kalām。③ 侃与诸语言应有共同的祖语。故而可认为陕北的"圪咧"和元人汉字书写的"客连"，是汉语说义之侃的原音词。

蒙语 darasu、darasun 是说黄酒，有辞典解释为中国黄酒④，元代前后汉字写作"打剌苏""打辣酥""答剌孙"等约 16 种⑤。《东窗记》戏文有"打辣酥满斟来一醉酣"，朱有燉《元宫词》有"白酒新刍进玉壶……何似西凉打剌苏"。后有"塔拉苏"译音。黄酒在东亚出现甚早，蒙语这个黄酒名词，应是在汉语形成早期源自农耕人群。这个早期词语是什么？

---

① 引自方龄贵《古典戏曲外来语考释词典》，第 45 页。
② 同上书，第 266 页。
③ 同上书，第 267—269 页。
④ 参见方龄贵《古典戏曲外来语考释词典》，第 236 页。
⑤ 同上书，第 234—236 页。

今天汉语里是否留有痕迹？在黄酒的词义上，与"塔拉苏"音义一致的词是"屠苏"。"屠"的上古音是 daa，未知前上古音。屠戮、屠烂①、屠刘②等同义的连绵词，反映了"屠"曾有 L 复辅音的可能性，"打剌苏、塔拉苏"应接近双音词"屠苏"的早期多音形态。"屠苏"本指黄酒，在汉语中让位于"酒"一词后，逐渐演变成了酒名，故事性传说又使这个词彻底远离了本义。③ 但蒙古语族语言保留了"屠苏"的原始词义，东部裕固语 duraːsən、土族语 daraːsə、东乡语 darasun，都是说黄酒。④ 马伯乐先生提及语言亲缘关系时说："还有一个可能性就是，人们认为它们相似的那些地方其实只不过是史前这两个语言间的相互影响所造成的。"⑤ 李葆嘉先生认为："年代久远的史前或早期借用词与同源词之间的界限趋于泯灭。"⑥ 黄酒名称出自史前影响，因此有理由认为元人汉字书写的"打剌苏"是"屠苏"的原音词。

阿尔泰语系满语的"牛录"，本义"大箭"。朱学渊先生指出："'箭'字在芬兰语中为 nuoli，爱沙尼亚语为 nool，匈牙利语为 nyil；它们都与满语的 niru（牛录）一致。"⑦ 周策纵先生说："汉语中的相关词汇'弩'、'笞'等，是否与之相关？也很值得深思。"⑧ 匈牙利语、芬兰语和爱沙尼亚语都属于乌拉尔语系芬兰-乌戈尔语族，满语属于阿尔泰语系通古斯语族，弓箭名称的一致性，暗示了它们之间的早期传播。这为困扰学界的"欧亚语系"假说提供了一个素材。蒙语的弓 numu、numun，元代汉字写作弩木、弩门⑨，与汉语"弩"和满语及乌戈尔语族的"牛录"，音义也有对应性。《说文》谓"弩，弓有臂者"，应即"大箭"。弩

---

① 《晋书·孝愍帝纪》："今欲闻城未陷为羞死之事，庶令黎元免屠烂之苦。"
② （明）宋濂：《鲍氏慈孝堂铭》："群寇相挺而起，肆其屠刘。"
③ 南北朝《荆楚岁时记》始有记载，说正月初一先幼后长喝屠苏酒。唐代开始出现传说，韩鄂《岁华纪丽》，说屠苏酒是以前一个住在叫"屠苏"的草庵里的人，发明的一种过年喝的药酒。
④ 方龄贵：《古典戏曲外来语考释词典》，第 236 页。
⑤ ［法］马伯乐：《唐代长安方言考》，中华书局 2005 年版，第 20 页。
⑥ 引自李葆嘉《汉语的祖先》译序，见王士元主编、李葆嘉主译《汉语的祖先》，第 68 页。
⑦ 朱学渊：《中国北方诸族的源流》，华东师范大学出版社 2010 年版，第 252 页。
⑧ 同上书，周策纵序言。
⑨ 引自方龄贵《古典戏曲外来语考释词典》，第 105 页。

出现较早，不晚于商周，"牛录"或是"弩"的原音形态。"弩"上古拟音有 naɣ（周法高）。①

"10 万年前或语言刚发展起来的时候，与 6000 或 1 万年前作为现代语系的祖语期之间，到底发生了些什么呢？"② 相关语言词语的对应性，是认识原音词的条件之一，它提示了人类语言的交汇和汉语的发生。如兽角，陕北话谓"角（juě）偻"：牛角偻，羊角偻。角上古音 g·roog、krōk（斯塔罗斯金），原始汉藏语音 kruā，缅甸语 khrəw。③ 角偻是角的原音词。又如"壳"上古音 khroog，宋代谓"壳漏子"。《五灯会元》卷七《长庆慧棱禅师》有"保福抛却壳漏子，向甚么处去也？"壳，吴语谓"壳落"，标敏瑶语 gli；同时，爱沙尼亚语 koor，芬兰语 kuori，匈牙利语 kéreg，乌拉尔语 kore。④ 壳漏、壳落是"壳"的上古音。这些语言的流音中缀与汉语上古拟音的复辅音流音呈比较规律的对应，也与汉语方言词汇的嵌 L 形态呈规律性对应。蒙古语族等语言与汉语方言的若干词汇也存在这样的对应性。

此外，陕北人呼父为"大"，源于"爹"的前上古音 daad⑤ 和上古音 daaʔ。还有奓（zhē），《玉篇》释"父也"，《广韵》《集韵》音遮。遮上古音 tjaa。父亲义，梵语 attas，拉丁语和希腊语 tata、attached，赫梯语 attas，哥特语 attas，古爱尔兰语 athir，康瓦尔语 tād⑥，英语 dad，都与陕北的"大"有对应关系。

五　上古音和相关对应性是原音词的认知基础

陕北方言中，原音词以成群形态牢固地占有着汉语单音词的位置。成群形态的原音词如果不是汉语原生，那么其进入单音汉语的方式，应是在一个时间段里依靠政治背景，批量取代汉语单音词汇。从原音词与蒙语词

---

① 引自周法高主编《汉字古今音汇》，香港中文大学出版社 1974 年版，第 91 页。
② ［澳］罗伯特·迪克森：《语言兴衰论》，朱晓农等译，第 2 页。
③ 斯塔罗斯金上古音和原始汉藏语音、缅甸语音均引自 ［俄］S. 斯塔罗斯金论文《上古汉语词汇：历史的透视》，见王士元主编、李葆嘉译《汉语的祖先》，第 387 页。
④ 引自冯蒸《汉语来源的新假说》。
⑤ 引自周及徐《历史语言学论文集》，第 168 页。
⑥ 均引自周及徐《历史语言学论文集》，第 168 页。

的对应关系看，及元代建政的历史过程看，最具有批量取代可能的，应是蒙语。但是，在元代统治之前，原音词早已存在于汉语。《尔雅》《说文》《方言》始有记述，北宋宋祁、孙穆，南宋洪迈、王观国、朱辅等南方人①，都记述了当时南北方口语中的一些原音词。这些宋代记述可以说明，没有发生过蒙语词语的批量取代过程。利用董绍克《古语词存留数量表》测算，陕北方言的古语词存留比例在7%以上，存留比例甚高。②

对现在认知的原音词，宋人有持切脚语认识者，黄朝英、李石、俞文豹则持"二合之音"说③，认为不是"孔曰窟笼"而是"酷宠为孔"。现在观察，这种说法是符合原音词特点的。通过与汉语上古音进行比较，可以观察到原音词是其对应单音词的"未合之音"。上古音是原音词认知的基础之一。

北京话的"扒拉"与陕北话的"卜拉"是同一个词。宋元曾写作"拨剌""不剌"。《农桑辑要·苎麻》有"于畦内用极细梢杖三四根，拨剌令平可"，《刘弘嫁婢》杂剧有"掏火棒儿短，强似手不剌"。扒上古音preeds，卜拉和扒拉是"扒"的原音词。

致力工作，张罗办理，陕北有动词谓"不滥"：这县长一上台力不滥了。不滥是"办"的原音词，办上古音breene。

摇摆晃动，陕北有动词"卜来"：看一卜来一卜来的。卜来是"摆"的原音词，摆上古音preel?。

动词"拨"的意思，陕北有说"卜咯（l）"。这个卜咯是"拨"的原音词，拨上古音paad。

陕北口语有"别另"一词，义"另外"：你别另寻个人来。别另是"别"的原音词，别上古音pred、bred。别和另是异文关系，古时"另"义多写作"别"。

陕北称女阴为"板子"，也叫"板流子"。"板子"本字"屄膣"。"屄"是后起字，源于匕、牝。"匕"上古音pil?、piər（高本汉）；牝上

---

① 湖北宋祁：《宋景文笔记》，孙穆：《鸡林类事》，江西洪迈：《容斋三笔》，湖南王观国：《学林》，浙江朱辅：《溪蛮丛笑》。

② 参见董绍克《汉语方言词汇差异比较研究》，民族出版社2002年版，第151—205页。或许因为对古词语存留使用的认知存在差异，这个测算结果高于从洛阳到广州的所有7个方言点（洛阳1.6%、南昌2.6%、长沙2.8%、梅县3.1、苏州3.7%、厦门4.2%、广州6.6%）。

③ 福建黄朝英：《缃素杂记》，浙江李石：《续博物志》，浙江俞文豹：《吹剑录全编》。

古音 bilʔ、biər（高本汉）。① 据此，则"板流"是"匕-牝-屄"的原音词。

陕北和各地都有的"疤瘌"一词，是"疤"的原音词，疤上古音 praa。

洪迈记"盘为勃阑"，陕北话"盘"谓"泼兰"。盘上古音 blaan，勃阑、泼兰是盘的原音词。

"扑愣"是陕北形容鸟飞的象声词，亦形容人急速动作：一扑愣爬起来。扑愣是"扑"的原音词，撲上古音 broog。

一些地方口语有"爬拉"，与扒拉不同义，但也是手的动作。爬拉是"爬"的原音词，爬上古音 braa。

陕北量词"出烂"是说一串：一出烂谷子穗穗。"串"上古音 kroons，出烂是串的原音词。

陕北口语有"底哩"，非常口语化，义底下。这是"底"上古音 tiilʔ 的传承，底哩是"底"的原音词。

陕北形容人精灵古怪谓"鬼哩古怪"，这个"鬼哩"是"鬼"的原音词，鬼上古音 kulʔ。

小炉匠，陕北谓"骨露匠"。骨露是"锢"的原音词，锢上古音 klaags。

谓车轮的"轱辘"一词，是"榖"的原音词，榖上古音 kloog。

匣，陕北有说"黑拉"②。黑拉是"匣"的原音词，匣上古音 graab。

陕北"忽拉"一词即普通话词汇"划拉"。划拉使用较广，是"划"的原音词，划上古音 grool。

"糊弄"一词多处方言使用，是"哄"的原音词，哄上古音 gloonɡs。

机灵，陕北说"唧溜"：这娃娃一满不唧溜。卢仝有诗句："不唧溜钝汉，何由通姓名。"③ 宋祁谓："凡人不慧者即曰不唧溜。"④《气英布》杂剧有"你去军中精选二十个即溜军士"。唧溜、机灵是"机"的原音词。"机"有机灵义，如《列子·仲尼》"大夫不闻齐、鲁之多机乎"。

---

① 高本汉上古音引自周法高主编《汉字古今音汇》，第 29、191 页。
② 邢向东：《神木方言研究》，中华书局 2002 年版，第 255 页。
③ （唐）卢仝：《扬州送伯龄过江》诗。
④ （宋）宋祁：《宋景文公笔记》（上）。

机上古音 kril，機上古音 kɯl。

　　陕北民间使用"栲栳"一词。《敦煌变文集》有"担得一栲栳馒头"①。栲栳是"栲"的原音词，栲上古音 khluu?。

　　空腔、中空，陕北谓空壳郎：毛头柳树空壳郎。"壳郎"即"阆阆"，是"腔"的原音词，腔上古音 khrooŋ。

　　一些地方称土块为土坷垃。"坷垃"一词是"坷"的原音词，坷上古音 khaal、khaal?、khaals。

　　眉骨，陕北谓"眉（mí）利骨"。元人写作"眉楞骨"。《村乐堂》杂剧："手里拿定把槌儿，打你奶奶眉楞骨。"眉上古音 mril，眉利、眉楞是"眉"的原音词。

　　普通话也使用的"硬朗"一词，是"硬"的原音词，硬上古音 ŋgraaŋs。

　　把物体侧放，陕北说"则棱"放。元人写作"摘楞"。《斗鹌鹑》散曲有"摘楞的瑶琴弦断"。则棱、摘楞是"侧"的原音词，侧上古音 ʔsrɯg。

　　还有普通话人群常见的原音词如：窟窿是窟 khluud、孔 khlooŋ? 的原音词，栅栏是栅 sraans 的原音词，傀儡是傀 kuul、khuul? 的原音词，囫囵是浑 gluun 的原音词，橄榄是橄 klaam? 的原音词，元人曾写"格览"。蒺藜是茨 zli 的原音词，《诗经》"墙有茨"读作"墙有蒺藜"，才合全诗四字节奏。《鸡林事类》记"风曰孛缆"，孛缆是风 plum 的原音词。

　　不仅陕北和西北晋语地区有原音词，现在北京、天津、河北、河南、山东、安徽、黑龙江、吉林、辽宁、内蒙古等地也有一定数量的原音词，同时南方方言也能观察到。如福州 pɛlɛ（白来）谓"摆"，kuluŋ（骨陇）谓"滚"，khualuaŋ（夸龙）谓"环"，分别对应陕北话的卜来、骨龙、圆圐。客家话 kou²lon²（囫囵）谓"浑"，khou²long⁶（窠窿）谓"孔"，ku³lun³（骨碌）谓"卷"，kau¹lau⁶（考磅）谓"搅"，pot⁸lot⁸（报漏）谓"拂"，分别对应陕北话的夥龙、括窿、骨圐、圪捞、扑拉。唐代张籍诗句"北人避胡皆在南，南人至今能晋语"，反映出南方口语里的原音词应是在元代之前就随移民南下了。

　　普通话里也保留着原音词。口语里如扒拉、半拉、拨拉、出溜、欻

---

①　转引自邢向东《神木方言研究》，第 248 页。

拉、夯拉、叨唠、嘟噜、咕噜、骨碌、胡噜、糊弄、滑溜、和弄、坷垃、扑棱、瘦溜、刷拉、跋拉、秃噜等，连绵词如丑陋、粗鲁、抖搂、逗留、疤瘌、橄榄、轱辘、佝偻、聚拢、栲栳、窟窿、骷髅、傀儡、溃烂、廓落、辘轳、朦胧、迷离、霹雳、笸箩、凄厉、绮丽、牵连、勤劳、商量、贪婪、头颅、脱落、迤逦、栅栏等。这类双字词的词义，主要是其前字的字义。以词义分析，一般后字可有可无。或受韵书所记反切影响，其中一些单字的上古拟音没有连绵词基础。但学界认为，由诸种声母字和来母字组成的连绵词，反映的是上古汉语的复辅音词语。这种词语具有原音词的特征。如溃烂是溃 gluuls 的原音词，凄厉是凄 shiil 的原音词，笸箩是叵 p-khaal 的原音词，绮丽是绮 khralʔ 的原音词，商量是商 hljaŋ 的原音词，脱落是脱 lhood 的原音词，迤逦是迤 lalʔ 的原音词，聚拢是聚 zloʔ 的原音词等。这个"聚"义，泰文是 klum³、kluam，佤语是 ghrɔm、grm①，与"聚拢"有相关性。

"我"，各地作 ŋa、ŋai、ŋan、ŋo、ŋɔ、ŋə、ŋeŋ、ŋu、ŋuai、gua 等②，山东是"俺"，藏语也是 ŋa，都是单音节形态，它们都继承了"吾"的上古音 ŋaa。但是上海话的"我"，也可以用"阿拉" ɒʔlɒ 表达。③ 为什么可以用嵌 L 的原音词形态说"我"？因为"吾"上古音有 ŋraa，"我"的上古音是 ŋaalʔ，所以"阿拉"是"吾、我"的原音词。上海话"伊拉" ɦila 义"他们"。北京话用"丫"谓"他、他们"，亦连用"他丫"。北京说"你丫"则等同于陕北话的"你他你"。"他"上古音 lhaal，"丫"上古音 qraa，伊拉是"他、丫"的原音词。

不含圪头词在内的口语和书面原音词，《现代汉语词典》2002 年本收约 167 个，齐如山《北京土话》收约 86 个，徐世荣《北京土话词典》收约 113 个，刘育林《陕北方言辞典》收约 95 个。这些词不见"非敷奉微"类轻唇音声母，学界认为至《中原音韵》音系，汉语中才出现 f 声母。④ 这种系统性的声母缺位现象，也说明原音词不是近古元代语言带

---

① 引自潘悟云论文《对华澳语系假说的若干支持材料》，见王士元主编、李葆嘉主译《汉语的祖先》，第 283 页。
② 部分引自李珍华、周长楫《汉字古今音表》，第 302 页。
③ 《现代汉语词典》，商务印书馆 2002 年版，第 1 页。
④ 李珍华、周长楫：《汉字古今音表》之《汉语语音发展史略说》，第 56 页。

入的。

据江荻先生的研究，古代藏语有一种聚合类声母，如"sr"，一些吐蕃王名字里的"苏笼"sroŋ便是。唐至明六七百年间，汉语书中记载他们与内地中央政权的来往，所用汉字即当时汉地译音。早期译音"苏农""悉弄""苏笼"，其中笼、农、弄相当于双音节词的L声母后音节。后来汉字史籍中这个词逐渐变成了单字"宋""松"①，复辅音第二个声母消失，双音节缩成了单音节。值得关注的是，这两个字在汉语中也发生过对应的语音变化，宋上古音sluuŋs，松上古音sGloŋ，后来都变成了单音节。这样藏汉比较的词例，反映了复辅音到单音节的历史过程，证明了"二合之音"的音变真实，透视了原音词的形成机制。

斯塔罗斯金曾以35个基本词汇比较汉语、藏语、北高加索语、叶尼塞亚语、印欧语和南岛语之间的关系，结果显示上古汉语和各语系或语族都有同源关系。② 这种局面下，观察汉语与周边任何语言的发生学关系都是有意义的。发生学关系或远古的影响也是原音词认知的基础之一。

用斯瓦迪士200词基本表中的几个基本词汇与陕北话比较③：

基本词	上古汉语	印欧语	陕北话
我	吾 ŋraa, ŋaa	原始印欧语 ego	ŋa, ŋo
角（犄角）	角 g·roog	原始印欧语词根 ker-	角偻
乳房	乳 noʔ	原始印欧语词根 nu-	奶
死	殁 muut	拉丁语 mort	殁
切	割 kaartkaat（割断）	印欧语词根 ker 赫梯语 karss	割（ga）
棒	棒 brooŋʔ 梆 brooŋ	原始印欧语词根 baud	
	柄 praŋʔ 斧 plag	古北欧语 bauta（用棍棒打）	不浪
	桩 ʔrʕooŋ 杖 laŋ	希腊语 lonkhē（旗杆矛，长矛）	

"距今7000年左右，东亚大陆存在南亚—南岛语、藏缅语和阿尔泰语。在这三大语言交汇之处的中原，从前3000年到公元前后混合而成华

---

① 江荻：《汉藏语言演化的历史音变模型》，第72页。
② 斯塔罗斯金同源百分比：上古汉语100%，藏缅语74%，北高加索语43%，叶尼塞亚语34%，印欧语23%，南岛语14%。引自周及徐《历史语言学论文集》，第137页。
③ 除陕北词语，均引自郑张尚芳《上古音系》和周及徐《历史语言学论文集》，第138—146页。

夏汉语。"[1] 建立在分子生物学对远古人类迁徙路线研究基础上的历史语言论述，可以对原音词论说形成支持。虽然原音词在词语的汪洋中为数不多，但对原音词的认知无须定量，而在于了解其每一个词语的原始继承性。

参考文献

笪远毅：《切音词和析音词》，《安徽师大学报》1986年第1期。

董绍克：《汉语方言词汇差异比较研究》，民族出版社2002年版。

额尔登泰、乌云达赉、阿拉萨图：《〈蒙古秘史〉词汇选释》，内蒙古人民出版社1980年版。

方龄贵：《古典戏曲外来语考释词典》，汉语大辞典出版社、云南大学出版社2001年版。

冯蒸：《汉语来源的新假说》，blog.sina.com.cn/s/blog_4b712d230102dwos.html。

韩宽厚：《府谷方言研究》，陕西人民出版社2013年版。

华玉山：《试论汉语古复辅音》，3y. uu456. com/bp_84fsq74nw64uc5-78dlxb_2. html。

［美］霍凯特：《现代语言学教程》，北京大学出版社1987年版。

江荻：《汉藏语言演化的历史音变模型》，民族出版社2002年版。

雷春辉：《从"来麦""令命"同源看上古汉语复辅音ml-的存在及演化》，《现代语文》2011年第5期。

李葆嘉：《超越谱系树模式：语言关系类型学》，360doc. com/content/15/0716/13/8164970_485265330。

李方桂：《上古音研究》，商务印书馆1980年版。

李珍华、周长楫：《汉字古今音表》，中华书局1999年版。

刘育林：《陕北方言准黏着成分"圪"kəʔ3和"达"ta》，《延安大学学报》2014年第6期。

刘育林、安宇柱：《陕北方言词典》，陕西人民出版社1991年版。

---

[1] 李葆嘉：《超越谱系树模式：语言关系类型学》。

[澳]罗伯特·迪克森：《语言兴衰论》，朱晓农等译，北京大学出版社 2010 年版。

罗美珍、林立芳、饶长溶主编：《客家话通用词典》，中山大学出版社 2004 年版。

[法]马伯乐：《唐代长安方言考》，中华书局 2005 年版。

内蒙古大学蒙古学研究院蒙古语文研究所：《蒙汉词典》，内蒙古大学出版社 1999 年版。

孙梦岚：《古汉语复辅音新探》，《课程教育研究：新教师教学》2013 年第 30 期。

王士元主编：《汉语的祖先》，李葆嘉主译，中华书局 2005 年版。

肖娅曼：《"复辅音"声母问题的浑沌语言观解释》，见钱宗武、姚振武主编《古汉语研究的新探索——第十一届全国古代汉语学术研讨会论文集》，语文出版社 2014 年版。

邢向东：《神木方言研究》，中华书局 2002 年版。

徐通锵：《历史语言学》，商务印书馆 1991 年版。

杨光荣：《藏语汉语同源词研究》，民族出版社 2000 年版。

杨明芳、杨进：《陕北语大词典》，陕西师范大学出版社 2011 年版。

赵文香、刘冬：《古汉语复辅音研究综述》，《剑南文学：经典阅读》2011 年第 10 期。

郑张尚芳：《上古音系》（第二版），上海教育出版社 2013 年版。

周法高主编：《汉字古今音汇》，香港中文大学出版社 1974 年版。

周及徐：《历史语言论文集》，巴蜀书社 2003 年版。

周振鹤、游汝杰：《方言与中国文化》，上海人民出版社 1986 年版。

朱学渊：《中国北方诸族的源流》，中华书局 2002 年版。

认知视野下的河东方言人物词研究

李仙娟

提　要　不同地域的人物词，既是人们对世界感悟方式和认知结果的反映，又是区域文化和民众心理的独特表现。方言人物词采用隐喻、转喻等方式造词，形象生动，幽默风趣。方言人物词大多表达言说者的憎恨、厌恶、讽刺等情感态度，一定程度上反映了社会底层民众的道德取向。文章以认知语言学理论为视角，选取河东方言人物词为切入点，就其构词方式、表义类型、语用文化功能等方面作简要分析，以此反映河东民众的认知方式和文化心态。

关键词　人物词；河东方言；认知语言学；贬义色彩；隐喻；转喻

人物词，亦称"人品词"或"社会称谓词"（邢向东，2010：136—137）。方言人物词是不同地域的民众为某种特征的人物命名的称谓词。因而方言人物词既是人们对世界不同的感悟方式和认知结果的反映，又是各地民众发挥主观性认识世界的一种思维机制的再现。语言学家加达默尔认为，不同的语言环境和文化传统会影响人类认知世界的方式（伍铁平，1994：37）。由于地域文化的制约和认知视野的不同，方言人物词能够折射出当地的民俗文化与民众的社会心理。人类认知世界具有相似的经验，因而对客观事物的表达带有一定趋同性。所以方言人物词是语言个性与认知共性的结合体，是进行方言调查、地域文化以及社会文化研究的典型语料。

河东，指黄河以东地区，位于山西西南部，现今主要涵盖山西运城、临汾两个市区。河东地处晋、陕、豫交界的金三角，历史悠久，文化深厚，是中华文明的发祥地之一。根据《中国语言地图集》，河东方言属于中原官话汾河片。笔者调查发现，河东方言存在丰富的人物词，而且非常有特色。下文以认知语言学理论为视角,分别对河东方言人物词的构词方式、表义手段、功能特征与文化信息等方面进行解读。

一 河东方言人物词的构成方式

(一)从音节上看,单音节或四音节以上的人物词鲜有见到,而三字格最常见,双音节次之,这与方言人物词的复杂性与丰富性有一定关系(邢向东,2007:112)。详见表1。

表1 河东方言人物词

双音节、四音节人物词	三音节人物词
炮弹个子矮小的人	吃嘴猴(嘴馋的人)
生脚外行	翻事精(搬弄是非的人)
鸱鸮喜欢熬夜的人	细发鬼(小气的人或特别节俭的人)
肉子性格、行动缓慢的人	绺娃子扒手
醋巩又矮又胖的人	日本人(又低又坏的人)
八点(不明事理、头脑糊涂的人)	腰路贼(拦路抢劫的人)
死狗(敢胡搅蛮缠的人)	铁疙瘩(身体强壮的人)
囊包(无能的人)	抡花枪(爱吹牛的人)
碎子毛蛋(对人的蔑称)	闷轱辘(不聪明的人)
知古老人(讽刺无所不知的人)	狰皮货(性格执拗的人)
榆木疙瘩(办事死板的人)	二皮脸(死皮赖脸、不知羞耻的人)
黄瓜架子(瘦高的人)	吃嘴猴(嘴馋的人)

(二)从结构上看,河东方言人物词分三种类型:复合式、附加式、重叠式,其中前两类占大多数,重叠式比重较小。

1. 复合式人物词

这类人物词的比重最大,分两种类型,一种是单纯型的复合结构,另一种是复合式与附加式或重叠式综合构成的人物词。整体上偏正式占主导,除此之外,有少量动宾式结构,这与人物词内在含义有很大关系。详见表2。

表 2　　　　　　　　河东方言复合式人物词

单纯式	综合式
扇车（吹牛皮大王）	白脸盖子（长得白净、没本事没能力的人）
长材（正在发育阶段的孩子）	小虼蚤（个子矮小但有本事的男人）
白糖（说傻话、做傻事的人）	圪杈女（爱挑剔、耍脾气或非亲生的女孩）
木鸡（内向的人）	叨叨嘴（话多的人）
钢炭（硬气的人）	病秧秧（常生病的人）
明火贼强盗	破破锣（天生嗓子粗哑的人）
瓢儿嘴（光说不干的人）	力巴巴外行
独伙槽（不合群的人）	弓弓腰罗锅儿
马氏女（喜欢疯闹、不拘礼数的女孩）	全挂挂（精通各种事情的人）
懦布袋（性格懦弱的人）	狗撩撩（喜欢挑逗别人的人）

表 2 都是偏正式，在河东方言人物词中，存在少量的动宾式结构，例如抡花枪、舔沟子（巴结奉承的人）等。

2. 附加式人物词

附加式是河东方言人物词的第二大类型。其中附加式的后缀较丰富，且构词能力非常强，有的后缀还可自由替换，例如"闷蛋"可说成"闷俇"，"憨货"可换作"憨俇"，"鏊糟鬼"等同"鏊糟货"。相对而言，前缀较少，在此不举例。详见表 3。

表 3　　　　　　　　附加式人物词（后缀式）

格式	例词			
××货	卖屁货（骂人的话）	不超毛货（不务正业的人）	沉屁眼货（串门闲聊、一坐半天的人）	吃嘴货（喜欢吃东西的人）
××鬼	日能鬼（喜欢逞强的人）	木囊鬼（性子慢的人）	捣栽鬼（调皮捣蛋或不干正事的人）	鏊糟鬼（不干净的人）
××子	抄娃子（做事不顾脸的人）	贼娃子小偷	狗骨子（骂人的话）	紧皮子吃不胖的人
××蛋	尿八蛋（软弱、没本事的人）	肉蛋（行动缓慢的人）	毛子蛋（对未成年人的蔑称）	闷蛋（不聪明的人）
××俇	蛮俇（胡搅蛮缠的人）	懒俇（特别懒的人）	痴俇（不聪明的人）	憨俇（说傻话、做傻事的人）
××佬	糊涂佬（糊涂的人）	古式佬（不入时的人）	跟斯佬（喜欢跟在别人后面的人）	卖屁佬（作风不正的女人）

人物词在表达时，有时"货"可与其他词缀连用。例如"狗骨子货、挨刀子货、痴㞗货、蛮㞗货"就是"子［təu⁰］""㞗"与"货"的搭配使用。但并非所有形式都是词缀的连用，例如"毛子蛋、龟子㞗"，"子［tsɿ⁵³］"在两词中都有实义，并非虚化，只有"蛋、㞗"是词缀。

表3中人物词大多含贬义色彩，一方面由于词根为贬义词，例如"日能、鳌糟、卖屄、吃嘴、糊涂、懒、蛮、坏、奸"等；另一方面与词缀有密切关系。"货"（乔全生，1996：131）、"子"和"鬼"（李仙娟，2015：31、2017：146）的贬义色彩已有研究者作了分析，现简要探讨"㞗"与"佬"。"㞗"本指精液，多数场合人们忌讳言它，这里用做词缀，是斥责、骂人用语。"㞗"做词缀使用，范围有所扩大，并不仅限男性，与陕西方言略有不同（邢向东，2010：141）。"佬"，侉佬，大貌也。后用在部分少数民族称谓后，如"瑶佬、苗佬、红纥佬、花纥佬"等。《广州新语》卷十一："广州谓平人曰佬，亦曰獠，贱称也。"今粤语、赣语等方言也大量存在此用法，多含轻视意。河东方言作为人物词的后缀，表示客观上或主观上厌恶、憎恨的对象。

3. 重叠式人物词

单纯的重叠式人物词在河东方言不多见，部分重叠式与别的语素结合，构成复合式与重叠式交叉的综合式人物词。例如：

憨憨［xã⁻³¹］［xã⁻³¹］（不正常的人）

粘粘［ʐa⁴⁴］［ʐa³¹］（头脑不清楚的人）

娘娘［ȵyo²⁴］［ȵyo³¹］（难伺候的人）

槽槽［tsʰau²⁴］［tsʰau³¹］（不合群的人）

全挂挂（精通多种技术的人）

转巴巴（没主见没原则的人）

左逮逮（左撇子）

臭脬脬（人缘不好的人）

黏爪爪（不好相处的小女孩）

一几几（矮小的人）

二 河东方言人物词的表义方式

为了更形象生动、幽默风趣地表达人物词，河东方言（尤其是复合式结构的人物词）在造词表义上，大多采用隐喻、转喻等方式。

隐喻和转喻不仅是修辞方式，更是人们思维的一种认知手段。隐喻是从一个概念域（源域）向另一概念域（目标域）的跨域映射，是两个不同认知域的匹配与投射（王军，2011：51—52）；转喻是同一概念域之间通过某一事物替代另一相关事物，一般通过显著度高的事物激活显著度稍低的事物，根据的是概念之间的邻近性、相关性。隐喻、转喻认知方式的构建和理解，来自日常生活中人们认知世界的基本经验及知识。基本经验的认知原则是人们趋向于选择具体熟知的、易于理解的、有生命的概念或事物去映射或替代抽象复杂的、不易感知的、无生命的概念或事物（吴为善，2011：139）。

（一）河东方言人物词的隐喻认知

跨域映射的相似性是隐喻得以实现的基础，而两种概念域之间的相似性源于人们在认知领域的联想与创造。因而隐喻带有认知主体的情感、态度与体验。一个事物的属性是多方面的，隐喻映射只是选择和接受部分特征，其他特征则被掩盖或忽略（束定芳，1998：17）。河东民众对各种特征人物概括时，也往往是激活内心已有的背景知识，与熟悉的具体事物相联系，关注其中的某一属性，从而利用已知事物相匹配的特征来映射各种不同类型的人物词。

例如"舔沟子虫"与"人"，属于两个互不关联的概念域。"舔沟子虫"表面上似乎指一种虫子，特点是舔沟子（屁股）。屁股是人体的一个敏感部位，相对来说比较隐蔽与忌讳。正常情况下没人舔屁股。社会中有一类人，为了奉承巴结别人，不顾任何颜面，甚至"舔别人屁股"。根据二者的相似性，两个原本不相关的空间进行跨域映射整合，产生新创意义，即善于拍马屁的人就是"舔沟子虫"。

醋巩[xaŋ^{24}]，河东常见的一种瓮坛类容器，腹大口小，更明显的特点是低矮。社会中有一类人的特征是又矮又胖。"醋巩"和"人"，原本两个不相关的概念域，经河东民众的跨域联想沟通，根据二者的相似性，心智空间的"醋巩"被映射激活，整合出新的语义，即个子又矮又胖的人正如醋巩一样。

"火闪"，即闪电，本是一种自然现象。"闪电"往往伴随着响雷，声势浩大，但最终不一定下雨，可能只是虚张声势的表象。社会中有一类人：说话喜欢吹牛，夸大其词。"闪电"和"人物"是两个不同的概念，没有什么关联性。但"火闪"最大的特点是"虚张声势"，由此激活当地民众心智空间，联系到生活中喜欢吹牛的人物，这两个不同的空间进行跨域映射匹配，根据二者的共性"不真实"重新整合构建，产生创新意义，即爱吹牛、说大话的人就是"火闪"。

由此看来，方言人物词的意义是一种"在线"的重构，是人们原有心智空间的背景与概念激活的过程，也是把多个空间领域映射沟通整合创新的过程，这与不同地域民众的认知体验与社会文化有着密切的关系。

（二）河东方言人物词的转喻认知

转喻也是人类认知与思维的一种方式，是同一认知域内不同事物的映射与激活，相关性、邻近性是转喻实现的基础。人类倾向于用凸显、易辨认、易感知的事物或部分去指称或替代其他的事物或部分。不同地域的人们，由于认知视野和关注焦点的差异，在人物词的表现上又有区别。河东方言人物词的转喻主要有两种方式。

1. 部分—整体关系

一个概念有很多属性，而人的认知往往注意到其最突出的部分，而这正是源于人们心理上识别事物的凸显原则（赵艳芳，2001：115—116）。人体是大家最熟知的部分，人类许多认知以此为参照点。河东方言为了凸显人物的某种特征，"脸、头、嘴、手、腿、脚"等人体部位成为人们关注的焦点，以此视角将人物的特性巧妙刻画出来。这种认知属于部分指代整体，它正是基于显著度高的人体部位映射激活人们大脑中显著度较低的整个人物，从而进行整合构建新的意义。

"碎嘴"，指话多、挑拨是非的人。"嘴"是人体非常突出的部位，主要功能是吃东西与说话。"碎"有唠唠叨叨、搬弄是非的含义。生活中有一类人：说话不着边际，唠唠叨叨，又喜欢背后传话、蓄意挑拨、乱加议论，这样的特征在河东民众的心智空间被激活，用其显著的外在特征"碎嘴"指代这种类型的人物。

"生脚"与"急脚"。"脚"是人体的重要部位之一，是人体重要的负重器官和运动器官。"生"表层意思是"不熟悉、不成熟"，"急"有"快速、着急"的含义，由此"脚"和"人"进行部分与整体的连通、整合、压缩，用"脚"的凸显性质指代生活中的某类人物，从而"生脚"

"急脚"分别浮现出"外行"和"急性子人"的创新意义。

"光股儿",即光屁股。屁股是人体的一个重要部位,但一般不能外露。若光露于众,此人物或特立独行,或智力低下。而在人们的心智网络中,由此凸显的局部特征、行为代表整个人的行为、特征,"光股儿"即成为"敢说敢为、出人头地的人"的代名词。

2. 范畴—成员关系

范畴是人类一种基本认知行为,是对事物的一种分类。范畴以原型为参照点进行建构,原型是范畴最显著、最有代表性的成员(赵艳芳,2001:60)。范畴的建构基于人类的体验与知识,受到认知能力与社会文化的影响与制约。历史传说、戏剧角色中有人们熟知的典型人物,而在生活中面对类似特征的人物时,典型往往会被当地民众激活,因而河东方言便用此类角色指称生活中的人物。具体详见表4。

表4　　　　　　　　范畴与成员关系的人物词

范畴	成员
行为不拘、喜欢疯闹的女孩	马氏女
脾气暴躁的人	曹操
行为鲁莽、做事横冲直撞的人	闯王李自成
个子矮小的人	地形孙(土行孙)

"马氏"传说为姜子牙之妻,因泼辣、势利出名,现实生活称谓此类女子时,人们自然联想到马氏,从而在心智空间激活,所以"马氏女"指代行为不拘、喜欢疯闹的女子(王雪樵,1992:113)。"曹操"在历史上被塑造成一个多面性的人物,但其具有奸诈、残忍、多疑、暴躁的性格,因此当地民众在指代脾气不好的人物时,"曹操"在其心智空间自然被激活显现。"闯王"李自成,明末农民起义领袖,一路披荆斩棘,南征北战,推翻明朝统治。他也是河东民众熟悉的一个历史人物,由此指称生活中行动鲁莽、横冲直撞的人时,"闯王"便成代名词。"地形孙",即土行孙,是《封神演义》的人物,身材矮小是其最明显的特点,因而在指代个子矮小的人物时,此意象图式自然在河东方言中被激活,由此"地形孙"即为矮小人物的代名词。

三 河东方言人物词语用功能与文化内涵

(一) 凸显地域文化色彩

方言人物词是以各地方言为依托，自然地域色彩颇浓厚。由于受到自身体验的制约和认知视野的限制，不同地域的人们为形象表现人物词，一般选取当地民众日常生活中熟悉的、通俗的、易理解的事物来映射、凸显人物特征。通过人物词，一定地域的社会文化、风俗人情与民众心理也能巧妙体现出来。

河东位于山西西南部，地处黄土高原，几千年的农耕社会影响着人们的生活理念与文化认知。"包子"是河东乃至北方常见的一种面食，内涵各种馅料，然而有些人精打细算、节约成本，会出现皮厚馅少的现象，即外表鼓鼓的，面皮内没什么内容。所以当地民众指代愚钝、不聪明、没用处的人时，"包子"自然在心智空间激活，进行映射整合，生成深层次的意义，即"白糖包子、痴儍包子"比喻不聪明、没脑子的人。"黄瓜架子"，因黄瓜是蔓生植物，为方便其生长，一般需要竹竿等为其支撑架子。"竹竿"又细又长。因而指代生活中又高又瘦的人时，"黄瓜架子"就成其代名词。

山西盛产煤炭，资源十分丰富，分布区域广阔。煤炭成为人类生产生活不可或缺的能源之一，它的特点是"黑""硬"。因而在指代面部特别黑的人时，"黑炭"自然映入人们的视野中，根据二者的相似性，很容易映射联通，成为皮肤黑的人的代名词。"钢炭"最明显的特征，即硬度高，难以敲打。生活中某类人特别硬气，与"钢炭"有着相似的属性——"硬"，所以"钢炭"成为"特别硬气的人"的代名词。

(二) 反映认知思维的主观性与多元化

语言是人类的一种认知能力，人在认识世界中发挥着一定的主观能动性。不同的地域文化、感知经验以及异样的认知思维使人类面对相似的事物时，创造出多样的表达方式，形成多样化的认知结果。河东民众在为某种特征的人物命名时，不同区域人们的认知思维存在很大的差别。

例如在表示个子矮小的人物时，临猗方言用"醋瓨"，襄汾方言用

"地形孙"，垣曲方言用"小龁蚕"。"醋瓨、地形孙、小龁蚕"看似三种无关联的事物（或人物），但共同之处是"矮小"，所以三地人们的心理意象图式自然被激活，整合创造出新的意义，都可指代个子矮小的人。三地人们之所以选取不同的源域，是人们主观情感与感知的反映，也是逻辑思维受限于认知能力与背景经验的结果。

"扇车""火闪""抡花枪"三种不相关的事物或动作姿势，共同点是"能吹""虚张声势""不真实、无目标"。生活中也有类似的人物：说话不着边际、夸夸而谈、随意编造。面对此类人物时，不同地域的民众基于认知能力和思维习惯，选取各自生活中熟悉的事物进行映射，但本质上不同概念域之间具有共通性，才使得跨域可以构建和成立。所以对喜欢吹牛、说大话的人物进行称谓时，襄汾、临汾方言选取"扇车"，临猗方言选择"火闪"，垣曲方言选取"抡花枪"。

另外，各地民众称谓类似人物时，也可创造、选择多样的表达方式，既可直接描绘，又可形象比喻；或者变换不同词缀、词根，使语言表达丰富多样、生动幽默。例如描写调皮的小孩，可用"捣蛋毛（绛县）、捣势（洪洞、吉县）、捣蛋鬼（襄汾、临汾）、捣㑊（临猗、侯马）"；一个人性格慢的话，可用"老啴（临猗）、木囊鬼（襄汾）、歇能蛋（翼城）、老肉蛋（绛县）、老咩得（河津）"等；形容性格固执的人，可用"老翘（河津）、牛筋（临猗、夏县）、狰皮子货（临猗、河津）、倔蛋（绛县）"等；形容不聪明的人用"闷蛋（夏县）、痴㑊（临猗、运城）、闷轱辘（襄汾）、日糊蛋（翼城）、憨憨（垣曲）、凉胎子（洪洞）"等。

（三）承载历史文化印记

方言词记录一个特定地域人们的社会生活和历史文化，反映民众的认知能力与审美取向。方言词依靠代代口耳相传保存下来，带有明显的传承性。同时方言词也是一个开放、动态的系统。随着城镇化进程的加速和普通话的全面推广，事物的新旧更替以及人们认知的变化，语言在不断更新，方言人物词亦不例外。

"马、牛、驴、骡"是北方农村常见的役使家畜，与人们的生活息息相关。"叫驴"在河东指公驴，它最大的特点就是喜欢大声叫喊，但若是一头"哑叫驴"的话，隐含了表面不能说话、不能发声的状况。生活中有一类人当面不说、背后使坏，与"哑叫驴"有一定的相似性，因而

"哑叫驴"成为它的代名词。"骡子"是驴与马的杂交所生，勇敢机警、活泼好动、好奇心强、喜围拢观。河东方言将骡子的部分品行折射到人类身上，用"骡子"比喻能说会道、话多啰唆的人。"牛"更是河东人们生活中不可或缺的家畜，它有很多特点：体格健壮、性情温顺、任劳任怨、默默奉献，但它认死理，不懂变通。牛身上的筋"牛筋"又富有韧劲，于是当地民众联想起生活中性格固执、难以劝说的人物，根据彼此的相似性，"牛筋"即成为性格执拗人物的代名词。如今随着农业的经济化和机械化，新型城镇化的推行，"马、牛、驴、骡"在河东农村几乎销声匿迹，因而"哑叫驴、骡子、牛筋"等人物词随着它所代表的相关事物或现象的消失，也随着部分人物词使用者的老龄化，这些蕴含历史文化与时代印记的方言词正在逐渐淡出人们的话语。

再如一些表示旧时代职业称谓的人物词，"锢漏锅（修补锅的铁匠）、耍八条系的（走村串户的小贩）、相公（学徒）、经纪（说和牲口的人）、抬轿的（轿夫）、长工（旧时在地主家常年打工的穷人）"等词语，随着这些职业的消失，它们也会退出历史舞台。

四 结语

方言人物词在各地普遍存在，大多活跃在民众的口语中，形象生动，诙谐幽默。河东方言人物词既反映当地民众的认知体验，又承载了河东的历史文化。大量的例子表明，河东方言人物词多含贬义色彩，表达言说者的厌恶、蔑视、憎恨的情感与态度，但一定程度上与中国传统礼仪道德并不矛盾，而是间接体现、宣扬了古老的道德文化，反映了社会底层民众的道德取向与价值观念。当然对待人物词，我们更要一分为二，忌用人物的生理缺陷、不幸遭遇或生活不完美的缺憾对其进行戏谑，这是对弱势群体的一种不尊重与隐性嘲讽，应当予以抵制与批评。河东方言人物词的研究，将利于进一步了解河东方言与河东文化，更有助探索人物词背后人类的生活经验与思维方式。

附文中语料主要来源：史秀菊《河津方言研究》、乔全生《洪洞方言研究》、王临惠《临猗方言研究》、吴建生《万荣方言词典》、蔡权《吉县方言志》、吕枕甲《运城方言志》、朱耀龙《新绛方言志》、潘家懿《临汾方言志》等，以及笔者的调查。

参考文献

李仙娟:《山西临猗话的人物词及其特点》,《安康学院学报》2015年第4期。

李仙娟:《认知视域下的方言人物词探析》,《新疆大学学报》2017年第3期。

乔全生:《山西方言的几个詈词后缀》,《方言》1996年第2期。

束定芳:《论隐喻的本质及其语义特征》,《外国语》1998年第6期。

王军:《隐喻映射问题再考》,《外国语》2011年第4期。

王雪樵:《河东方言语词辑考》,山西人民出版社1992年版。

吴为善:《认知语言学与汉语研究》,复旦大学出版社2011年版。

伍铁平:《语言学是一门领先的科学》,北京语言学院出版社1994年版。

邢向东:《关于深化汉语方言词汇研究的思考》,《陕西师范大学学报》2007年第2期。

邢向东、蔡文婷:《合阳方言调查研究》,中华书局2010年版。

赵艳芳:《认知语言学概论》,上海外语出版社2001年版。

(李仙娟 西安 陕西师范大学文学院 710119;运城 运城学院中文系 044000)

语言接触研究

从"秦、汉、人"看语言接触

张惠英

提 要 本文指出,从《史记》开始,西域等地以"秦"指中国,周围邻国及少数民族,也以"秦"为名表示类同。西北民族"可汗"之称首领,来自"汉"之威名;后来成为一般男女之名。北方达斡尔族蒙古族等地名"钦、浅"来自汉语的"人"。以此看出秦汉以来的语言接触的一斑。

关键词 秦;汉;可汗;地名;语言接触

一 秦

自唐以来,中西有识之士都看出"支那、China"就是"秦"的对音。

罗竹风主编《汉语大词典》"支那"条指出:古代印度、希腊和罗马等地人称中国为 Cīna,Thin,Senae 等,或以为皆是"秦"之对音。佛教经籍中作支那。也写作至那、脂那等。唐义净《南海寄归内法传·师资之道》:"且如西国名大唐为支那者,直是其名,更无别义。"伯希和(PaulPelliot)《交广印度两道考》第 11 页"支那名称之起源"一节中指出:"十七世纪中叶马梯尼 Martini 以为支那一名出于纪元前二四九至二〇七年秦国之称,而经秦始皇传布远地者也。"

从《史记》记载开始,"秦人"就指中国人:

《史记·大宛列传》:"闻宛城中新得秦人,知穿井,而其内食尚多。"

《汉书·匈奴传上》:"穿井筑城,治楼以藏谷,与秦人守之。"颜师古注:"秦时有人亡入匈奴者,今其子孙尚号秦人。"

《汉书·西域传下》:"匈奴缚马前后足,置城下,驰言:'秦人,我匄若马。'"引者按,"秦人,我匄若马"意即"中国人,我给你马。"

(注意"勾"!)

《后汉书·东夷列传·三韩》：辰韩，耆老自言秦之亡人，避苦役，适韩国，马韩割东界地与之。其名国为邦，弓为弧，贼为寇，行酒为行觞，相呼为徒，又似秦语，故或名之为秦韩。（中华书局标点本第2819页）

周围邻国和少数民族，也常以"秦"为名。

《后汉书·西域传·大秦》："大秦国一名犁鞬，以在海西，亦云海西国。………其人民皆长大平正，有类中国，故谓之大秦。"（中华书局标点本第2918—2919页）

我国的景颇族，国外称为 kachin，罗常培《语言与文化》第172页写作"卡钦"。景颇自称 tɕiŋ³¹ pho?³¹，音即"秦伯"。《中国大百科全书（民族）》第210页指出，"寻传蛮包括景颇族先民在内"，这个"寻传"可谐"秦传"（方言如吴语"寻、秦"有读同音）。

李拂一编译《泐史》（云南西双版纳编年史，起自1180年）所附《人名地名泐文罗马字与汉文对照表》第82页就把中国译为"金"：

（汉译）　　　　（泐文罗马字）　　　（附注）
金　　　　　 Chin, Jin　　　　　中国

张君劢所译《云南各夷族及其语言研究》第6页，就把 Sinitic 译作"秦"：

福皮斯大佐（CaptainC. J. Fprbes）在20年前曾提出秦语（Sinitic）之名，所谓秦者，指中国言之；盖以用此方语言者中国人为其要角，则一秦字盖其全部似为适当之称谓也。

越族在越南境内称越族，在中国境内称京族。

云南德宏州盈江县蛮缅乡有个仙岛寨，仙岛人（也作"先岛人"）自称是 chin³¹dau³¹（据戴庆厦《藏缅语十五种》第352页），这个 chin 的音，和"秦"似也相协。

二　汉（可汗；可敦/可尊）

笔者以为，"可汗"的构词，犹如"乞大、仡佬"，"可"者词头"个"也，"汗"者"汉"也。"可敦"者，"可尊"也。说明如下：

舒新城等编《辞海》（中华书局1938年版）丑集第12页：

【可汗】读如客寒，西域国主之称。《唐书·突厥传》："可汗，犹单于也，妻曰可敦。"按回纥、突厥、蠕蠕诸族称其君主，皆曰可汗，后世蒙古、突厥亦称其君曰汗，盖可汗之略。

1999年版《辞海》（上海辞书出版社）：

【可汗】亦作"可寒""合罕"。古代柔然、突厥、回纥、蒙古等政权最高统治者的称号。公元3世纪时鲜卑族中已有此称，但作为最高统治者的称号，始于公元394年或稍后。柔然首领社仑称丘豆伐可汗。宋元以后汉文史籍中省称为汗。

【可敦】亦作"恪尊""可孙""可贺敦""合敦"。古代柔然、突厥、回纥、蒙古等政权对可汗妻的称呼。今维吾尔族、蒙古等族亦称妻子为合敦。

《汉语大词典》（第3册第37页）：【可贺敦】亦省作"可敦"。古代鲜卑、柔然、突厥、回纥、蒙古等民族对可汗妻的称呼。《北史·蠕蠕传》："号地万为圣女，纳为可贺敦。"唐韩愈《董公行状》："先皇帝时，兵部侍郎李涵如回纥，立可敦。"《旧唐书·突厥传上》："可汗者，犹古之单于，妻号可贺敦，犹古之阏氏也。"清魏源《圣武记》卷三："可敦者，準部称其汗之妃也。"

应该指出，可汗（亦作可罕）之用作北方民族君主的称号，在隋初已经流行。《新唐书·突厥传上》第6028页："隋大业之乱，始毕可汗咄吉嗣立，华人多往依之……二年……会病死……立其弟俟利弗设，是为处罗可汗。"

那么，在此之前，北方民族君主称号是什么？是"单于"。《汉书·匈奴传》记载"单于姓挛鞮氏"。

"可汗"之"可"可以省略，可见是个词头，而且读入声（据清吴任臣《字汇补》可汗之"可"苦格切），这就和上文讨论的"乞大、忽歹"的"乞、忽"可能是同一个来源，就是"个"。"可敦"一作"恪尊"，即"可尊"。同样，契丹俗谓王曰"可毒夫"（《新唐书·北狄·渤海》第6183页），这个"可"和"可汗"的"可"属同样性质的词头。例如"毒夫"者，"独夫"也，即孤家、寡人也。

"可汗、可敦"的这个词头"可"，以及"汗"，也有多种写法。例如：

哈罕皇帝（《蒙古译语女真译语汇编·华夷译语》第42页，又第172

页)

哈敦皇后，娘子（《蒙古译语女真译语汇编·华夷译语》第 43 页，又第 82、172 页）

合安皇帝（《蒙古译语女真译语汇编·鞑靼译语》第 95 页，又第 236 页）

哈案皇帝（《蒙古译语女真译语汇编·（蒙古）译语》第 135 页）

从《蒙古译语女真译语汇编·华夷译语》第 42 页皇帝"哈罕"标音为 qaqan，第 43 页皇后娘子"哈敦"标音为 qatun 看，送气与否在北方民族语言中不构成音位对立，所以"可、哈、合"通译，"罕、汗、安"通译。

"（可）汗"和"可敦"在今蒙古语族语言中都有留存，我们把《华夷译语》的标音和今蒙古语族语言的说法比较如下（今蒙古语族语言说法据孙竹 1990：311、335 页）：

	皇帝，汗	皇后，夫人
《华夷译语》	qaqan	qatun
蒙古语：正蓝旗	xaːŋ	gataŋ
巴林右旗	xaːn	xatən
陈巴尔虎	xaːŋ	xataŋ
布利亚特	xaːŋ	xataŋ
达尔罕	xaːn	xatan
喀喇沁	xaːn	xatan
东苏尼特	xaːŋ	gataŋ
鄂托克	xaːn	gatan
阿拉善	xaːn	xatan
都兰	xaːn	xatan
和静	xaːn	xatan
达斡尔语	xaːn ~ ədʑin	katun
东部裕固语	χaːn	χatən

所以，"可汗、可敦"的"可"是个词头，和"乞大"的"乞"音义相通，来源一致。

这个"汗（罕）"既可以指称君主，也可以称呼酋长，甚至普通人，甚至用作女子之名。例如：

默啜（可汗）更遣大酋移力贪汗献马千匹……（《新唐书·突厥传上》第 6047 页）

按，这个"移力贪汗"只是大酋而已。又如：

文帝讳沙漠汗，以国太子留洛阳。（《北史·魏本纪》第 3 页）

按，文帝当时还是太子。所以"沙漠汗"的"汗"属普通昵称吧。

师婆曰亦都罕，佛曰不儿罕（《蒙古译语女真译语汇编·蒙古译语》第 173 页）

罕你哈吞娘娘、罕尼扣肯太子（《蒙古译语女真译语汇编·蒙古同文杂字》第 196 页）

罕尼苏拉嫔妃（《蒙古译语女真译语汇编·蒙古同文杂字》第 197 页）

汗八里：元代的大都（引自《汉语大词典》第 5 册第 905 页），鲍昌《庚子风云》第二部第二十七章："大元一统，你是那举世闻名的汗八里，城围万丈，鼎立三宫。"

《元史》中，以"汗、罕"既可以称王者，也可以称并非帝王的男人、女人，例如：

卜鲁罕（成宗后）2873 页

八不罕、必罕（泰定帝后）2876 页

罕秃忽 2906 页

忙汉 3007 页

察罕（列传十）3039 页

阿剌罕 3147 页

朔鲁罕 3190 页

孛罕 3278 页

察罕（列传二十四）3309 页

汪罕（部落之长）5 页

菊儿［罕］（汪罕的叔父）5 页

不欲鲁罕（乃蛮部长）6 页

局儿罕（几个部落联盟之首）8 页

太阳罕 12 页

卜鲁欲罕（太阳罕之兄）13 页

咸补海罕（金帝宗亲）13 页

啊昔兰罕（西域哈剌鲁部主）15 页

怯蹇叉罕 47页（按，"帝猎于~"，此当是地名。但地名也有因人而名。）

如果我们再留意《明史·鞑靼传》中的"罕、汉"人名，就可以悟到，"汗、罕"即"汉武帝"的"汉"了。北方民族称皇帝为"可汗"，犹如缅语称中国皇帝为"乌底巴 Udi-bhva"，"乌底巴 Udi-bhva"者，"武帝爸（尊称汉武帝）"也（参张惠英，2002：229—233页），"可汗"者，"个汉"也，这汉人、这皇帝的意思。

请看《明史·鞑靼传》中的"罕、汉"人名：

刘汉（大同总兵）8483页

通罕（三卫长）8484页

把汉/把汉那吉 8485页

打儿汉 8486页

插汉 8492页

"罕、汉"之为名，在西南少数民族中也很流行，显然都是因为"汉朝"的威名而致。

请看《明史·土司列传》中的"罕、汉"人名：

罕颜法、罕烈、罕葛、罕庆 8082页

罕孟、罕拔 8122页

罕落法、罕摞法 8146页

刀奉罕/刀奉汉 8109页

刀怕汉 8156页

坏罕、刀派罕 8142页

所以，笔者以为，无论南方还是北方少数民族的姓"罕"名"罕、汗"，以及姓"覃"等，大概都是"秦、汉"威名的反映。

三　人（地名"沁、浅"就是"人"；清廷称谓"福晋"就是"夫人"）

据丁石庆《达斡尔语言与社会文化》第62页所说，达斡尔人有个比氏族小的血缘共同体叫作"莫音（mojin）"，在海拉尔地区和新疆塔城地区的达斡尔人则叫作"浅"。第196页还说到，达斡尔人以"浅"表示氏族归属或屯主：

在达斡尔语中，-tʃiən（浅、沁）附加在名词之后可表示"…的"或"…的人们"等义，以表示归属。达斡尔语地名中有大量带"浅"或"沁"字的，如：讷莫尔浅、塔文浅、哈仁浅、哈力浅、奎力浅、阿尔哈浅等。

其实，以"浅、沁"做地名的，同书中还有：

阿彦浅-tʃiən　库热浅-tʃiən　塔克浅-tʃiən　塔文浅-tʃiən　（第176页）

杜尔门沁-tʃiən　奈门沁-tʃiən　（第177页）

甘浅-tʃiən　马登浅-tʃiən　（第178页）

都尔本浅-tʃiən　塔文浅-tʃiən（第179页）

额尔根浅-tʃiən　（第183页）

二克浅（意为"拉网人"）-tʃiən　讷莫尔浅-tʃiən　（第184页）

达哈浅-tʃiən　奎力浅-tʃiən　阿尔哈浅-tʃiən　拉力浅-tʃiən　开花浅-tʃiən（第185页）

额尔门沁-tʃiən　（第187页）

杜尔门沁-tʃiən　奈门沁-tʃiən（第189页）

都如刚浅-tʃiən　（第191页）

开阔浅（开花浅）-tʃiən　（第192页）

满都呼浅-tʃiən　（第193页）

兰拜沁-tʃiən　（第194页）

音钦-tʃiən　海伦浅-tʃiən（第198页）

按，"钦、沁"同音可通假。第214页特别注明："音钦"系"音河一带的人们"之义。

图沁-tʃiən　（第214页）

这个地名用词"浅、沁"来历何在？我们认为，这就是汉语的"人"。因为上文所引丁石庆《达斡尔语言与社会文化》第196页指出，达斡尔语这个"浅、沁"就是表示人的意思；另外，我们在孙竹主编《蒙古语族语言词典》中，看到一些关于人的词，读音和"浅、沁"相近。例如（据孙竹1990，只列同源的，明显不同源的从略）：

	牧马人 95页	牧民 478页	证明人 293页	客人 294页	客人 454页	胡琴手 381页
蒙古语 正蓝旗	aduːtʃin	maltʃin	gərtʃ	giːtʃən	ʤœtʃin	xuːrtʃ

巴林右旗	aduːtʃin	maltʃin	gərtʃ	gyːtʃin	ʤœtʃin	xuːrtʃ
喀喇沁	aduːtʃin	maltʃin	gərtʃ	giːtʃin	giːtʃin	xuːrtʃ
东苏尼特	aduːtʃiŋ	maltʃiŋ	gərtʃ	giːtʃiŋ	giːtʃiŋ	xuːrtʃ
都兰	aduːtʃin	maltʃin	gərtʃi	giːtʃin	ʤotʃin	xuːrtʃi
和静	aduːtʃ	maltʃin	gərtʃ	giːtʃ	giːtʃ	
东部裕固语	moːrtʃi	maltʃi	geretʃə	ʁeːtʃin	geːtʃən	χuːrtʃ
达斡尔语	adoːtʃin	adoːtʃin	gərtʃin			
			gərtʃil			
东乡语	moriadulatʂən			ʤotʂən	ʤotʂən	

需要说明的是，这些关于"人"的词，从标音看，"-tʃin、-tʃəŋ、-tʃin、-tʃi、-tʃ"都是"人"的读音变体；"人"的鼻音韵尾有的方言保留，有的方言失落，这种有留有失的现象和西北方言的现象有相似之处。由此，我们还发现一个有趣的现象，即蒙古语族"旧的"这个词，原来是从"旧人"引申而为指所有旧的人和物，请看《蒙古语族语言词典》第381页：

旧的

蒙古语
  正蓝旗 xuːtʃəŋ
  巴林右旗 xuːtʃin
  陈巴尔虎 xuːʃiŋ
  布利亚特 xuːʃiŋ
  达尔罕 xuːʃin
  喀喇沁 xuːtʃin
  东苏尼特 xuːtʃiŋ
  鄂托克 xuːtʃin
  阿拉善 xuːtʃin
  都兰 xuːtʃin
  和静 xuːtʃin
达斡尔语 kautʃin
东部裕固语 χuːtʃən
土族语 xaudʐin
东乡语 quaitʂən

保安语　　　　　　χuitɕoŋ

笔者以为，汉语"人"在蒙古语族中的读音情况，在"旧的"（来自"旧人"）这个词中反映得比较全面。

还有，汉语"人"在蒙古语族中的读音情况，在朝鲜语中也能看到。例如（据宣德五、赵习、金淳培，1990）：

	主人 603 页	丈人 637 页	人民 613 页	人参 613 页
铁山	tʃwijin	tʃaŋjin	inmin	ɯnsam
庆兴	tʃwɛjin	tʃjaŋjin	inmin	insam
明川	tʃujin	/	inmin	ɯnsam
安城	tʃyjin	tʃaŋjin	inmin	insam
鸟致院	tʃyjin	tʃɛŋjin	inmin	insam
扶安	tʃyjin	tʃɛjin	inmin	insam
蔚山	tʃujin	tʃajin	inmin	insam

下面谈一下"福晋"这个称谓。

《现代汉语词典》"福晋"的注释谓"满族称亲王、郡王等的妻子"。《汉语大词典》第七册第 945 页"福晋"条注为："满语。妻子。贵妇。一说即汉语'夫人'的译音。清制，亲王、郡王及亲王世子的正室均封为福晋，侧室则封为侧福晋。"

《二十年目睹之怪现状》第七一回："今天回门去，我家里甚么王爷、贝子、贝勒的福晋姑娘，中堂、尚书、侍郎的夫人小姐，挤满了一屋子。"在现今的清朝宫廷戏中，王公贵族的夫人都被称呼为"福晋"。

笔者以为，这个称呼"福晋"就是"夫人"，不只满语这么说，蒙古人也这么说。法人古伯察著、耿昇译的《鞑靼西藏旅行记》第 21 页记述：

一天，福晋前往祭祀祖坟，她必须经由聚集了这支淘金大军的河谷。其车子很快就被包围，有人粗暴地强迫她下车……福晋回府之后强烈发泄她的愤怒，严厉地指责王爷懦弱。她说："这该是多大的耻辱啊！在你的旗内，甚至你的福晋现在也不能安全地旅行了。"

参考文献

[法] 伯希和（PaulPelliot）：《交广印度两道考》，冯承钧译，中华书

局1956年版。

陈宗振：《西部裕固语研究》，中国民族摄影艺术出版社2004年版。

戴庆厦等：《藏缅语十五种》，北京燕山出版社1991年版。

丁石庆：《达斡尔语言与社会文化》，中央民族大学出版社1998年版。

方龄贵：《元明戏曲中的蒙古语》，汉语大词典出版社1991年版。

高葆泰、林涛：《银川方言志》，语文出版社1993年版。

古伯察：《鞑靼西藏旅行记》，耿昇译，中国藏学出版社1991年版。

贾敬颜、朱风：《蒙古译语女真译语汇编》，天津古籍出版社1990年版。

李拂一编译：《泐史》，复仁书屋1983年版。

李文田注：《元朝秘史》（丛书集成初编本），商务印书馆1936年版。

李延寿：《北史》，中华书局1974年版。

刘俐李：《回民乌鲁木齐语言志》，新疆大学出版社1989年版。

刘照雄：《东乡语简志》，民族出版社1981年版。

罗常培：《语言与文化》，语文出版社1989年版。

罗昕如：《湖南方言与地域文化研究》，湖南师范大学出版社2001年版。

舒新城等：《辞海》，中华书局1938年版。

宋濂等：《元史》，中华书局1976年版。

孙立新：《户县方言研究》，东方出版社2001年版。

孙玉卿：《大同方言的词缀"忽"》，《方言》2002年第4期。

孙竹：《蒙古语族语言词典》，青海人民出版社1990年版。

陶宗仪：《辍耕录》（文渊阁《四库全书》第1040册），台湾商务印书馆1983年版。

万明：《"契丹"即中国的证实：利玛窦和鄂本笃的贡献》，《中西文化研究》2002年第2期。

乌·满达夫（校勘、标音、注释）：《华夷译语》，（出版社用蒙文写），1995年。

邢向东：《神木方言研究》，中华书局2002年版。

许慎：《说文解字》，中华书局1963年版。

宣德五、赵习、金淳培：《朝鲜语方言调查报告》，延边人民出版社

1990年版。

曾贻芬、崔文引编：《辽史人名索引》，中华书局1982年版。

张安生：《同心方言研究》，宁夏人民出版社2000年版。

张成材、朱世奎：《西宁方言志》，青海人民出版社1987年版。

照那斯图：《土族语简志》，民族出版社1981年版。

中华书局标点本：《二十四史》。

(张惠英　海口　海南师范大学文学院　571158)

陕西宁陕方言的混合特征

周　政

提　要　陕西宁陕县存在着复杂的方言现象，方言之间不但存在着明显的差异，仅西南官话而言，其内部也存在着较明显的语音差异。本文运用比较的方法，探讨了宁陕方言的内部差异，并分析其混合特征。

关键词　宁陕方言；语音差异；混合特征

宁陕县位于陕西南部、秦岭中段南麓，地处安康市北部，总面积3678平方公里，人口7.0435万[①]。清乾隆四十八年（1783），曾设五郎厅于老城，嘉庆五年（1800），清廷以"镇守五郎关口，确保陕西安宁"，亦改为宁陕厅。民国二年（1913）改为宁陕县，1936年县城迁至关口。

宁陕县周边的语言环境是，县北部的关中是中原官话区，讲关中话；东部的商洛市镇安、柞水两县是江淮官话区；西部汉中市佛坪县以及南部的汉滨区、石泉县是西南官话区。

笔者2010—2015年先后五次深入县内各乡镇进行实地调查，调查结果是：按古入声字的今读标准，以关口（城关）、四亩地方言为代表的包括城关镇、汤坪、筒车湾、梅子乡、新场、皇冠、江口（回民方言除外）、旬阳坝以及东南部的龙王、太山、铁炉、新矿、新建等乡镇为西南官话；以东北部的小川方言为代表的包括金川、丰富、广货街等乡镇为江淮官话；以江口街回民方言为代表的包括穿插于江镇、江河、沙坪、冷水沟、新铺、高桥等村镇内为中原官话。调查结果虽是这样，但如我们将它同周边的同类方言进行比较，就不难发现，因方言之间的接触，使得这里的方言具有明显的混合特征。下面是我们的考察与分析。

---

①　本人口数依据2010年第六次人口普查。

一 宁陕方言的内部差异

（一）声母差异

西南官话城关片声母 24 个，四亩地小片 24 个；江淮官话金川小片 25 个；江口回民小片 26 个。如：

城　关：　p pʰ m f　t tʰ l　ts tsʰ s　tʂ tʂʰ ʂ ʐ　tɕ tɕʰ ȵ ɕ　k kʰ ŋ x ø
四亩地：　p pʰ m f　t tʰ n l　ts tsʰ s　tʂ tʂʰ ʂ ʐ　tɕ tɕʰ ȵ ɕ　k kʰ ŋ x ø
金　川：　p pʰ m f　t tʰ n l　ts tsʰ s tʂ　tʂʰ ʂ ɳ̍　ʐ　tɕ tɕʰ ȵ ɕ　k kʰ ŋ x ø
江口回民：pp ʰm pf pfʰ f　t tʰ n l　ts tsʰ s　tʂ tʂʰ ʂ ʐ　tɕ tɕʰ ȵ ɕ　k kʰ ŋ x ø

比较上述四片方言声母，城关与金川两片，除金川存在自成音节的 n 以外其余都完全一致，并且读"女"都用舌尖后翘舌硬腭浊鼻音声母 ɳ；四亩地片没有 ɳ 声母，但存在着舌尖前浊鼻音声母 n；江口回民方言片除存在舌尖前浊鼻音声母 n 以外还残存着齿唇音声母 pf 和 pfʰ。其差异还如：

（1）知系字江口回民话已主要读为 tʂ 组声母，但止合三、臻合三、江开二里的"追水锤春顺霜双桌"偶尔还保留有唇齿音 pf 组读音。这类字其他各片均读 tʂ 组声母。如：

	追	水	锤	春	顺	霜	双	桌
城 关：	tʂuei³⁴	ʂuei⁵³	tʂʰuei²¹	tʂʰuən³⁴	ʂuən²¹³	ʂuaŋ³⁴	ʂuaŋ³⁴	tʂo²¹
四亩地：	tsuei³⁴	suei⁵³	tsʰuei²¹	tsʰuən³⁴	suən²¹³	suaŋ³⁴	suaŋ³⁴	tsuo²¹
金　川：	tʂuei³¹	ʂuei⁵⁵	tʂʰuei⁴²	tʂʰuən³¹	ʂuən²²	ʂuaŋ³¹	ʂuaŋ³¹	tʂo³¹
江口回民：	pfei³¹	fei⁵³	pfʰei³⁵	pfʰən³¹	fən⁴⁴	faŋ³¹	faŋ³¹	pfə³¹

（2）泥母洪音字四亩地、江口两片读舌尖前鼻音 n，城关、金川两片（金川除"女"单念读 ɳ 外）均读舌尖前边音 l。如：

	拿	努	耐	脑	难	嫩	囊	农
城 关：	la²¹	ləu⁵³	lai²¹³	lau⁵³	lan²¹	lən²¹³	laŋ³⁴	luŋ²¹
四亩地：	na²¹	nəu⁵³	nai²¹³	nau⁵³	nan²¹	nən²¹³	naŋ³⁴	nuŋ²¹
金　川：	la⁴²	ləu⁵⁵	lai²²	lau⁵⁵	lan⁴²	lən²²	laŋ³¹	luŋ⁴²
江口回民：	na³⁵	nəu⁵³	nai⁴⁴	nau⁵³	nan³⁵	nən⁴⁴	naŋ³¹	nuŋ³⁵

（二）韵母差异

城关片韵母 43 个（不包括儿化韵）

ʅ	ɿ	a	o	e	ər	ai	ei	au	əu	an	ən	aŋ	oŋ
i		ia	io	ie		iai		iau	iəu	ian	iən	iaŋ	ioŋ
u		ua	uo	ue		uai	uei			uan	uən	uaŋ	uŋ
ʮ		ʮa		ʮe		ʮai	ʮei			ʮan	ʮən	ʮaŋ	

四亩地片韵母 40 个（不包括儿化韵）

ʅ	ɿ	a	o	e	ər	ai	ei	au	əu	an	ən	aŋ	oŋ
i		ia	io	ie		iai		iau	iəu	ian	iən	iaŋ	iuŋ
u		ua	uo	ue		uai	uei			uan	uən	uaŋ	uŋ
y			yo	ye						yan	yən		

金川片韵母 43 个（不包括儿化韵）

ʅ	ɿ	a	o	ɛ	ər	ai	ei	au	əu	an	ən	aŋ	əŋ
i		ia	io	iɛ		iai		iau	iəu	ian	iən	iaŋ	ioŋ
u		ua	uo	uɛ		uai	uei			uan	uən	uaŋ	uŋ
ʮ		ʮa		ʮɛ		ʮai	ʮei			ʮan	ʮən	ʮaŋ	

江口回民话韵母 49 个（不包括儿化韵）

ʅ	ɿ	a	e	ɤ	ər	o	ai	ei	au	əu	an	ən	aŋ	əŋ
i		ia	ie				iai		iau	iəu	ian	iən	iaŋ	iŋ
u		ua	ɜu			uo	uai	uei			uan	uən	uaŋ	uŋ
ʮ		ʮa	ʮɛ				ʮai	ʮei			ʮan	ʮən	ʮaŋ	
y			yɛ			yo					yan	yən		yŋ

上述四片方言，城关、四亩地属西南官话，其中四亩地片有撮口呼 y 类韵母，而城关片韵母系统却与江淮官话的金川片一致，没有撮口呼 y 类韵母，却有一套合变呼 ʮ 类韵母；江口回民方言片是既有撮口呼 y 类韵母，并且还有合变呼 ʮ 类韵母。下面是差异的表现类别：

（1）知系合口（包括少数开口如"惹假开三抓效开三庄宕开三双江开二等"），金川、城关、江口回民方言片读合变呼 ʮ 类韵母，四亩地读合口呼 u 类韵母。如：

	汝	砖	唇	书	传	润	刷	税	疮
城 关：	ʮ⁵³	tʂʮan⁴⁵	tʂʰʮən²¹	ʂʮ⁴⁵	tʂʰʮan²¹	ʮən²¹³	ʂʮa⁴⁵	ʂʮei²¹³	tʂʰʮaŋ⁴⁵
四亩地：	ᶻu⁵⁵	tʂuan⁴⁵	tʂʰuən⁴⁵	ʂu⁴⁵	tʂʰuan²¹	ᶻuən²¹³	ʂua⁴⁵	ʂuei²¹³	ʂʰuaŋ⁴⁵
金 川：	ʮ⁵⁵	tʂʮan³¹	tʂʰʮən⁴²	ʂʮ³¹	tʂʰʮan⁴²	ʮən²¹³	ʂʮa³¹	ʂʮei²¹³	tʂʰʮaŋ³¹
江口回民：	ʮ⁵³	tʂʮan³¹	tʂʰʮən³⁵	ʂʮ³¹	tʂʰʮan³⁵	ʮən⁴⁴	ʂʮa³¹	ʂʮei⁴⁴	tʂʰʮaŋ³¹

（2）见系三四等合口字（蟹"锐"字及止摄字除外）、通合三入声（屋烛韵）见系字见组，金川、城关片读合变呼 ʮ 类韵母，四亩地、江口

回民方言读撮口呼 y 类韵母。如：

	屈	捐	群	举	虚	权	韵	君	曲	局
城关：	tʂʰʯ⁴⁵	tsʮan⁴⁵	tʂʰʮən²¹	tʂʯ⁵³	sʯ⁴⁵	tʂʰʮan²¹	ʮən²¹³	tʂʮən⁴⁵	tʂʰʯ⁴⁵	tʂʯ²¹
四亩地：	tɕʰy⁴⁵	tɕyan⁴⁵	tɕʰyən²¹	tɕy⁵³	ɕy⁴⁵	tɕʰyan²¹	yən²¹³	tɕyən⁴⁵	tɕʰy⁴⁵	tɕy²¹
金川：	tʂʰʯ³¹	tsʮan³¹	tʂʰʮan⁴²	tʂʯ⁵⁵	sʯ³¹	tʂʰʮan⁴²	ʮən²¹³	tʂʮən⁴²	tʂʰʯ⁴⁵	tʂʯ⁴²
江口回民：	tɕʰy³¹	tɕyan³¹	tɕʰyən³⁵	tɕy⁵³	ɕy³⁵	tɕʰyan³⁵	yən⁴⁴	tɕyən³⁵	tɕʰy³¹	tɕy³⁵

（3）古合口精组三等字（通摄除外），金川、城关读开口呼或合变呼，四亩地、江口回民方言读撮口呼。如：

	蛆	徐	取	需	全	选	绝	雪	俊	迅	觑
城 关：	tɕʰi⁴⁵	ɕi²¹	tɕʰi⁵³	sʯ⁴⁵	tɕʰian²¹	ɕian⁵³	tsʮɛ²¹	ɕiɛ²¹	tʂʮən²¹³	ɕin²¹³	tʂʰʯ²¹³
四亩地：	tɕʰy⁴⁵	ɕy²¹	tɕʰy⁵³	ɕy⁴⁵	tɕʰyan²¹	ɕyan⁵³	tɕyɛ²¹	ɕyɛ²¹	tɕyən²¹³	ɕyn²¹³	tɕʰy²¹³
金川：	tɕʰi³¹	ɕi⁴²	tɕʰi⁵⁵	sʯ³¹	tɕʰian⁴²	ɕian⁵⁵	tsʮɛ⁴²	ɕiɛ²¹	tʂʮən²¹³	ɕin²¹³	tʂʰʯ²¹³
江口回民：	tɕʰy³¹	ɕy³⁵	tɕʰy⁵³	ɕy³¹	tɕʰyan³⁵	ɕyan⁵³	tɕyɛ³⁵	ɕyɛ³¹	tɕyən⁴⁴	ɕyn⁴⁴	tɕʰy⁴⁴

（4）蟹摄合口一三等与止摄合口三等端系字韵母，金川、城关读开口呼，四亩地、江口回民方言读合口呼。如：

	堆	催	罪	碎	脆	岁	嘴	随	虽	醉
城 关：	tei⁴⁵	tsʰei⁴⁵	tsei²¹³	sei²¹³	tsʰei²¹³	sei²¹³	tsei⁵³	sei²¹	sei²¹	tsei²¹³
四亩地：	tuei⁴⁵	tsʰuei⁴⁵	tsuei²¹³	suei²¹³	tsʰuei²¹³	suei²¹³	tsuei⁵³	suei²¹	suei²¹	tsuei²¹³
金 川：	tei³¹	tsʰei³¹	tsei²²	sei²¹	tsʰei²¹	sei²¹	tsei⁵⁵	sei⁴²	sei⁴²	tsei²¹³
江口回民：	tuei³¹	tsʰuei³¹	tsuei⁴⁴	suei⁴⁴	tsʰuei⁴⁴	suei⁴⁴	tsuei⁵³	suei³⁵	suei³⁵	tsuei⁴⁴

（5）遇摄合口一等与通摄合口三等入明母字，金川、城关读开口呼 o，四亩地、江口回民方言读合口呼 u。如：

	模	暮	墓	木	目	穆	牧
城 关：	mo²¹	mo²¹³	mo²¹³	mo²¹	mo²¹	mo²¹	mo²¹³
四亩地：	mu²¹	mu²¹³	mu²¹³	mu²¹	mu²¹	mu²¹	mu²¹³
金 川：	mo⁴²	mo²²	mo²²	mo³¹	mo³¹	mo³¹	mo²²
江口回民：	mu³⁵	mu⁴⁴	mu⁴⁴	mu³¹	mu³¹	mu³¹	mu⁴⁴

（三）声调差异

（1）调类。城关、四亩地、江口回民方言片 4 个声调，金川方言片 5 个声调，调值各有不同，其中金川方言分阴去和阳去。调值的读法区别是：阴平，城关和四亩地片读中升调，金川、江口回民片读低降调；阳平，城关和四亩地片读低降调，金川读中降调，江口回民片读中升调；上声，城关、四亩地、江口回民片读高降调，金川片读高平调；去声，城关、四亩地片读低降升，江口回民片读半高平调，金川片阴去读低降升，阳去读低平调。如：

城　关：阴平（45）　阳平（21）　上声（53）　去声（213）

四亩地：阴平（45）　阳平（21）　上声（53）　去声（213）

金　川：阴平（31）　阳平（42）　上声（55）　阴去（213）阳去（22）

江口回民：阴平（31）　阳平（35）　上声（53）　去声（44）

（2）入声今读。城关、四亩地片古入声字不论清浊大部归阳平；江口回民片古入声字的清声母和次浊声母归阴平，全浊声母归阳平；金川片古入声字的清声母和次浊声母归阴平，全浊声母归阳去。如表 1 所示。

表 1

代表点	入声今读		
	清	次浊	全浊
城关、四亩地	阳平		
江口回民	阴平		阳平
金川	阴平		阳去

二　宁陕方言的混合特征

经上述比较，如果我们将宁陕各片方言与东边的镇安、柞水方言，西边的汉中佛坪方言以及北边的关中方言进行比较，很容易看出除金川方言至今仍和东边的镇安、柞水方言一致以外，主体的城关片方言和西部的四亩地方言主要表现为西南官话与江淮官话的混合，只是混合的程度有别；江口回民方言则主要表现为中原官话与江淮官话的混合。下面分别讨论它们的混合特征。

（一）城关、四亩地方言片的混合特征

笔者为探寻安康方言与周边方言之间的关系，曾先后调查了汉中各县方言以及四川达州方言。这里为说明宁陕方言中的混合关系，我们同时将其与安康相邻的属于西南官话的汉中佛坪话、四川达州话以及属于江淮官话的商洛镇安云盖寺话进行比较。

1. 声母的混合

（1）知庄章组开口二等字的声母比较。如：

	茶	柴	抄	斩	山	窗
宁陕城关方言片	tʂʰa²¹	tʂʰai²¹	tʂʰau⁴⁵	tʂan⁵³	ʂan⁴⁵	tʂʰuaŋ⁴⁵
商洛镇安云盖寺	tʂʰa⁵⁵³	tʂʰai⁵⁵³	tʂʰau⁴²	tʂan⁵⁵	ʂan⁴²	tʂʰuaŋ⁴²
宁陕四亩地	tʂʰa²¹	tʂʰai²¹	tʂʰau⁴⁵	tʂan⁵³	ʂan⁴⁵	tʂʰuaŋ⁴⁵
汉中佛坪话	tʂʰa²¹	tʂʰai²¹	tʂʰau⁴⁵	tʂan⁵³	ʂan⁴⁵	tʂʰuaŋ⁴⁵
四川达州话	tsʰa²¹	tsʰai²¹	tsʰau⁴⁵	tsan⁵³	san⁴⁵	tsʰuaŋ⁴⁵

（2）知章组合口三等字的声母比较。如：

	猪	书	赘	春	顺	穿
宁陕城关方言片	tʂɻ⁴⁵	ʂɻ⁴⁵	tʂɥei²¹³	tʂʰɥən⁴⁵	ʂɥən²¹³	tʂʰɥan⁴⁵
商洛镇安云盖寺	tʂɻ⁴²	ʂɻ⁴²	tʂɥei²¹⁴	tʂʰɥən⁴²	ʂɥən³³	tʂʰɥan⁴²
宁陕四亩地	tʂu⁴⁵	ʂu⁴⁵	tʂuei²¹³	tʂʰuən⁴⁵	ʂuən²¹³	tʂʰuan⁴⁵
汉中佛坪话	tʂu⁴⁵	ʂu⁴⁵	tʂuei²¹³	tʂʰuən⁴⁵	ʂuən²¹³	tʂʰuan⁴⁵
四川达州话	tsu⁴⁵	su⁴⁵	tsuei²¹³	tsʰuən⁴⁵	suən²¹³	tsʰuan⁴⁵

（3）见晓组合口三四等字的声母比较。如：

	举	区	卷	劝	靴	熏	玉
宁陕城关方言片	tʂɻ⁵³	tʂʰɻ⁴⁵	tʂɥan²¹³	tʂʰɥan²¹³	ʂɥɛ⁴⁵	ʂɥən⁴⁵	ɻ²¹³
商洛镇安云盖寺	tʂɻ⁵⁵	tʂʰɻ⁴²	tʂɥan²¹⁴	tʂʰɥan²¹⁴	ʂɥɛ⁴²	ʂɥən⁴²	ɻ²¹⁴
宁陕四亩地	tɕy⁵³	tɕʰy⁴⁵	tɕyan²¹³	tɕʰyan²¹³	ɕyɛ⁴⁵	ɕyən⁴⁵	y²¹³
汉中佛坪话	tɕy⁵³	tɕʰy⁴⁵	tɕyan²¹³	tɕʰyan²¹³	ɕyɛ⁴⁵	ɕyən⁴⁵	y²¹³
四川达州话	tɕy⁵³	tɕʰy³⁴	tɕyan²¹³	tɕʰyan²¹³	ɕyɛ³⁴	ɕyən³⁴	y²¹³

（4）假、效、流、咸、山等摄的日母字的声母比较。如：

	惹	饶	柔	染	热	软	如
宁陕城关方言片	ɥɛ⁵³	ʐau²¹	ʐəu²¹	ɥan⁵³	ɥɛ²¹	ɥan⁵³	ɻ²¹
商洛镇安云盖寺	ɥɛ⁵⁵	ʐau⁵⁵³	ʐəu⁵⁵³	ɥan⁵⁵	ɥɛ⁴²	ɥan⁵⁵	ɻ⁴²
宁陕四亩地	ʐɛ⁵³	ʐau²¹	ʐəu²¹	ʐan⁵³	ʐɛ²¹	ʐuan⁵³	ʐu²¹
汉中佛坪话	ʐɛ⁵³	ʐau²¹	ʐəu²¹	ʐan⁵³	ʐɛ²¹	ʐuan⁵³	ʐu²¹
四川达州话	zɛ⁵³	zau²¹	zəu²¹	zan⁵³	zɛ²¹	zuan⁵³	zu²¹

（5）泥母字"女"，宁陕城关方言片读 ɳɻ，声母读翘舌硬腭浊鼻音 ɳ，商洛镇安读翘舌硬腭浊鼻音 ɳ，汉中佛坪读 ny。

2. 韵母的混合

（1）知系合口三等字（遇合三庄除外），宕开三庄组，遇、山、臻摄见系合口三等字的韵母比较。如：

	柱	抓	缀	追	专	春	庄
宁陕城关方言片	tʂʮ²¹³	tʂʮa⁴⁵	tʂʮei²¹³	tʂʮei⁴⁵	tʂʮan⁴⁵	tʂʰʮən⁴⁵	tʂʮaŋ⁴⁵
商洛镇安云盖寺	tʂʮ³³	tʂʮa⁴²	tʂʮei²¹⁴	tʂʮei⁴²	tʂʮan⁴²	tʂʰʮən⁴²	tʂʮaŋ⁴²
宁陕四亩地	tʂu²¹³	tʂua⁴⁵	tʂuei²¹³	tʂuei⁴⁵	tʂuan⁴⁵	tʂʰuən⁴⁵	tʂuaŋ⁴⁵
汉中佛坪话	tʂu²¹³	tʂua⁴⁵	tʂuei²¹³	tʂuei⁴⁵	tʂuan⁴⁵	tʂʰuən⁴⁵	tʂuaŋ⁴⁵
四川达州话	tsu²¹³	tsua⁴⁵	tsuei²¹³	tsuei⁴⁵	tsuan⁴⁵	tsʰuən⁴⁵	tsuaŋ⁴⁵

	书	虚	床	拘	瞿	军	拳
宁陕城关方言片	ʂʮ⁴⁵	ʂʮ⁴⁵	tʂʰʮaŋ²¹	tʂʮ⁴⁵	tʂʰʮ²¹	tʂʮən⁴⁵	tʂʮan²¹
商洛镇安云盖寺	ʂʮ⁴²	ʂʮ⁴²	tʂʰʮaŋ⁵⁵³	tʂʮ⁴²	tʂʰʮ⁵⁵³	tʂʮən⁴²	tʂʮan⁵⁵³
宁陕四亩地	su⁴⁵	ɕy⁴⁵	tʂʰuaŋ²¹	tɕy²¹⁴	tɕʰy²¹	tɕyən⁴⁵	tɕʰyan²¹
汉中佛坪话	su⁴⁵	ɕy⁴⁵	tʂʰuaŋ²¹	tɕy²¹⁴	tɕʰy²¹	tɕyən⁴⁵	tɕʰyan²¹
四川达州话	su⁴⁵	ɕy⁴⁵	tʂʰuaŋ²¹	tɕy²¹⁴	tɕʰy²¹	tɕyən⁴⁵	tɕʰyan²¹

（2）遇、山、臻摄合口精组三等字的韵母比较。如：

	徐	絮	趣	选	绝	旬	俊	迅	夋
宁陕城关方言片	ɕi²¹	ɕi²¹³	tɕʰi²¹³	ɕian⁵³	tɕiɛ²¹	ɕin²¹	tɕin²¹³	ɕin²¹³	tɕʰi²¹³
商洛镇安云盖寺	ɕi⁵⁵³	ɕi²¹⁴	tɕʰi²¹⁴	ɕian⁵⁵	tɕiɛ⁵⁵³	ɕin⁵⁵³	tɕin²¹³	ɕin²¹³	tɕʰi²¹³
宁陕四亩地	ɕy²¹	ɕy²¹³	tɕʰy²¹³	ɕyan⁵³	tɕyɛ²¹	ɕyən²¹	tɕyən²¹³	ɕyən²¹³	tɕʰy²¹³
汉中佛坪话	ɕy²¹	ɕy²¹³	tɕʰy²¹³	ɕyan⁵³	tɕyɛ²¹	ɕyən²¹	tɕyən²¹³	ɕyən²¹³	tɕʰy²¹³
四川达州话	ɕy²¹	ɕy²¹³	tɕʰy²¹³	ɕyan⁵³	tɕyɛ²¹	ɕyən²¹	tɕyən²¹³	ɕyən²¹³	tɕʰy²¹³

（3）遇合一暮、流开一厚、通合一三（入）明母字的韵母比较。如：

	模	暮	幕	木	目	母	亩	穆	牧
宁陕城关方言片	mo²¹	mo²¹³	mo²¹³	mo²¹	mo⁵³	mo⁵³	mo⁴⁵	mo²¹³	
商洛镇安云盖寺	mo⁵⁵³	mo²¹⁴	mo²¹⁴	mo⁴²	mo⁴²	mo⁵⁵	mo⁵⁵	mo⁴²	mo²¹⁴
宁陕四亩地	mu²¹	mu²¹	mu⁵³	mu²¹	mu²¹	mu⁵³	mu²¹	mu²¹³	
汉中佛坪话	mu²¹	mu²¹	mu⁵³	mu²¹	mu²¹	mu⁵³	mu²¹	mu²¹³	
四川达州话	mu²¹	mu²¹	mu⁵³	mu²¹	mu²¹	mu⁵³	mu²¹	mu²¹³	

（4）果摄、山入、宕入、江入帮、端、知、见组字的韵母比较。如：

	拖	波	过	撮	豁	落	芍	桌
宁陕城关方言片	tʰo⁴⁵	po⁴⁵	so²¹³	tso²¹	xo²¹	lo²¹	ʂo²¹	tʂo²¹
商洛镇安云盖寺	tʰo⁴²	po⁴²	so²¹⁴	tso⁴²	xo⁴²	lo⁴²	ʂo⁵⁵³	tʂo⁴²
宁陕四亩地	tʰuo⁴⁵	puo⁴⁵	kuo²¹³	tsuo²¹	xuo²¹	luo²¹	ʂuo²¹	tʂuo²¹
汉中佛坪话	tʰuo⁴⁵	puo⁴⁵	kuo²¹³	tsuo²¹	xuo²¹	luo²¹	ʂuo²¹	tʂuo²¹
四川达州话	tʰuo⁴⁵	puo⁴⁵	kuo²¹³	tsuo²¹	xuo²¹	luo²¹	ʂuo²¹	tsuo²¹

（5）蟹摄合口一三等与止摄合口三等端系字的韵母比较。如：

堆　内　累　催　随　类　醉　脆

宁陕城关方言片	tei⁴⁵	lei²¹³	lei²¹³	tsʰei⁴⁵	sei²¹	lei²¹³	tsei²¹³	tsʰei²¹³
商洛镇安云盖寺	tei⁴²	lei³³	lei³³	tsʰei⁴²	sei⁵⁵³	lei³³	tsei²¹⁴	tsʰei²¹⁴
宁陕四亩地	tuei⁴⁵	luei²¹³	luei²¹³	tsʰuei⁴⁵	suei²¹	luei²¹³	tsuei²¹³	tsʰuei²¹³
汉中佛坪话	tuei⁴⁵	luei²¹³	luei²¹³	tsʰuei⁴⁵	suei²¹	luei²¹³	tsuei²¹³	tsʰuei²¹³
四川达州话	tuei⁴⁵	luei²¹³	luei²¹³	tsʰuei⁴⁵	suei²¹	luei²¹³	tsuei²¹³	tsʰuei²¹³

3. 声调的混合

宁陕城关方言的声调上节已有说明，无论是调类、调值，还是古入声的今读都完全与相邻的佛坪方言相同。如：

	巴	天	林	郎	本	显	搭	贴	立	白
宁陕城关方言片	pa⁴⁵	tian⁴⁵	lin²¹	laŋ²¹	pən⁵³	ɕian⁵³	ta²¹	tʰie²¹	li²¹	pɛ²¹
商洛镇安云盖寺	pa⁴²	tian⁴²	lin⁵⁵³	laŋ⁵⁵³	pən⁵⁵	ɕian⁵⁵	ta⁴²	tʰie⁴²	li⁴²	pɛ⁵⁵³
宁陕四亩地	pa⁴⁵	tian⁴⁵	lin²¹	laŋ²¹	pən⁵³	ɕian⁵³	ta²¹	tʰie²¹	li²¹	pɛ²¹
汉中佛坪话	pa⁴⁵	tian⁴⁵	lin²¹	laŋ²¹	pən⁵³	ɕian⁵³	ta²¹	tʰie²¹	li²¹	pɛ²¹
四川达州话	pa⁴⁵	tian⁴⁵	lin²¹	laŋ²¹	pən⁵³	ɕian⁵³	ta²¹	tʰie²¹	li²¹	pɛ²¹

归纳以上比较，有四点是很明显的，第一，宁陕四亩地方言与相邻的汉中佛坪方言无论是声母、韵母还是声调都完全相同；宁陕城关方言与相邻的商洛云盖寺方言，除声调以外，声母和韵母完全相同。第二，将宁陕城关方言的声母和韵母与相邻的商洛方言相比，可以断定宁陕城关方言片的底层方言当是江淮官话，不然城关方言的声、韵特征何以与东边相邻的商洛镇安方言完全一致。第三，宁陕城关方言和四亩地方言尽管声母和韵母有所不同，但声调却一致，说明西南官话的声调影响相对于江淮官话来说占据着绝对优势，尽管西南官话未能改变该片的声母和韵母，但声调的改变却是完完全全的。第四，江淮官话的影响主要来自清代的湖广移民，其影响自东南向西北逐渐减弱，西南官话的影响主要来自西部和南部的四川移民，汉中的佛坪和宁陕的四亩地完全可看作东西两种方言的对等接触地带。

（二）江口回民方言片的混合特征

为说明它的混合关系，我们同时将其和与宁陕相邻的属于中原官话的西安方言和与之相处的宁陕城关片方言进行比较。

1. 声母的混合

发生变化的只有中古知系合口三等字（除止摄合口三等字）以及山摄知系合口二等字、江摄开口二等字、宕摄开口三等字一项。如：

| 除 | 主 | 税 | 日 | 转 | 川 | 窗 | 中 | 充 |

江口回民方言	tʂʰʅ³⁵	tʂʅ⁵³	ʂʯei⁴⁴	ʂʯan⁴⁴	tʂʯan⁵³	tʂʰʯan³¹	tʂʰʯaŋ³¹	tʂʯuŋ³¹ tʂʰʯuŋ³¹
宁陕城关方言	tʂʰʅ²¹	tʂʅ⁴⁵	ʂʯei²¹³	ʂʯan²¹³	tʂʯan⁵³	tʂʰʯan⁴⁵	tʂʰʯaŋ⁴⁵	tʂʯuŋ⁴⁵ tʂʰʯuŋ⁴⁵
西安方言	pfʰu³⁵	pfu⁵³	fei⁴⁴	fan⁴⁴	pfan⁵³	pfʰan³¹	pfʰaŋ³¹	pfəŋ³¹ pfʰəŋ³¹

2. 韵母的混合

（1）中古遇蟹（知章组）、山臻合口三等知系字、山合二庄组、宕开三庄组、江开二知庄组以及日母字的韵母比较。如：

	猪	缀	船	准	床	撰	撞	如	蕊
江口回民方言	tʂʯ³¹	tʂʯei⁴⁴	tʂʰʯan³⁵	tʂʯən⁵³	tʂʰʯaŋ³⁵	tʂʯan⁴⁴	tʂʯaŋ⁴⁴	ʯ³⁵	ʯei⁴⁴
宁陕城关方言	tʂʯ⁴⁵	tʂʯei²¹³	tʂʰʯan³⁵	tʂʯən⁵³	tʂʰʯaŋ²¹	tʂʯan²¹³	tʂʯan²¹³	ʯ²¹	ʯei²¹³
西安方言	pfu³¹	pfei⁴⁴	pfʰan³⁵	pfən⁵³	pfʰaŋ³⁵	pfan⁴⁴	pfaŋ⁴⁴	vu⁵³	vei⁴⁴

（2）遇摄端系模、姥、暮韵及庄组鱼虞韵字与流摄的侯、厚、候韵和庄组的尤、有、宥韵合流，读［əu］，其中庄组鱼、虞、尤、有、宥韵字声母又跟精组合为舌尖前音，读［ts］等。如：

	图	度	奴	苏	助	楚	数	偷	走	愁
江口回民方言	tʰəu³⁵	təu⁴⁴	nəu³⁵	səu³¹	tsʰəu⁴⁴	tsʰəu³⁵	səu⁴⁴	tʰəu³¹	tsəu⁵³	tsʰəu³⁵
宁陕城关方言	tʰəu²¹	təu²¹³	nəu²¹	səu⁴⁵	tsʰəu²¹³	tsʰəu⁵³	səu²¹³	tʰəu⁴⁵	tsəu⁵³	tsʰəu²¹
西安方言	tʰu³⁵	tu⁴⁴	nu³⁵	su³¹	tsʰu⁴⁴	tsʰu⁵³	su⁴⁴	tʰəu³¹	tsəu⁵³	tsʰəu³⁵

（3）梗摄开口三等庄组字韵母由收 ŋ 尾变读为收 n 尾。如：

	生	甥	牲	省	铛	争	筝	睁
江口回民方言	sən³¹	sən³¹	sən³¹	sən⁵³	tsən³¹	tsən³¹	tsən³¹	tsən³¹
宁陕城关方言	sən⁴⁵	sən⁴⁵	sən⁴⁵	sən⁵³	tsən⁴⁵	tsən⁴⁵	tsən⁴⁵	tsən⁴⁵
西安方言	səŋ³¹	səŋ³¹	səŋ³¹	səŋ⁵³	tsəŋ³¹	tsəŋ³¹	tsəŋ³¹	tsəŋ³¹

以上可看出，江口回民话自关中被带到宁陕江口以后，经与周围的宁陕城关方言的接触，变化随之不可避免。从变化的结果看，主要有三处，其中又以中古遇蟹知章组字、山臻合口三等知系字、山合二庄组、宕开三庄组、江开二知庄组字的变化为最主要，声母与韵母的变化同步，韵母变读为 ʯ 类韵，声母也随之变读为 tʂ 等。

三　宁陕方言混合特征形成的社会原因

对于宁陕的人口源流，《宁陕县志》（1992）是这样记述的："宋、元之前，宁陕林深菁密，地旷人稀，未被大规模开发，素有'南山老林'之称。元朝至正年间（1341—1368），饥民群起，直到元朝结束也没有平定下来。明王朝初年将农民起义镇压以后，这一地方'空其地，禁流民不得入'。正统年间（1436—1449），饥民徙入不可禁。至成化十三年（1477），'相度形势，置府县，双抚流民'。"

对此，道光《宁陕厅志》卷2《户口》的记载是："本朝定鼎初，山林未开，人烟稀疏，户口零落。乾隆四十八年（1783），厅治草创。嘉庆年间，又相寻以兵燹，流离失所者不可胜道。道光八年，清编册籍，详审多寡，共得户二万三千有奇，口一十一万五千有奇，休食生息，渐以滋盛焉。""全厅人中楚蜀人占十之五六，江西、湖南、两广、山西、河南人十之二三，土著者十之一二。"

我们认为，《宁陕县志》（1992）的记述是将明朝初期爆发在汉水中游地区的荆襄流民潮附着到自己的头上了，道光《宁陕厅志》的记述也仅仅是一个大概的估计，除说明宁陕人口绝大部分是来自外地以外，也没有说清楚人口到底源自何地，所以都是不能作为凭据的。因为依据我们所获得的语音资料，再对照上述的记载，之间没有一点必然的关系。所以依据各方资料，宁陕的人口源流并非上文所记，而应该主要来自以下三个方面。

第一，宁陕地处深山，人口应主要来自清代的湖广移民。对此，据鲁西奇考证，整个安康明朝后期有人口6.9693万，到清代嘉庆末才上升为12.14239万，可见明代对于处深山老林的宁陕来说，人口是极其稀少的，所以这时的人口它是决定不了宁陕方言的走向的。因为对于人口本来稀少的安康来说，明代的少量流民仅安康的河谷盆地就可提供足够的生存空间，根本不可能直至深入地处深山腹地的宁陕。对于这一点，笔者曾考察过宁陕东边属于江淮官话的金川和丰富两镇以及紧靠宁陕的商洛镇安、柞水两县，其人口绝大部分都来自清时的湖广移民而不是明代的荆襄流民，它们至今仍较好地保留着江淮官话的语音特点。

第二，北漂而来的四川移民。对此，我们从西南官话，即南部的成渝方言在汉中、安康的延伸状况就可看得清清楚楚，比如自四川到汉中的镇巴，再到汉中北部的西乡、佛坪以及安康的宁陕，明显表现出成渝方言的延伸与影响是自南而北逐渐减弱的。

第三，江口的回民主要来自清代同治年间的回民起义。对此，笔者曾有过专门的考察和讨论。处于秦岭深处的宁陕江口之所以还居住着不在少数的回民，大都是为躲避左宗棠官军的追杀而从关中逃入秦岭的，正因为接受了周围带有明显江淮官话特征的西南官话的影响，才使得江口的回民方言具有较多江淮官话的语言特征。

总之，宁陕方言所表现出来的江淮官话与西南官话、江淮官话与中原官话的混合特征，都是因为宁陕移民源流的不同而形成的。换句话说，如果宁陕没有这种不同方向的外来移民，那么宁陕方言也不可能表现出西南官话的影响是自西而东，江淮官话的影响是自东南而西北逐渐减弱的态势来。

四 结语

从语音接触的变化规律来看，声调是最具漂移性的，这是宁陕城关片方言之所以江淮官话的声母和韵母特征未动而声调却变得近于成渝方言的最主要的原因。当然方言的变化是复杂的，它不但与周围的语言环境有关，同时与人口的源流、与讲该方言的人口密度也有关。比如，江口回民方言，居住在宁陕西南官话（即城关方言片）之间，改变的只是部分声母和韵母的读音，声调仍坚守着关中西安话的语音特征，就说明它与人口的源流、与讲该方言的人口密度都有着直接的关系。

参考文献

（清）林一铭纂修：《宁陕厅志》，道光九年刻本。

鲁西奇：《区域历史地理研究：对象与方法——汉水流域的个案考察》，广西人民出版社2000年版。

孟万春：《商洛方言语音研究》，中国社会科学出版社2010年版。

宁陕县地方志编纂委员会办公室：《宁陕县志》，陕西人民出版社1992年版。

（清）舒钧纂修：《石泉县志》，道光二十九年刻本。

孙立新：《西安方言研究》，西安出版社2007年版。

张德新：《石泉城关方言同音字汇研究》，《安康学院学报》2009年第1期。

周政：《陕西宁陕江口回民方言的混合特征——兼谈与商洛镇安城关回民话的比较》，《安康学院学报》2013年第4期。

（周 政 安康 安康学院中文系 725000）

方言文化研究

李十三剧作中的角色命名与渭南方言

田晓荣

提　要　李十三是清代乾隆、嘉庆年间陕西省著名的皮影戏作家，他的作品在人物命名方面颇具特色，不仅在塑造人物形象、揭示剧本主题等方面发挥了很重要的作用，而且也表现出明显的地域色彩，反映了浓郁的关中乡土文化，这种乡土文化主要体现在渭南方言的运用，如零干、棱吾、冯年、包住、董寅、古董、九三这几个角色的命名就是利用谐音的方式将渭南方言词的含义融入作品中，塑造了个性鲜明的人物形象。

关键词　李十三；命名；渭南方言；谐音

李十三，真名李芳桂，陕西渭南市渭北蔺店乡人，是清代乾隆、嘉庆年间陕西省著名的剧作家，他为碗碗腔皮影戏编写了八本两折剧本，群众号称十大本，至今盛演不衰。李十三原籍陕西华州（今华县）大张东街人，从家谱看，他的父亲李增敏以上，直系的十二代列祖列宗，都是地地道道的庄稼汉（高泽，1987），李十三也是在乡村教书度过了他的一生，和农民有天然的联系，对当地的方言非常熟悉；另外，皮影戏属地方剧种，剧本主要是供民间的碗碗腔皮影戏艺人演唱的，而华县、华阴是碗碗腔皮影戏的发源地，因此，他的剧本语言中吸收了大量的当地方言，就连角色的命名也有很多取自当地的方言俗语，观众一听到人物的名字，即使不看故事情节，也能想象到人物形象、性格以及动作、语言特征，再加上富有特点的唱腔和道白，各种形象便呼之欲出，若非当地百姓，很难品味人物名字中所蕴含的独特韵味。"人物的姓名不仅与其身份、地位及性格、品质、志趣等紧密联系着，而且能反映出一个地方的风土人情、地域文化。我国幅员辽阔，地域的差别，使各地区的人们在生活、心理上有许多不同于其他地方的特殊习惯，这些因素也都反映进了命名。"（马鸣春，

2004：25）

《十王庙》中的小丑棱吾、零干，《香莲佩》中的丑角冯年、包住，《白玉钿》中的董寅，《古董借妻》中的张古董，《万福莲》中的丑生萧九三等，他们的命名皆取自渭南方言词，具有十足的关中乡土味。这些命名在不懂当地方言的外地人看来，只是人物的一个抽象代号而已，但作为当地百姓，听到这些人名，即使不看表演，角色的脸谱、动作、语言特点，也会立刻浮现在脑海中，因为他们从这些名字中能解读出角色的身份、性格特点、爱好以及外部形象特征。

一　零干

零干是《十王庙》中的一个小丑，他的身份是书童。一开场他就自我介绍："手因洗砚时时黑，眼为烹茶日日红。"这个角色的名字并非姓"零"名"干"，而是取自渭南方言词，如果不懂当地方言，也很难体味其中的含义。零干，在渭南方言中表示做事干净利落，不拖泥带水，如："他媳妇是个零干人，把地里活早都做完了。"剧作中用这个方言词给人物命名，正好照应了角色的个性特点：为人诚实耿直，说话快人快语，做事干练麻利。虽然他的戏份儿不是很多，只是插科打诨的一个配角，但他的动作、语言还是给人留下了深刻的印象。零干的主人朱尔旦，原本才思迟钝，屡试不中，后被十王庙中的木雕神像陆判官破腹纳灵机。朱尔旦的妻子长相欠佳，朱便央求给妻子换头，结果引起了一系列的误会。当吴翰林把换上自己女儿头的宋飞燕（朱尔旦之妻）误认己女，与朱尔旦发生冲突时，零干表现得简单直率，充分体现了他说话做事喜欢"零干"的个性，如《十王庙》第十回：

零干：大叔，你站着做什么。难道说新解元怕他旧翰林吗。你只言喘一句，我把他搬过来，就横他哩么。

朱尔旦：哼，你大娘那事，你晓得。今听那老儿之言，恐怕有些来历，不如忍这一口气罢。

零干：惹个气儿怕啥的。要大叔呢，是开膛过的。要大娘呢，是处过决的，这都是熟事，还怕他吗？

朱尔旦：哼，又胡说起来了。

这段对话中，零干的无所顾忌、单刀直入与朱尔旦的心虚害怕、忍气吞声形成鲜明的对照。尤其在《错审》一折中，零干的直率、诚实表现得尤为充分。判官换头的事情要求零干保密，而且威胁他："你若泄露，短你三十年阳寿。"朱尔旦曾许诺："若不泄露，我将丫环与你为妻。"但零干看到一桩无头命案搞得县令李如桂晕头转向，陷入重重迷惘之中，忠厚善良的他于心不忍，宁可"舍了三十年阳寿"，也不想隐瞒实情了，于是便告诉了事情的真相。当然，因为换头的事情太玄妙离奇了，县官难以置信，所以实话实说的结果是零干被赶出了衙门。在第二十回《哭狱》一折中，零干误以为主人葬身火中，便哭诉道："哭大叔我把判官叫，我大叔因你把瘟遭。只说你剖心手段妙，只说你换头武艺高。武艺高手段妙，害得我大叔坐狱牢。又遇着浆子官胡捣扰，把大叔弄得给火葬了。"这段唱词真是痛快淋漓，把零干对主人的感情、对判官的埋怨、对县官的不满一股脑地发泄出来。到此为止，零干这个书童形象完整地呈现在观众面前。

李十三在他的剧作中多次使用了"零干"这个方言词，如：《十王庙》第十九回："误事处都只因上截一半，因此上弄了个不得零干。"《紫霞宫》第五回："省得忍饥受饿，我也零干了。"第九回："我老汉平日爱零干，说话干脆不滋蔓。"《古董借妻》第四场："把咱二人弄到这城门洞子里了，这出入不得零干。"《古董借妻》第三场："你先哭得不得零干。"《四差捎书》第五场："抱酒来吃一个不得零干。""把杨叔这一下弄零干你想承受我这一份子呀？"《玄玄锄谷》："咱把人家地锄咧，人家把咱饭吃咧，还不得零干。"可见，这个方言词在清代使用很频繁，而且至今还保留在渭南方言中。

二　棱吾

棱吾是《十王庙》中的一个老仆人。他的命名暗含着这个角色的个性特点以及作者对他的感情态度。百家姓中是否有"棱"姓，我们不必细究，因为"棱吾"绝非他的本名。这也是一个渭南方言词，形容某人傻里傻气（"吾"读轻声）。《十王庙》中的棱吾戏份儿也不多，主要是插科打诨，但作者通过有限的剧情、滑稽诙谐的语言，将这个愚蠢可笑但善良忠厚的形象塑造得活灵活现。在第七回《盗杀》一折戏中，吴翰林令他看管尸首，结果他稀里糊涂让判官取走了尸首的头。在第十四回

《托梦》一场中，吴翰林因为女儿（其实是换了头的宋飞燕）的不轨行为怒气冲冲，满屋子追打，棱吾却在一旁傻乎乎地打趣调谑，与剧场的严肃气氛以及主人的怒发冲冠极不协调，但是，当主人要处宋飞燕于死地时，善良的棱吾却暗示她"尾门旁边有个豁口子"，示意其逃走。从剧情看，角色的语言、动作与人物的命名是一致的。"棱吾"这个词在现在还保留在渭南方言中，如："你真是个棱吾，什么话都敢说。""你不要跟他计较，他是个棱吾。"

三　冯年包住

冯年、包住是《香莲佩》中的两个丑角，他们的身份是贼探兵，在剧中只出现了一次，刚上场说了几句话就被豪杰马飞所杀。就是这两个毫不起眼的小角色，剧作者在给他们命名时也并非随心所欲，信手拈来，而是颇费心思。且看他们出场时的台词：

冯年：冯年莫缝严。

包住：包住莫保住。

冯年：吃了几盅酒。

包住：寻的要惹事。

如果不懂当地方言，可能对这几句台词似懂非懂。"冯年"是"缝严"的谐音。在关中方言中，"严"与"年"同音。"缝严"意即"缝补严实"，在剧中引申为"保住性命"，与另一角色"包住"同义。这两个人物一出场就给剧场营造了喜剧气氛，给观众带来笑声。他们俩的名字相映成趣，都暗含"保住性命"之意，但颇具讽刺意味的是，他们刚出场不久就被豪杰马飞结果了性命，谁也没有"保住"，正如台词所说："冯年莫缝严，包住莫保住。"可见作者给他们的命名带有戏谑的口气，故意逗弄观众狂欢畅笑，渲染气氛。

四　董寅

《白玉钿》中的丑角董寅，是"董匀"的谐音。在渭南方言中，"匀"与"寅"同音。"董匀"音［tuŋ^{51}in^{35}］，渭南方言属贬义动词，意思是"搅和得一团糟"。这个角色命名取自当地方言中的动词，这个动词本身就说明了人物在推动故事情节发展中的作用。作者通过这个名字告诉人们：就是这个人物制造了一系列曲折离奇的故事情节。正如他自己在台词中所说的："文章是你替我做，亲事是我替你招，你替我来我替你，中间全是鬼捣椒。"（第五回）"好事都莫成，还算没董寅。"（第十一回）

　　董寅是剧作者在《白玉钿》中塑造的一个劣儒形象，是一个贯穿全剧的关键人物，处于制造矛盾的主导地位。剧情中的一系列矛盾冲突、误会的产生，都是因他而起，正如他的名字一样，（把事情）"董匀"了。他原是一个不学无术的纨绔子弟，以替同窗好友出盘费为条件让儒学名士李清晏替他在科场写文章，他一上场就表白："外面十分厌诈，肚里白者莫啥。要知秀才局面大，先看这几步蹬踏。"（第一回）后面的几次高潮，都是以他为中心展开的。在《骂僧》一折中，通省官员和地方缙绅，焚香迎接元顺帝的大国师番僧辇真，李清晏基于民族正义感，不屈于权势，鄙视佛教是异端邪说，而董寅认为这是巴结权贵，谋求进身的机会，便讨好和尚，出卖朋友；在《冒婚》一折里，当李清晏将梦中与尚飞琼订亲之事告诉董寅后，董寅便冒名去尚家招亲，尚飞琼认出不是梦中郎，一气之下，投了长江，后被其父故友吕思成救起，送往崔府寄养；在《明钿》一折戏中，董寅又拿着苏翰林写给李清晏的荐书去崔府冒名招亲，结果被寄居在崔府的尚飞琼认出，痛打了一顿，赶了出来；在《斩僧》一场戏中，他两次冒名招亲未成，便借刀杀人，以泄私愤，将崔刺史之女告与番僧，番僧将顶替崔双林的尚飞琼严刑拷打，正在此际，得中翰林的李清晏出巡江南，除了番僧，捆绑了董寅，革除衣襟，重打四十板，赶了出去。

五　古董

　　张古董是《古董借妻》中的一个大丑，这个命名也别有趣味。在当地方言中，"古董"属动词，有时写作"咕咚"，解释为瞎搅和、乱来。如"你不要在那里胡古董，把事情搅得乱七八糟"。作者将这一方言词作为戏曲人物名字，就是暗示人们：这个角色是故事情节的关键人物，戏曲中一系列巧妙曲折、荒唐可笑的故事情节都是他惹出来的。张古董爱占小便宜，耍小聪明。同乡青年李春生订婚未娶而妻丧，婚礼的首饰等财物都压在岳丈家中，说要等李春生续娶才给。李春生家贫无奈，便请教于张古董。古董心生一计，将自己的小妻借给李春生，约定不过夜，挣下的东西分一半。谁知两个青年人一夜未归，竟然成了婚配。次日古董告于公堂，县官认为古董年老有妻，所以将他的小妻判给李春生了。张古董跳进了自己挖的陷阱，赔了夫人又折兵。

李十三不仅用这个方言词给人物命名，而且在他的剧作中多次使用了该词，如《玉燕钗》第八回："我在衙门先古董，慢慢的差人细打听。"《紫霞宫》第八回："咳，我的好干妈哩，你生儿养女娶媳妇，不为别的，单单为古董我老爷来的。"第十二回："你婆娘跟上当干证，尽是你一家胡古董。"《古董借妻》第四回："拉拉扯，胡古董，半夜三更弄忙撞。"

六　九三

按照关中人的习惯，把智力正常的人称为十成，智力不足的人说成"不够成色"，现代渭南方言中常用"八成"来戏谑那些头脑简单、愚蠢可笑的人。李十三风趣地将《万福莲》中愚蠢可笑但又憨直率真的丑角命名为"九三"，九三就是九成三，九成三自然就不足十成了，这就规定了剧中人物萧九三的喜剧性格，正如剧中萧九三的解释："人都把哥叫九三哩！明明不足色，你是晓得的。"（第十四回）剧中利用萧九三这个丑角给正剧里加入了喜剧色彩，增添了许多机趣，但作者没有简单地将他作为追求戏剧趣味逗人一笑的噱头，而是在前后不同的环境中，表现出复杂多变的特点：头脑简单、愚蠢可笑，但有时又傻得可爱。在戏的前半部，他贪婪势利，嫌贫爱富，将已许配他人的妹妹卖给恶少张宏做丫环，正如他自己表白："图钱那怕叫人骂，妹子身上要发家。"（第五回）后来又三次向巡按大堂告状，结果招来三次挨打，就像他在唱词中唱的："平白的这几日挨了三顿，实实的打得人肚里呕人。无奈了前去把妹子投奔，不敢在乡里乱耍光棍。"但是，在除武氏复唐室的战斗中他表现得非常勇敢，"那一杆草鸡子都是烂杏，不够我萧九三一人弄松。今日个我耍了红脸大净，杀人头如切菜才显我能"（第十六回）。在《过江劝降》一折中，他的憨直和辩才突然爆发，冷不丁地说出了只有他才能说得出来的话："住了！住了！你说我妹子是婆娘，武则天是天下个总婆娘，你为啥与她屈膝，下拜搭躬？羞也不羞，耻也不耻？""大丈夫端崛崛插在世上，也把这顶天事做上几桩。武则天害唐家这个模样，恨母鸡她不该叫鸣张狂。为恩人也不怕懂下烂酱，劝妹夫胆放大何用商量。"（第十六回）正因为这个人物既可笑又可爱的性格特点,作者选择了一个意味深长又具有地方特色的名称"九三"给他命名。

  独具匠心的角色命名如同形象塑造、情节安排一样,充满令人心醉神驰的艺术魅力。鲁迅(1973:139)曾在《且介亭杂文二集》中说过这样一句话:"创作难,就是给人起一个称号或诨名也不易。"美国当代著名文艺理论家韦勒克精辟指出:"塑造人物最简单的方法就是给人物命名。每一个称呼都可以使人物变得生动活泼,栩栩如生和个性化。"(张超凡,2008)李十三的皮影戏剧本一直强烈地感染着读者与观众,除情节的离奇曲折、人物的惟妙惟肖、血肉丰满外,还有一个很重要的原因,就是人物命名的独具匠心,角色的名字不仅仅在塑造人物形象、揭示剧本主题等方面发挥了很重要的作用,而且也表现出明显的地域色彩,具有十足的关中乡土味。

参考文献

高泽:《李十三评传》,陕西人民出版社1987年版。
马鸣春:《艺术命名学》,新疆大学出版社2004年版。
鲁迅:《且介亭杂文二集》,人民教育出版社1973年版。
张超凡:《红楼梦人物取名的艺术》,《新闻爱好者》2008年第2期。
王相民:《李芳桂剧作全集校注》,三秦出版社2011年版。

(田晓荣 渭南 渭南师范学院人文学院 714099)

宝鸡陈仓区三寺村春节血社火调查报告[*]

赵德利　贾丹林

提　要　三寺村每年春节游演武二杀嫂、斗杀西门庆的"快活"。化妆师运用魔术技法造型，通过刀劈斧砍、剑刺凳扎、利剑穿腹的装扮，表现出血腥的杀人场面。快活开演的第一项是化妆"探马"并到庙里烧香祭拜，最后一项是在寺庙卸妆。这个完整的游演程式显示出三寺村人的心意信仰和行为寓意：借神灵的威力抑恶扬善保平安。血社火一年只表演一天，快活团队成员沉醉于巫术法力所营造的情境氛围，与神灵之间形成"心有灵犀"般的神秘互渗，心中充满了神秘神圣的感觉，俨然民间的团伙权威。血作为一种生命象征，沉积在人类的信仰心理成为挥之不去的意象原型。三寺村血社火游演犹如一个庞大的血祭仪式，以西门庆、潘金莲和打手的形象作为祭祀的牺牲，血祭神灵，祈望神灵赐福保佑三寺村人"通过"年关平安幸福。

关键词　三寺村；春节；血社火；扬善惩恶；民间信仰；心理原型

三寺村位于宝鸡市西山，隶属于陕西省宝鸡市陈仓区赤沙镇。2016年春节全村869人，以吴、付、任三大姓氏为主。西山属于秦岭山脉向西的延伸部分，与祁连山脉之陇山相连。沟大山深，自然条件比较恶劣。

宝鸡是周秦文化的发祥地，国家级文明城市。宝鸡人自古就重礼乐，讲善恶，扬传统。宝鸡社火作为国家首批非物质文化遗产代表性项目，在宝鸡拥有广泛的群众基础。每年正月十五前后，马社火、背社火、车社

---

[*] 本文系国家社科基金特别委托项目《中国节日志》子项目《春节（陕西卷）》（项目编号：JRZCH201601，主持人赵德利）阶段性成果。

火、高芯社火等轮番上演。人们通过社火形式祈吉纳福，祈望人与天地和谐相融。被陈仓区赤沙镇三寺村人称作"快活"的血社火，是其中独异的一种社火形式。国家级报纸、电视节目曾有报道，在国内颇有影响。

2015年腊月和2016年正月，我们五次驱车前往该村调查，采访了血社火传承人吴福来，三寺村党支部书记任永生、村主任李合信、社火会长吴斌和付保才，以及社火身子、锣鼓队员等人员，实地拍摄了社火化妆、游演全过程，并在社火游演现场采访了来自上海、西安、宝鸡以及当地观演的群众。

历史上三寺村建有三座寺庙，虽然历经沧桑变故，现在村内仅存一座蛟龙寺，但是，三寺村人依然与庙宇有着密切的心理关联，在古朴的生活方式中持存着对美好生活的坚定信念——传承上演武二杀嫂、斗杀西门庆的"快活"，心中保持着一份令人敬畏的信仰和人神天地和谐共生的渴望。

一　三寺村与血社火的由来

（一）三寺村历史地理概况

早在新石器时代，宝鸡就是先民们活动生息的地区之一。宝鸡共发现新石器文化遗址数百处，其中最著名的北首岭遗址，据《中国大百科全书·考古学》记载，早期遗存为公元前5150—前5020年的母系氏族公社时期，距今7150多年，是早于仰韶文化半坡遗址的一种文化遗存。赤沙镇位于宝鸡城市西部山区，因辖区内土壤、沙石多为赤红色而得名。赤沙镇因产业发展而闻名，是花椒、核桃、苹果等产业的优生区。赤沙是西山地区乃至陕、甘两省最大的花椒集散地。

三寺村所在的西山赤沙镇及其周边山岭，曾是新石器时代古人类居住的地带，历史悠久。据宝鸡考古队考古发现："关桃园遗址位于宝鸡以西的深山区，以前仰韶为主，处在考古探索的前沿。"（刘明科，2007：1—2）地处深山的三寺村人有着古朴的思维和信仰，自古就和庙宇关系密切，据85岁的何万德老人讲，三寺村万历年间有三座寺庙，分别是清凉寺、老君寺和菩萨殿。后来地震，把寺院压了，只剩下现在的菩萨殿，村人也叫蛟龙寺。说起三寺村的庙和村名，村人还有一种说法。除了老辈子三寺村的三座庙，现今的三寺村还拥有三座庙。赤沙镇镇口的兴平寺、村内的蛟龙寺和南山里的白音寺。虽然"文化大革命"期间寺庙停止活动，但是，三寺村人却完好地保留着蛟龙寺。在深山僻壤的山村，人口不多，却拥有三座寺庙，可见村民笃信鬼神，信仰超自然的神力。这种信仰由古及今，在村民的心中根深蒂固。现今每年二月十五过庙会，二天会，供奉菩萨神。远近民众进香者众。平时谁家有事，也要到庙里去烧点纸，祈求菩萨保佑平安。心中保有的这份信仰，使三寺村人民民风朴实，邻里间友善相伴，相安无事。88岁的付孝老人说，三寺村人都很朴实，民风好，没人干坏事。

　　三寺村人民风淳朴，待人坦诚。他们在平时的生活中嗜好不多，但逢节庆大事，都要去庙里"烧点"，祈福平安。在他们心中，个人和村落像四季一样都有节口，每年的春节就是大的关口，需要用心祈福"通过"。村社火会长吴斌说："三寺村社火游演定了以后，比如十四日耍呢，第二天一早就要到蛟龙寺去给他老爷（神像）去烧点（祭拜）。这个仪程必须要由会长去把香表拿去，给他老爷（神像）一烧，就是为了保平安。"吴斌会长的话里，透着三寺村人的文化心理秘籍，也诱导着我们去探寻三寺村人的心意信仰和行为寓意。

（二）血社火的由来与传承

　　血社火的由来及其命名说得清却道不明。可以说，三寺村血社火的发起是一个传奇。血社火吴家家族传承人、陕西省非物质文化遗产项目宝鸡民间社火代表性传承人吴福来说，清朝道光年间，一位河南籍游乡串街的铁匠，在三寺村打铁时得了重病。村里吴姓有一个东家叫吴穷汉，把他留在家里，请郎中看病，精心照顾，村里人也常来看望呵护。铁匠病好后心存感激，为报救命之恩，就将血社火的妆演秘诀及技法相传授，并帮助打造了所需铁器道具（13件）送给吴家。说耍"快活"能驱灾避难，保佑村子平安吉祥。这套道具和妆演秘诀及技法在吴姓家族传承至今，成为吴姓家族的传世艺业。现在三寺村人表演用的道具仍然是河南铁匠打造的那套道具，化妆技术则由吴家后人掌握。血社火在"文化大革命"期间停演，幸而当时保管道具的吴家人将道具藏在屋顶而使得这些道具免于被抄没，但在此期间仍然遗失了四件道具，后来重新补做。"文化大革命"结束后，"快活"又恢复了表演。

惩恶扬善,"快活"的命名有深意。一出武松杀嫂、斗杀西门庆的故事为何叫"快活"?河南从古至今都没有血社火流传,那个河南铁匠如何知晓这个演艺绝活,并将这手艺独独传给陕西宝鸡的三寺村?血社火又名扎快活。所谓扎就是将斧头、剪刀、铡刀等凶器化妆时扎入扮演恶者的头部、面部及腹腔之中,呈现出鲜血淋淋、森煞恐怖的杀人场景。这一社火扮相充分表达了三寺村人疾恶如仇、惩恶扬善的思想情感。取名"快活"有两层意思,一是取《水浒》故事中地名"快活林",二是取社火游演的意义,即铲除为非作歹的恶人后人心快活。血社火命名"快活"不仅表达了除暴安良的主题,而且区别了它与传统社火的类型,颇为贴切。三寺村人在"快活"游演时,也装扮1—2组社火身子(人物),以正面人物形象比衬恶徒打手。他们将"快活"与社火分辨得很清楚。

血社火除了陕西境内尚未发现其他省份装扮游演。经查检文献和网上搜寻,陕西关中还有陇县阎家庵村①、兴平市汤坊镇许家村②和渭南地区(关中东府)的合阳县岱堡村、蒲城县苏坊镇、大荔县几个村镇装扮游演过血社火。③ 但是从装扮技艺和历史传承的角度评价,没有比三寺村演艺历史更长、技法更为娴熟的。比较而言,渭南地区扮演的"血故事"扮演多种剧目,不仅装扮了被刺杀的恶人身子,而且配置了剧中正面人物的刺杀动作,善恶人物同台表演,使舞台形象更加丰富多样,逼真美观。

二 三寺村社火会与社火传承人

三寺村的春节大致可分三个阶段。腊月二十三过小年(祭灶)开始,到腊月三十为第一阶段,准备过年。三十晚上到正月初五为第二阶段,过大年。初十到十五,为第三个阶段,社火游演。第一个阶段可谓狂欢蓄

---

① 陇县阎家庵村血社火第五代传人梁有和介绍,陇县血社火起源于民国闹土匪的时间。一个河南游走江湖的为报恩留下一个口袋,内装血社火道具。扮演《水浒》三打祝家庄的故事。

② 许家村的血社火只有一个流传几百年笼统的说法,如何传承下来(家族或村落)无具体定论。

③ 岱堡村人相传公元1726年大荔县羌白镇郭姓名成望的人移居岱堡村,并带来了"血故事"扮演技艺,历经六代人的传承改进,形成传统。渭南地区的血故事取材于凶杀格斗的传统武戏、神鬼传说。如《铡美案》《耿娘杀仇》《刺辽》《小鬼推磨》《锯裂分身》《王佐断臂》《阎王换头》等。

势，积蓄吃与耍的本钱。第二个阶段正式拉开春节大幕，三寺村人过年简单朴素，有别于关中农村繁复的饮食传统。年三十吃搅团，过年只做花卷，吃酸菜浆水面。简朴的节庆生活方式显示出山民本色。除了家族团聚和饮食以外，祭祖、拜年、走亲戚增添了年节礼仪的文化内涵。过了初十，山村又掀起一波高潮。乡村社火轮番出动，彩旗飘扬，锣鼓震天，车马与步行社火闪亮登场。场上场下群情呼应，春节作为民众的精神狂欢在第三阶段达到鼎盛。社火表演的三要素——戏剧脸谱、服装和把杖，使宝鸡社火成为国家非遗品牌，成为最具代表性的元宵佳节传统节目。三寺村人因为血社火名扬海内外，曾经应邀到洛阳、西安等地演出。表演社火也因此成为他们最得意开心的大节日。

（一）社火会组成

三寺村社火会是在村委会领导下的民间组织，成立于 1986 年，社火会会长由村委会任命。社火游演是三寺村的一件大事，每次游演行程及其安全保障由村上负责，选身子（演员）、化妆、服装、道具等具体事宜由会长负责。三寺村社火会现有三个会长，他们分工协同，共同负责社火游演事务。吴斌，1949 年生，小学文化，保管服装道具，对外协调游演资助。吴福来，1963 年生，小学文化，负责化妆和上道具。付保才，1953 年生，小学文化，擅长做小件手工，协助吴福来化妆、穿服装和上道具。除了三个会长，社火会还设有快活（演员）队、化妆服装队、锣鼓队、彩旗队，以及车队、治安等人员。一般规模的游演需要 70 人左右。

吴斌当过 10 年村委主任，精明能干。谈起血社火游演程序，他滔滔不绝：要"快活"要先组织人员。一个就是彩旗队，要 12 个人，锣鼓队 24 人，（快活）人员要配备身子的话，一共是 24 个。挑身子有讲究，就是要挑头型。不挑头型不行，因为有铡刃、铡刀、镰刀、斧头、透心剑、锥子、泥蹄（雨天穿的木屐）等，这些你不按照头型，道具上不上嘛。必须按人配备好，装社火，还要女人，旦角脸型，各方面都要按人的身子来挑选。说到道具和头型，吴斌会长满含深情。他说："铁匠用了十来天时间一锤一锤打下的。我们一直把这个文化遗产保留着。选择身子（演员）时，主要看头大小，这与道具配套有关。"他的这句话，满含道具的秘籍，道具与头颅相关！

（二）传承人吴福来

　　吴福来，三寺村村民，三寺村"快活"吴家家族继承人，陕西省非物质文化遗产项目宝鸡民间社火代表性传承人。吴福来生于1962年4月17日，小学文化程度。全家6口人，父母和一个兄弟、两个妹妹。他从10岁起跟随父亲学习表演社火。一开始学习化妆步社火（脸谱），后来学习化妆"快活"，16岁时学习上道具。父亲去世以后，年轻的吴福来承担起全部化妆技艺。谈起父亲，吴福来深情地说："我爸没有上过学，但是父亲聪明好学，手艺好。他对我影响很大。"吴福来的父亲没有上过学，靠当年扫盲班的功底，通过自学，读了很多书，有了一定文化，当上大队会计。师从吴福来的爷爷学会社火化妆技艺。

　　吴福来的人生颇为坎坷。父亲2005年腊月二十六脑溢血，正月初二去世，享年70岁。母亲1960年从甘肃逃难到三寺村，与父亲成婚，2007年母亲去世。妻子2008年因患癌病去世，夫妻俩只有一个儿子，已经26岁，常年在上海打工，现已成家有了孩子，很少回三寺村。吴福来只身在家务农打工，经常在附近村落当泥瓦匠，干一天能挣120元工钱。问起吴福来的化妆技艺，他很谦虚："我画得不好，不演的时候，打了工做了活了。但是闲下来，我就一笔一笔琢磨，从哪里起墨，咋样能着墨勾魂。"

　　吴福来没有辜负祖父辈的期望，他对血社火化妆技艺的钻研，得到文化艺术管理部门的认可。2008年，陕西省文化厅命名吴福来为陕西省非物质文化遗产项目"宝鸡民间社火"代表性传承人，2009年被宝鸡市文化局命名为非物质文化遗产项目"宝鸡民间社火"代表性传承人。

　　吴福来文化程度不高，为人诚朴。他深知血社火的传承发展超出了吴家和三寺村的界限，培养接班人已成为他的责任和使命。他开始培养儿子和侄儿，给他两教授快活的化妆和上道具的技艺。因为儿子在上海打工，所学有限。好在侄儿还愿意学习，目前基本掌握画法。说道"快活"传承和发展，吴福来担忧没有经费，没钱也就买不起衣服、道具等，无法将"快活"包装得更精美。三寺村没有村上的经济来源，至今村上还欠修路款50万元。所以，村上难以给社火会必要的经费支持。

　　说道"快活"表演的意义，不善话语的吴福来来了精神。"惩恶扬善，祛病辟邪！"吴福来举例说，"我们到石家滩耍去了（游演），他们家庭不幸，老出事生病，把我们专门叫去了，装好了社火，到他屋里转了一回。因为村里老出事，让社火班子去表演镇邪。原先家庭有人身体不好，多害病，他们专门寻找来，装身子（演社火）。"说到这，吴福来的脸上洋溢着难以掩饰的兴奋表情。

以社火驱除瘟疫，并非耸人听闻。西北地区社火游演基本相同，用社火形式祛病扫穷、祈福安康是社火表演的基本主题。陕西汉中洋县至今盛行春节期间"扫五穷"。正月初五，扫五穷队伍成员化妆装好身子，由红、黑胡子灵官手执金锏与钢鞭抵住被清扫人家的门户，诸路神仙角色进入院房内，由毛女神挥动帚箕、土地神挥动拂尘，为宅院主人做象征性的清扫动作，表达求财纳禧、祈福禳灾、除瘟祛邪的愿望。

三　血社火的化妆程式

三寺村的春节简朴而又热闹。村里人在家族团聚拜年之外，过年的喜庆心理蓄积为一种渴望的狂欢冲动——耍快活。表演社火是他们最开心得意的节目，而能被挑选上扮演"身子"则是他们的荣耀。

（一）脸谱化妆

三寺村人对社火表演有明确的类别区分。他们把扮演武松斗杀西门庆（武二杀嫂）的故事称作"快活"，把扮演的其他故事叫"社火"。

2016年正月初十，三寺村社火会村内游演。早上六点多，村民们便起床准备游演事宜。化妆"身子"是第一要义。这一天，血社火传承人吴福来成为焦点人物。按照社火会前一天的计划，今天他要化妆三个社火身子，13个快活身子。社火化妆主要是脸谱化妆，用戏剧油彩在身子脸上描画人物脸谱。脸谱化好了再穿服装和上道具。

化妆室设在村委会，40平方米办公会议室内，摆了一圈会议桌，上面摆放着化妆用的油彩（管）、毛笔、调油彩盘，社火身子的服装，以及"快活"游演使用的铡刀、镰刀、斧头、透心剑、锥子、泥蹄（过去雨天穿的木屐）等道具。化妆室内负责化妆的除了吴福来，还有化妆助理付金财，他协助吴福来化妆脸谱。这位67岁的老人曾经在赤沙乡剧团演过须生，是三寺村口才最好的"艺人"。另外还有负责穿衣服的社火会长付保才。

第一个化妆的是"探马"。"探马"出自戏剧《火焰驹》。"火焰驹"原为一匹良马，奔走时四蹄生火，在剧中有奔走传信功效。马主人艾谦是一位急人之难、知恩必报的义士。戏剧用这匹神骏衬托义士的高风亮节。在"快活"装扮游演中，三寺村人将人与马融合为"探马"，以此"开路"，保佑扮演者平安。"探马"属于社火身子。吴福来使用红色间黑的颜料描画"探马"的脸谱，用黑色间白勾画"探马"的眼睛和耳朵，象征着探马的忠勇沉稳和耳聪目明。

探马之后，吴福来接着化妆了黑虎和灵官。宝鸡地区社火游演一般队前总有黑虎和灵官执鞭开道，民间传说二将能降妖捉鬼，消灾免难。三寺村社火将"探马"置前通风报信，又把黑虎和灵官两员勇猛善战的虎将放在"探马"之后，足见"开路"和保平安心理多么强盛。

"快活"表演的是武松杀嫂和斗杀西门庆及其13个打手的故事。与化妆前3个社火身子不同，快活身子的脸谱没有特定程式。"净脸"上再加勾画是他们的基本特征。化妆助理付金财首先为这13个人打底粉。在底粉的基础上，吴福来再对几个打手作不同的脸谱丑相勾勒。在眼睛上、鼻子上或嘴巴上用白色勾画龇牙、咧嘴、斜眼神态。吴福来说："现在（化妆打手）基本弄成净脸了。原来还难，原来不是把嘴化成斜斜的，牙一呲，嘴上一染。这也是跟上我父亲一点点学的。我现在画脸还是不行，就是进行了改妆，改妆个净脸，画个白眼窝，画出丑角形象特征。"

（二）烧探马

"烧探马"是"快活"游演的第一个程式。无论在哪里游演"快活"，第一项仪式总是由"探马"到附近的庙宇去烧香表祭拜。这是一项固定不变的议程。2016年正月初十上午10点，"探马"在化妆室画好脸谱，穿上服装，手持马鞭，站立在三轮农用车前排，去寺庙进香祭拜。社火会长和庙会会长在车前引路前往。车上除了"探马"，还有一组锣鼓，即一个打鼓人，一个敲锣人，一个打镲人。探马车一路打鼓敲锣直奔蛟龙寺。[①]虽然宝鸡地区社火游演时许多社火队也有探马身子在队前引路，但是，一般社火队都没有去庙里烧香祭拜的环节。三寺村社火显然具有自己独特的程式，表达着与众不同的文化心理。调查中发现，三寺村社火队因扮演"快活"（血色凶相），要在大路上行进，三寺村人借忠勇灵慧的探

---

① 2016年正月初十村内游演，探马到蛟龙寺烧香祭拜。2016年正月十四赤沙镇游演时，探马就到镇上的火星庙去祭拜。

马"开路"，通风报信，以保佑"快活"扮演者平安。而烧纸祈福也是为了扮演"身子"的村民不被冥界恶人和魔鬼所迁怒，保佑他们平安。

吴斌介绍说："以前烧探马是骑马去庙里，现在改成车拉。最早游演社火都是坐在架子车上，由人拉着满街道游演。"

车队到了蛟龙寺，"探马"下车径直走到庙里菩萨像前，跪地烧纸。庙会会长在旁边点燃香，一根根插进香炉中。所带一捆黄表纸烧完，探马就地磕头跪拜三次，起身退出蛟龙寺。一干人马上车重返村委会化妆室。整个祭拜仪式庄重简洁，并不作言说祷告，也没有放炮。

（三）上道具

服装道具是社火会的主要家当。在关中地区评价一个社火会的影响力，首先与该社火队能表演多少剧目——化妆多少身子有关。反过来说，也就是看他们购置存留了多少套服装道具的家底。三寺村服装比较简单。因为不演社火或只演几个社火身子，所需的戏剧表演服装就少了许多。而"快活"中打手的服装并没有特别的讲究，仅只黑、白、粉、绿几色长衫。除了潘金莲头上有头饰以外，打手每个人头上都包着黑头巾。这既是打手的装饰，也是上道具所必需的掩饰。从表演效果来说，道具和"喷血"是"快活"取得震撼人心的表演效果的关键因素！

"快活"的绝活在于上道具。上道具就是将刀、斧、剑等利器刺入扮演者身体，这种装扮技法是一门秘术。近200年来，三寺村"快活"严守着吴家祖先的规矩，传男不传女，在密室上道具概不对外。目前只有血社火传承人吴福来一人掌握这个技法，扮演血社火角色的村民虽然知道其中奥秘，却都守口如瓶，不论他人如何恳求询问，也绝不透露任何关于上道具的信息，这使得血社火显得非常神秘。2016年正月初十三寺村社火村内游演，调查组与社火会长交涉，希望准许拍摄上道具之后的"喷血"环节，吴斌会长答应了我们的请求，却被密室守门人断然拒绝。

上完道具后往身子脸上"喷血"所用的液体，村里人称之为"染子"。现在用的染子是由清油、红色染料和开水混合搅拌而成。经"稀释"的"染子"具有一定的黏附力，装在喷壶里喷在脸上、身上，短时间内相当逼真地表现出打手被杀刹那间血淋淋的惨状。在打手脸上、身上喷洒"血液"，打手就"死了"，他由人变成了"尸"。到此时，整个化妆过程就完成了。说到染子，吴斌、付金财讲述，当年吴福来爷爷和父亲化妆时，还没有现在的化学染料，是用山上采摘的7种植物（草），加工成颜料，吴福来爷爷和父亲喝在嘴里，喷到打手脸上、身上。每次为13个打手"喷血"后，爷爷和父亲都会因染料反胃而呕吐。

"快活"的道具都是农家生产劳动使用的真家伙。铡刀、镰刀、斧头、透心剑、锥子、泥蹄、剪子等，都是平时家用工具。就连化妆"透心剑"穿过人体带出肠子的"肠子"，都是现买的猪大肠，洗净装在"身子"后腰透心剑上的。

化妆游演中的禁忌。化妆时，演员和化妆人还有交流，交换感受。但在化妆之后，演员变成"身子"，就不能乱说乱动。尤其是"快活"身子上完道具，喷洒上"染子"，就身不由己，被人搀扶上车坐下，不准睁眼、说话、不能笑。吴福来说这是老辈子传下来的规矩。这是社火表演的禁忌。这其中的奥秘实际是"身子"一旦完成装扮，即由人变为"鬼"——"神"，已经不是现世自己，必须遵循祭祀的礼仪规范。这也是巫术思维之下原始祭礼的遗风。犹如"傩"的人神转化。傩作为一种神秘而古老的宗教舞蹈，虽然在宝鸡地区并不流行，但是现今庙会的跳神者一旦进入其顶替的身子，一如戴上面具的巫师，普通人就变成了"神"。血社火的身子亦如血祭中的"牺牲"，进入另外一种人、神、鬼相通的灵界。

四 雪中大游演

按照吴家和三寺村传统，血社火每三年表演一次。"文化大革命"期间还中断十余年。近年来，随着国家保护非物质文化遗产工作的推广和影响，三寺村血社火已经改为每年正月十四在赤沙镇游演，并且根据需要，灵活增加游演场次。2016年正月初十和正月十四分别在村内和赤沙镇游演两场。

（一）"快活"装车

经过四个小时的化妆，"快活"身子一个个从"密室"出来，在助理的搀扶下，"闭目"走到三轮农用车前，踩着凳子，攀上车，坐到用绳子固定好的靠背椅上。每车两人，并排向前，背靠椅子，手搭护栏，端坐不动。① 另有1—2个助理蹲在座椅下方，保护"身子"，以防意外。

---

① 13个打手，腹部穿心剑的"身子"须跨坐在条凳上，以裸露上身，达到最佳表演效果。

一般来说，农历正月十五正是"数九"时节，天寒地冻，人们很少在外面活动。然而，社火却在元宵节游耍，当是考验人的意志力。2016年2月21日，农历正月十四当天清晨，毫无征兆，天降大雪。3个小时降雪厚度80毫米。莽莽大雪中，三寺村人摸黑开车13里山路，集合在兴平寺门前。车座上白雪厚积，人们挥舞扫把清扫座椅。打手"身子"闭着眼睛，由人搀扶着，深一脚浅一脚地走到车前，攀上座椅。

锣鼓是社火游演中的造势手段。在宝鸡的社火游演中，每个社火队都有锣鼓队。他们穿着统一的服装，或步行，或坐车，整齐划一地敲打着锣鼓"鸣锣开道"，形成一种声势，也是社火游演中一道美丽的风景。三寺村锣鼓队按着节日游演规模，制造了两个人力铁架子装鼓车，一车三个，并行两辆车有六面大鼓。加上3个锣、6个镲，几个推车人，24个身着黄色服装的锣鼓队步行在小镇马路上颇显壮观。67岁的三寺村锣鼓队的队长任林，老当益壮，兴奋地说："每年演社火，锣鼓一响，大家就都来了。我们打的这个鼓嘛，一个是'十样景'，第二个是'德行'，还有'弹糜子'，好几种呢。"

（二）雪中游演

2016年农历正月十四11点，经过7个小时的长途跋涉和化妆，"快活"不畏严寒和艰险，在漫天大雪中上路游演。一如正月初十的队形，三寺村的党支部书记和村委会主任一前一后，掌握着队伍游演的速度与节奏。化妆师吴福来"闲下来"，跟在队伍中留心"身子"情况。吴斌此时负责"外协"工作，协调接受观赏人、单位的"贺礼"（捐赠）。

"快活"游演的先后顺序。2人手执"宝鸡市金台区赤沙镇三寺村快活"横幅彩旗走在最前面，2人手抬宣传板，上面书写"金猴闹春国泰民安，弘扬正气促进和谐"两行标语紧随其后，6人手执彩旗的小方队排列第三。在打头步行的彩旗方队之后，是24个人组成的锣鼓队，这之后是11辆三轮农用车运载的"快活"队。头车：探马；二车：周文王、周武王、姜子牙；三车：武松、西门庆、潘金莲；四车到十一车：打手1、2到打手13；尾车：锣鼓小队，2面鼓、4个镲、1个锣。锣鼓车首尾呼应，造势氛围。

"探马"的功能是探听信息"开路"，保佑扮演者平安，故此在车队打头排一。化妆成周文王、周武王、姜子牙等"封神演义"人物，这是宝鸡社火最常见的扮相。宝鸡是周秦文化发祥地，周文化对宝鸡的影响深远巨大，《封神榜》的故事深入人心。民间的衣食住行各方面，人们都以礼为先，照礼办事。周公庙、钓鱼台都是著名的周代人物的庙堂，平日里香火旺盛，祭祀缅怀不断。三寺村社火一共化妆了四个身子，除了探马，就是周文王、周公、姜子牙这一组身子，足见周礼文化在三寺村人心中的分量。也隐喻出三寺村"快活"由来的心理端倪。

虽然天下大雪，远近村民、市民闻风而动，赤沙镇主街道人山人海，人声鼎沸。第一次观看"快活"的人们，神情兴奋，眉宇间流露出惊诧和感叹。他们纷纷拿起手机，对准社火车"啪啪"地拍照不停。"快活"车队所到之处，家家门口迎送，处处鞭炮不断。人们又一次感受到春节的快乐及其辞旧迎新，祛邪祈福。一位从上海专程赶来看"快活"的青年人兴奋地说："宝鸡这边的社火非常具有民俗性，感觉非常不错。血社火非常地特别，有点像魔术，但是不知道，这个到底是怎么样化妆画上去的。"当问及"这种血腥的画面你能接受吗"，他激动地说："我可以接受这种画面，完全可以接受！"三个从西安驱车来观看社火的人说："这个血社火啊，在我们陕西是非常震撼的，其他地方是没有的，只有陕西有。特色！"那种自豪的神情溢于言表。当问及"下这么大的雪来，值不值得"时，三个异口同声地回答："值得！值得！"

（三）寺庙卸妆

三寺村"快活"卸妆有一条规矩，不管在哪里表演，须到庙宇卸妆。兴平寺坐落在赤沙镇东口，供奉圣母塑像，是三寺村人外出的必经通道。三寺村"快活"在赤沙镇游演，每次都是从兴平寺出发，回到兴平寺卸妆。如果在村内游演，都在村委会化妆，到蛟龙寺卸妆。显然，寺庙与"快活"有一种神秘的心理联系。为什么"快活"开演的第一项是化妆"探马"并到庙里烧香祭拜，游演结束的最后一项是在寺庙卸妆？整个游演过程犹如一个村落年节庆贺-通过仪式，表达了三寺村人的心意信仰和行为寓意：借助神灵的威力抑恶扬善保平安。这种"快活"游演程式明显地区别于其他社火类型的表演，特色鲜明，寓意深远。

深山村落，三座庙，血社火。以庙宇命名村落称号的确反映出三寺村人的日常生活与寺庙有着密切关系。三寺村有着不同一般乡村的自然地理与文化特性。三寺村人在社火游演中表现出一种纯朴善真的山民本色。透过社火游演可以探寻到三寺村人的心理信仰和文化向心力。

三寺村"快活"在赤沙镇游演了1小时30分，12：30返回兴平寺卸妆。早已在兴平寺作后勤准备的人员烧了热水供演员卸妆，做了当地节日面条"酸菜浆水面"，让每个人吃好。天降大雪，格外寒冷。20个装扮身子的演员最为辛苦，他们在车上一动不动，定格造型，身体早已冻僵。尤其是扮演打手的几个中学生，年龄只有十六七岁，在兴平寺空场地上（雪地）卸妆时浑身打战。但是问道他们今天的游演感受，他们却说："虽然今天天气很冷，但是我们玩得特别开心。为了三寺村的社火，我们会一直玩下去，然后让那些观众开心！" 17岁的李春龙说："快活是中国的一项非物质文化遗产，能够继续发扬下去，我觉得很荣幸、很高兴。"社会上曾经有人在网上传说三寺村社火后继无人，2016年春节的"快活"游演，让世人相信三寺村"快活"后继有人，一定能代代相传！

一人出演，全家牵挂。"快活"游演，全村出动。兴平寺卸妆处，父亲帮儿子拿湿巾擦脸，姐姐送油饼给弟弟充饥的场面既寻常又感人。在三寺村人看来，雪大寒冷并不可怕，为了心中的念想，天大困难也能克服。村主任李合信在谈起村民积极参加社火游演时说："村上每年耍社火，村民积极性也大，与社火会配合一搭，觉悟特别高。雪再下，路再有冰，一声通知，人都不怕风雨都走了。原先这是条件最差的地方，这几年国家的政策也好，给了多项项目，把这里沟大渠深的地方都治起来了，群众把新房也盖起来了，道路硬化也硬化得好，群众的生活越来越感觉对了（好了）。"

五 "快活"中的权威与血祭原型

"快活"化妆游演始于烧探马，卸妆于寺庙神殿前。这是怎样的一种心理情结？三寺村社火为什么能够上演百年而不衰？是什么精神力量支持他们将春节人们不待见的斗杀场景持存再现？这其中究竟隐含着怎样一种信仰心理？虽然三寺村人并不追究这个问题，但他们传承了上百年的社火游演程式却分明记录着祖上秘传的符码，而他们不问缘由的行为方式也在重复一种心理秘籍。这或许就是荣格所揭示的原始意象——原型心理。"原始意象或原型是一种形象，或为妖魔，或为人，或为某种活动，它们在历史过程中不断重现。凡是创造性幻想得以自由表现的地方，就有它们的踪影。因而它们基本上是一种神话的形象。……这些原始意象给我们的祖先的无数典型经验赋以形式，可以说，它们是无数同类经验的心理凝结物。"（荣格，2011：96）荣格明确分析了原始意象或原型的形式和渊源，它是祖先们在生存活动中反复运用，最终沉积于心底又可通过后来的心理启唤呈现于心的思维、行为及其心理意识。正是由祖先传承而来的巫术思维及其信仰，才让三寺村人接纳和认同一个外乡人带来的巫术仪式（表演）；也正是继承祖先遗志，方使得三寺村人重获人神天地和谐共生的原始家园。

（一）一年一天：血社火的团伙权威

对于三寺村社火会主要成员来说，每年的正月十四"快活"游演是他们实现心理愿望的一天。这一天他们尽显民间团伙权威特点，主体价值感觉放大，客体意义凸显，感受到人与人、人与团队、团队与神灵之间的"心有灵犀"般的神秘互渗，心中充满了神秘、神圣感觉。

所谓民间权威主要是指相对于上层社会和官方机构的主体所拥有的比其他人优越的地位、才能、权力和人格魅力及其对他人的影响力。这种民间权威可以是个体，也可以是一个集团或民间制度。因为他具有历史过程中形成的超人的经验、才能和威慑力，能令相应于他的客体产生敬畏、赞赏、佩服等感情，从而乐于趋从与服膺他。[①] 民间权威可以分为三个类型：科层式、传统型和感召式权威。

三寺村党支部书记任永生和村委会主任李合信是由民众选举和上级任命的最基层行政领导，平时就拥有掌管村落的权力，在传统节日喜庆情境中他们身上附加了一层家族—族群权威的威望。由他们来掌管三寺村社火游演的地点、路线、安全等事项理所当然。他们在整个游演过程中始终跟在队伍中，实际控制着社火会的活动。这是新式村落—家族权威的典型。

吴家家族"快活"的传承人吴福来是最具象征性的传统民间权威的人物。传统型权威是指依靠传统（习惯）的"合理性"和神圣性而实现其"统治"的权威。在传统社会中，依据传统信念而得以实施统治的主

---

① 权威（authority）一词源于西方社会学。马克思·韦伯把早期基督教语汇的"卡里斯玛"（charisma）的神助天赋的原义创造性地拓展为具有原创性和感召力的人物。本文在社会学有关"权威"的论述的基础上，结合中国民间社会的现实，提出并使用民间权威这个概念。

要原因，是"人们对古老传统的神圣性以及实施权威者的合法地位的牢固的信念"（约翰逊，1988：282）。吴福来作为吴家家族"快活"的传承人，在正月出演"快活"时拥有选择、装扮"身子"（神像）的权力，这种"合法"地位的获得不是后天创设的，而是先天设定和习得的。因为他"天生"归属于一个实施化妆游演"快活"的家族，民众对这种传统习惯的认可与服膺，使他具有了权威的"天然"权力。正因此，平日里老实巴交的吴福来，正月里"神气"十足，正月十四那一天，从清晨化妆到中午游演，他始终居于"快活"活动的轴心，即使社火队来到庙宇卸妆，他也默默站在一旁，看着他亲手"缔造"出来的"身子"归于无有，眼睛里流露出慈爱的目光。

感召型权威也可称为自然式权威或情感型权威，它指的是那些因自身所具有的超众的智慧、品质、才能而对民众产生了感召力和吸引力的权威。由于他具备了为民众所推崇的规范和道德，他的才能和品质才吸引感染了民众，使民众乐于追随他，服膺他，并在感情上趋近他。吴福来是个不善于演讲和与人沟通的农民。朴实无华正是山里人的传统正宗形象。吴福来掌控的"快活"化妆技法，通过塑造"快活"身子形象沟通了传统与现代、神灵与民众的心理意识，演绎着巫师般的灵媒和权威。这一天，他是传统家族权威与感召式权威的结合体，个人的影响力超乎村支书和村主任。一呼万人应的庞大场面，显示出他的"神通广大"，显示出众人服膺的人格魅力。而他的诚朴可信恰恰又增强了人们对祖传形象神界的接受和奉承，也让三寺村人感受到一年中的最神圣的一天——人神天地和谐共生的心理磁场和效应。

"快活"化妆最重要最神秘的上道具在密室进行，把守密室的把门人原本是三寺村社火会的安保服务人员，但是"快活"的传承规则却使把门人拥有了"门神"的权力和权威。他沉浸在一年一天的特殊环境氛围，严守"家规"，阻止任何人进密室的图谋。即使社火会长答应了让项目组拍摄上道具之后喷"染子"的镜头，把门人亦决然否定。在他的身上，浸染了灵媒的光环，焕发着神灵使者的荣耀。"家规"即"祖训"，即"神旨"，遵规守义，就是代祖执法，这是每个团伙成员享受团伙权威和神灵使者的权力。

一年一天的心理磁场效应是由"快活"主体和观赏"快活"的广大客体心中共同创造出来的。密室守门人的拒绝及其体现出的权威心理，打手沉迷于"死亡"状态的心理满足都是证明。乐于扮演死人、恶人，在现实中绝无仅有，但是对于三寺村社火的扮演者来说却是一种荣耀。围观者沉醉于巫术法力所营造的情景氛围中，观众与扮演者形成一种心理互动关系，观众的叫好、呼喊促使扮演者更加卖力和投入扮演的角色心理之中，从而使观众得到更加"真实"的现场感、实况感。

这一种心理磁场效应的建构前提，是河南铁匠病好后为了感恩而留下来的"道具"。这个由头是众人抽线头般的笃信—期待心理促成的。在每年春节辞旧迎新通过关口的巫术信仰心理下，人们争先观赏"快活"的场面，暗喻着祖先对土地与火的崇拜而转化为祭祀性仪式活动。

（二）血祭原型：家园礼仪秩序的重构

春节为人生社会的一个重要节口，通过这个重要关口，可以辞旧迎新，祛秽沐春，家庭幸福，子孙满堂。三寺村人在春节游演"快活"，并非简单的民间游艺活动，而是在文化心理层面通过人生伦理阈限，扬善惩恶，除旧迎新，祈望新的一年平安和丰收。

从社火的脸谱、扮相和表演形式，可以联想到原始时代创生的文面、文身、巫术、祭祀、傩戏和祭社等仪式性活动。可以说，社火源于原始巫术思维，是把对土地与火的崇拜转化为祭祀性游演活动。祭祀是按着程式置备供品，向神灵致敬和行礼，表示崇敬并祈求保佑。宝鸡是周人迁徙定居发展壮大的诞生地，周人的礼乐文明对中国古代社会产生了重大影响。而周人的祭礼较之前朝更加规范和制度化。《周礼·地官·牧人》："凡祭祀，共其牺牲。"（杨天宇，2004：186）这种牺牲，多是动物，但也有人牲。人牲是用活人作供品来祭祀。人牲作为一种祭祀制度曾经广泛流行，安阳殷墟的侯家庄商王陵区，就出土有数以千计用活人祭祖的祭祀坑。到西周时期，这一祭祀方式仍然沿用。社火的表演就和祭祀密切相关，而三寺村的"快活"形式又与人牲与血祭的祭祀内涵相渊源，隐含着集体无意识的心理原型。

牺牲与血祭是密切相关的祭祀方式。血祭，又称红祭或生血祭，杀牲取血以祭神，是古代吉礼的一种。[①] 吉礼为祭祀之礼。《周礼·春官·宗

---

① 古代的五种礼制：吉礼、凶礼、军礼、宾礼、嘉礼。祭祀之事为吉礼，丧葬之事为凶礼，军旅之事为军礼，宾客之事为宾礼，冠婚之事为嘉礼，合称五礼。

伯》："以吉礼事邦国之鬼神示。……以血祭祭社稷、五祀、五岳。"（杨天宇，2004：275）即用吉礼祭祀天下各国的天神、地祇、人鬼（祖先），以血祭来祭祀社稷、五祀①、五岳。一般是宰杀牛、羊、马等动物作为牺牲敬献神灵，也有先用动物祭祀，然后再宰杀。血祭中还有一种被称为"大红祭"的，专指杀活人作为牺牲以祀神的。

  血是生命的象征，尚血意识及其相关仪式是原始人类对生命古朴认识和崇拜的产物。血是巫师通天的法器，对于沟通天神具有特别的功能，用血祭祀神灵也就成为首选和必然。《礼记·礼器》："君子曰：礼之近人情者，非其至者也。郊血，大飨腥，三献爓，一献孰。是故君子之于礼也，非作而致其情，此有由始也。"（孙希旦，1989：654）郑玄注："近人情者亵，而远之者敬。郊，祭天也。大飨，祫祭先王也。爓，沉肉于汤也。一献，祭群小祀也。血、腥、爓、熟，远近备古今也。尊者先远，差降而下。至小祀，熟而已。"（孙希旦，1989：654—655）祭祀用牲尊卑等级严明，祭天用犊，先荐血后荐腥，有血有肉。祭祀先王用鲜肉，祭祀社稷用沉汤肉，祭群小祀用熟肉。总体来说，周人之血祭用于祭天、祭地和祭祖先，"在天、地、族三大祭中，血用以诱神、歆神之功能相同，只是名称相异而已"（杨华，2003：3）。

  血作为一种生命象征，不仅影响人对红色的心理取向，而且沉积在人类的信仰心理成为挥之不去的意象原型。河南铁匠在三寺村得大病而不死，犹如人生通过死亡关口，体验到人生由生到死，由死转生，生死转化（轮回）的心理意识。正是这次经过分离、过渡，重新统合出新生命的过程，启唤出他心里深处的集体无意识原型。他传授给三寺村人装扮"快活"的秘籍，其实是要运用耍"快活"的方式，以西门庆、潘金莲和打手的形象作为祭祀的牺牲，血祭神灵，祈望神灵赐福保佑三寺村人，通过年关平安幸福。从社会伦理层面理解，"快活"惩恶扬善，传承技艺，共建人神天地和谐共生的美好家园，亦符合这种民间艺术活动的内质。文学形象是原始意象的重要载体，社火这一民间艺术形式同样凝聚了祖先无数次重复的经验，作为一种心理原型，它在社火游演中以血祭形象重构原始家园的礼仪秩序。

---

  ① 五祀，古代汉族祭俗中所祭的五种神祇。具体神祇各文献记载不一。如户神、灶神、土神、门神、行神。

其实，河南铁匠只是"快活"源起的话语由头。周礼文化发生地的陕西关中（由西府到东府）存储了历代朝廷和民间人牲与血祭的事象，西府和东府的民众在庙会祭祀、春节祭祖等节庆活动中，通过牺牲和血祭仍在持续再现吉礼的礼仪程式。武松斗杀西门庆的故事运用"艺术"的方式承载了祭祀献牲、祈福安康的形式，直观表达了扬善惩恶的伦理古训。关中东府没有铁匠生病传授血社火技艺的传说，同样生发了演绎其他血故事的民间社火游艺活动。它间接地证实了民间确有人牲与血祭的集体无意识心理原型，鲜红的血液凝结着先祖们渴望种族生命传承的巫术技艺方式，并通过后人以血社火的歌舞形式留存在关中民间社会，年复一年只在春节节庆时节，展演祭祀天神、地祇、人鬼（祖先）的盛大活动，祈望人神天地和谐共生，人人家家幸福安康。三寺村党支部书记任永生在采访中有一段话，道出了三寺村人的心理秘籍："我们村子这个社火看起来是血淋淋的，很血腥，很恐怖，很逼真，这就是社火的主要特点。由此告诫后人不要作恶，否则这就是他的下场。这个社火的真正含义是，惩恶扬善，弘扬正气，构建和谐社会。希望大家从此之后和睦相处，大事化小，小事化了，共建美好家园。"

参考文献

刘明科：《关桃园考古日志摘抄》，《文博》2007 年第 1—2 期。

孙希旦：《礼记集解》，中华书局 1989 年版。

杨华：《先秦血祭礼仪研究——中国古代用血制度研究之一》，《世界宗教研究》2003 年第 3 期。

杨天宇：《周礼译注》，上海古籍出版社 2004 年版。

[瑞士] C. G. 荣格：《论分析心理学与诗的关系》，见叶舒宪主编《神话—原型批评》（增订版），陕西师范大学出版总社有限公司 2011 年版。

[美] D. P. 约翰逊：《社会学原理》，国际文化出版公司 1988 年版。

（贾丹林　赵德利　宝鸡　宝鸡文理学院文学与新闻传播学院　721016）

语言使用情况调研

甘肃民族地区中小学教师语言态度及其使用现状[*]

任丽花

提　要　甘肃省是一个多民族聚居的地方，全省六个市州的18个少数民族地区中小学教师现阶段的语言使用情况涉及面广，教师的语言态度对学生、家长、公众的影响重大。了解民族地区中小学教师语言使用现状及其语言态度，可以在一定程度上为国家制定相关政策提供现实依据。

关键词　甘肃民族地区；中小学教师；语言态度；语言现状

一　总体情况

甘肃省是一个多民族聚居的地方。省内现有55个少数民族，少数民族人口241.05万人，占全省总人口的9.43%。人口较多、世居甘肃的少数民族有10个，分别是：回族、藏族、东乡族、保安族、裕固族、蒙古族、撒拉族、哈萨克族、土族、满族，其中东乡族、保安族、裕固族是甘肃省的独有民族。甘肃省民族地区包括2个自治州（甘南藏族自治州和临夏回族自治州）、7个自治县（张家川回族自治县、天祝藏族自治县、肃北蒙古族自治县、肃南裕固族自治县、阿克塞哈萨克族自治县、东乡族自治县和积石山保安族东乡族撒拉族自治县），总人口333.1万人，占全省总人口13.02%，其中少数民族人口199.3万人；国土面积18万平方公里，占全省总面积的39.8%。另外，全省还有35个民族乡（镇），其中回族乡16个、东乡族乡8个、藏族乡7个、裕固族乡1个、蒙古族乡2

---

[*] 本文为教育部语用司专项课题"甘肃民族地区中小学教师普通话使用情况调研"的阶段性成果。

个、土族乡 1 个，总人口 31.1 万人，其中少数民族人口 20.6 万人。

此次调研工作涉及甘肃省 6 个市州的 18 个少数民族县市（天水市张家川回族自治县，武威市天祝藏族自治县，张掖市肃南裕固族自治县，酒泉市肃北蒙古族自治县、阿克塞哈萨克族自治县，临夏回族自治州临夏市、临夏县、和政县、东乡族自治县、积石山保安族东乡族撒拉族自治县，甘南藏族自治州合作市、临潭县、卓尼县、舟曲县、迭部县、玛曲县、碌曲县、夏河县）。

调研共抽样甘肃省民族县区中学（初中）232 所中的 101 个，小学 1514 所中的 281 个，被调查学校分别占所有民族地区中小学的 43.5% 和 18.6%。调查中学教师 1510 人，占全省民族县区中学（初中）教师 9999 人的 15.1%；小学教师 1489 人，占全省民族县区小学教师 20889 人的 7.1%。抽样人数为我省 6 个市州 18 个民族县区的中小学教师 2999 人。[①]

此次调研严格依据国家语委语用司要求通过调查员深入现场问答、填写问卷、系统录入、二次校验录入的程序进行。

二 调研基本情况

（一）被调查者个人基本情况

根据问卷调查及录入数据统计，我省被调查者个人基本情况如表 1 所示。

表 1　　　　　　　　　　　　　　　　　　　　　　　　　　　　单位：人，%

调查项目	具体分类	所占人数	所占百分比
学校类别	城市	295	9.8
	县镇	1191	39.7
	农村	1513	50.5
性别	男性	1185	39.5
	女性	1814	60.5

[①] 文中涉及教育统计相关数据均见《2014 年甘肃省教育事业统计数据》。

续表

调查项目	具体分类	所占人数	所占百分比
年龄	20—30 岁	1585	52.9
	31—40 岁	1081	36
	41—50 岁	298	9.9
	51—60 岁	35	1.2
毕业学校	师范类院校	2637	87.9
	非师范类院校	362	12.1
所属岗位	小学教师	1516	50.6
	中学教师	1483	49.4
出生地	本市（县）	2433	81.1
	本省（自治区、直辖市）外市（县）	503	16.8
	外省（自治区、直辖市）	62	2.1
	外国	1	0

在所有 2999 名被调查者中，师范类院校毕业生达 87.9%；女性教师占 60.5%；年龄在 20—30 岁之间的占全部人数的 52.9%，31—40 岁之间的占 36%；出生于本市县的教师占全部教师的 81.1%；农村学校占全部调查学校的 50.5%，县镇学校占 39.7%；中小学教师抽样比例基本持平，分别占 49.4% 和 50.6%。从中可以看出，我省民族地区中小学教师专业或职业对应性较好；女性从教人数高于男性，符合这一职业的共性特点；且年龄以中青年为主，表现出教师队伍年轻具有活力，所以教师队伍结构比较合理。但同时我们也应该看到，教师多为土生土长的当地人，人员流动缓慢，近亲繁殖现象严重，且学校大多居于农村或县镇，城市偏少，所以存在教育资源不公等不利于学校发展、学生教育等现象。

（二）被调查者民族及其学历

在被调查的 2999 名教师中，汉族教师 1438 人，藏族 647 人，回族 604 人，东乡族 152 人，土族 102 人，保安族 13 人，撒拉族 13 人，蒙古族 11 人，满族 8 人，裕固族 3 人，哈萨克族 3 人，景颇族、苗族、纳西族、土家族、锡伯族各 1 人。学历结构小学及以下 5 人，初中 1 人，中师

26 人，高中或中专（含职高）39 人，大专 808 人，本科 2101 人，研究生 19 人。从教师所属民族及其学历水平统计数据看，我省民族地区中小学汉族教师占 47.9%，其他各民族教师占 52.1%；教师学历有不达标现象，这与民族地区民众受教育程度偏低有关。

（三）被调查者出生地及居住地

从被调查者在出生地、现居住地以及除此之外的地方所居年限统计数据来看，绝大多数教师在自己的出生地及现居住地居住时间集中在 20—30 年之间，而因外出求学等在除了出生地和现居住地以外的地方生活不超过 5 年的有 2777 人，占 92.6%，这就说明当地土生土长的教师队伍比较庞大。另外，被调查者从教时间主要集中在 10 年以内，0—5 年为 1189 人，5—10 年为 859 人，这与前面被调查者年龄相吻合，进一步说明了我省民族地区教师队伍的新生力量较强，既年轻又充满活力。

（四）被调查者教授年级及课程

从被调查教师所教年级看，小学低年级教师比例最低，其次为小学高年级，初中年级教师比例较高；但中学随着年级增长，教师比例又有所递减，这与学生中途分流、辍学等情况有关。

从被调查教师教授课程看，主要为汉语文课和其他课程，其次为外语，最后为少数民族语文课。可见，汉语文课仍是我省义务教育阶段的基础课程，占据主要地位；这也与民族地区民族语或双语学校偏僻、学生人数稀少有关。

三　调研语言使用现状

本课题着重调研我省民族地区中小学（小学、初中）教师现阶段的语言使用情况，在调研的基础上，进一步了解民族地区中小学教师语言使用的现状，从而在一定程度上为国家制定相关政策提供现实依据。

（一）被调查者语言使用基本情况

表 2　　　　　　　　　　　　　　　　　　　　　　　　　单位：人

项目指标	选项	汉语方言	少数民族语言	普通话	英语	其他	总计
B1. 小时候最先会说的语言	选项一	**2658**	269	72	0	0	2999
	选项二	1	31	**101**	0	0	133
B2. 现在能用哪些语言与人交谈	选项一	**2723**	124	152	0	0	2999
	选项二	33	192	**2513**	26	1	2765
	选项三	14	6	139	**384**	0	543
B3. 在家最常说的语言	选项一	**2590**	235	174	0	0	2999
	选项二	2	40	**323**	1	0	366
B4. 讲课时最常用的语言	选项一	261	126	**2579**	33	0	2999
	选项二	2	8	189	**323**	0	522
B5. 在教室给学生释疑时最常用的语言	选项一	551	140	**2288**	11	0	2990
	选项二	9	15	**349**	162	0	535
B6. 课后在校园与学生交谈最常用的语言	选项一	**1465**	160	1365	0	0	2990
	选项二	12	11	**508**	17	0	548
B7. 办公室和同事交谈最常用的语言	选项一	**2152**	122	716	0	0	2990
	选项二	13	35	**533**	2	0	583
B8. 学校开会发言最常用的语言	选项一	728	82	**2180**	0	0	2990
	选项二	7	13	**225**	2	0	247
B9. 上课主要用哪种语言的教材	选项一		108	2587	304	0	2999
	选项二		14	9	**144**	0	167

注：①表中黑体数据为此项选择中占比最高值。
②B9 中普通话项下数据为问题中所指的使用汉语教材数。

表 2 的统计数据显示，被调查者小时候最先会说汉语方言的 2658 人，占全部被调查者的 88.6%，最先会说少数民族语言的 269 人，占全部被调查者的 8.97%，而普通话占 2.4%；第二选项 133 人中，选择普通话 101 人，占全部选择人的 75.9%，选少数民族语言的 31 人，占 23.3%，选汉语方言的仅 1 人，占 0.8%。由此可见，在最先会说的语言中，首选汉语方言，其次为普通话。

在现在能用哪些语言与人交谈的项目指标中，选择汉语方言 2723 人，占 90.8%；第二选项 2765 人中，选普通话的 2513 人，占 90.9%；第三选项 543 人中，选英语的 384 人，占 70.7%。由此可见，在用语言与人交谈时，首选汉语方言，其次为普通话，再次为英语，少数民族语言居后。

在被调查者日常生活中，如在家或在校园与学生、同事交谈等，汉语方言成为他们的首选语言；而在工作环境中，如课堂授课、课下答疑、学校开会时，普通话成为使用者的首选语言。由此可见，普通话已成为被调查学校及其教师的课堂语言和工作语言，方言成为被调查学校及其教师的校园语言及生活语言。

在上课使用何种语言的教材的项目指标中，使用汉语教材的占 86.3%，英语教材占 10.1%，少数民族教材仅占 3.6%；第二选项中，英语教材占 86.2%。由此可见，民族地区越来越多的少数民族学生从小接受的是汉语教育，双语教学（汉语、少数民族语言）现象并不乐观，这在一定程度上表现出少数民族语言弱势的现实。

（二）被调查者不同种类语言使用情况

鉴于此项课题调研工作的具体要求，我们所调查的为民族地区中小学教师的语言使用情况，这将涉及我省 18 个少数民族县相关民族的语言使用情况。统计数据显示，在被调查者小时候最先会说的语言、能用哪些语言与人交谈以及在家最常说哪种语言的调查中，第一选项汉语方言位居第一，第二选项普通话位居第一。在被调查者讲课时最常用的语言、教室里给学生解决疑难问题时最常用的语言、学校开会发言时最常用的语言及上课主要用哪种语言的教材的调查中，第一选项和第二选项均是普通话位居第一。针对下课后在校园里和学生交谈最常用的语言以及办公室和同事交谈最常用的语言的调查，第一选项汉语方言均位居第一，第二选项普通话均位居第一；但与前者不同之处在于与学生的校园交谈用语中，第一选项选择汉语方言的人数为 1465 人，选择普通话的人数为 1365，二者差距并不明显。针对以上调查数据分析，我省民族地区的中小学教师对于语言的使用现状如下：教学用语和工作用语基本以普通话为主，方言为辅；日常生活用语及交际口语基本以方言为主，普通话为辅。

（三）被调查者使用普通话情况

在 2999 名被调查者中，有 298 人在上小学前开始学习说普通话，

1381人小学时开始学说普通话，405人初中开始学说普通话，360人高中（含中专、职高）开始学说普通话，452人大学（含大专）开始学说普通话，85人工作后开始学说普通话，还有18人没学过。数据显示，小学开始学说普通话人数最多，占全部调查人员的46%，其次为大学、初中、高中、学前、工作后。由此可见，小学是孩子学习国家通用语的最佳时期，小学教师普通话水平的高低在一定程度上影响着孩子们的普通话水平。

对被调查者普通话使用程度的调查显示，自我感觉能熟练使用但有些音不准的有1539人，占全部调查人数的51.3%，其余依次为能熟练使用但口音较重的有490人，能流利准确地使用的有481人，基本能交谈但不太熟练的有429人，能听懂但不太会说的58人，能听懂一些但不会说的2人。对应被调查者普通话水平等级来看：二级乙等有1838人，占61.3%，二级甲等有925人，占30.8%；其余依次为三级甲等101人，一级乙等76人，三级乙等20人，一级甲等9人，其余30人未入级或无测试。总体来看，被调查者90%以上为二级水平，基本能够熟练使用普通话进行日常生活与工作，普通话已成为我省民族地区中小学教师的基本工作用语及生活用语。

（四）被调查者学说普通话的原因及其途径

通过以上对调查区内中小学教师使用普通话、汉语方言、民族语以及外语的情况的调研，了解被调查者在日常生活、教学工作和对外交流等不同场合的语言使用现状，为进一步提高民族地区教师普通话水平和普通话使用能力，就被调查者学说普通话的主要原因而言，统计数据表明，被调查者学说普通话的主要原因一是工作需要，二是同更多的人交往的需要。可见，普通话已成为我省民族地区中小学教师的主要工作用语和生活用语。

同时，统计数据表明，被调查者学说普通话的最主要途径一是学校学习，二是看电视听广播。可见通过学校学习，以及通过电视、广播等宣传媒介来学习，已成为我省民族地区中小学教师学习普通话的主要学习途径。

四　调研语言使用态度

（一）被调查者语言使用态度及其看法

调查数据显示，在学说普通话遇到的最主要问题中，周围人都不说，说的机会少成为占比55.9%的老师的首选项，而受汉语方言影响不好改口音成为占比35.5%的老师们的第二大选项；在被调查者中，希望自己能流利准确地使用普通话，所在学校教师普通话水平应当适度提高并且所有教师都应该用普通话教学的选项分别占到了64.8%—68.1%。由此可见，在中小学教育教学活动中，普通话已经成为师生的首选语言，即使在民族地区也不例外。

（二）被调查者对于教学语言使用的态度

统计数据显示，在调查"您认为本地小学最好用哪种话（语言）教学"这一问题时，赞成用普通话的为2618人，占全部被调查人员的87.3%；在调查"您认为本地中学最好用哪种话（语言）教学"这一问题时，赞成用普通话的第一选项为2740人，占全部被调查人员的91.4%。由此可见，将普通话作为学校的教学语言已得到绝大多数教师的认同。

五　调查员基本情况

本次调研工作我省共抽调调查员42名，其中普通话水平测试员共有17名，除两人对被调查者使用当地方言进行调查外，其余均使用普通话进行调查。调查员认为被调查对象的普通话程度能熟练使用但有些音不准的有1329人，占全部调查人数的44.3%；能熟练使用但口音较重的有1016人，占全部调查人数的33.9%；基本能交谈但不太熟练的有314人，能流利准确地使用的有301人，能听懂但不太会说的35人，能听懂一些但不会说的4人。这与前面被调查人自我感觉普通话程度较好稍有差异，说明在对普通话水平的把握程度上，调查员更具专业性。

六 调研结论

为了给调查分析提供必要的背景材料，我们对甘肃省6个地级市州（天水市、武威市、张掖市、酒泉市、临夏回族自治州、甘南藏族自治州）中所辖18个少数民族县内中小学教师的工作单位、性别、年龄、民族、出生地、常住地、母语、普通话水平、教龄、学历、毕业院校及专业、教学语言、生活语言等基本信息进行了调研。通过以上各项调研项目指标的调研统计数据，结合我省具体实际，特作出如下结论：

（一）就甘肃省民族地区中小学教师基本情况而言，我省民族地区中小学教师专业对应性较好，且大多年龄在20—40岁之间，故教师队伍整体年轻富有活力，结构趋于合理。

（二）就甘肃省民族地区中小学教师语言能力及语言使用情况而言，对于不同民族、性别、年龄、任教科目等中小学教师而言，其普通话水平和使用普通话教学的情况稍有差异，尤其是在普通话语音的标准程度，词汇、语法的规范程度，普通话使用的流利程度和熟练程度上存在较大差距，因此如何进一步提高民族地区教师普通话水平和普通话使用能力是今后我省需着力解决的一个问题。

（三）就甘肃省民族地区中小学教师语言使用态度而言，普通话在现阶段已成为我省民族地区各级各类学校的主要用语。普通话作为学校的教学语言、校园语言、工作语言，甚至作为教师的生活用语已基本达到共识，这也在一定程度上说明普通话在人们生活、工作、学习中所起到的重大作用，对人们各方面的生活有着巨大的影响。

同时我们也看到，由于我省各民族所处的地理环境、语言环境不同，各民族语言的使用情况复杂，多种语言或方言交叉覆盖，在这种特殊的语言环境下，我省民族地区中小学教师对于普通话的使用存在一定困难，尤其是我省中小学教师多为土生土长的当地人，教师流动性差，再加之受周围语言环境的影响，方言在一定程度上仍是校园语言和生活语言。

我们知道，推广使用普通话，提高人民的普通话水平，是我国长期的语言文字政策，普通话不仅可以消除我国不同地区、不同民族人民之间的交流障碍，而且可以科学保护各少数民族语言文字。但是，如何在推广国家通用语的基础上,合理有效地传承和保护不同地区的汉语方言以及民族地区的少数民族语言仍是摆在我们面前的一个需要解决的问题。

(任丽花　兰州　兰州城市学院文学院　730070)

后 记

2016年9月17—19日，第七届西北方言与民俗国际学术研讨会在延安大学召开。会议由全国汉语方言学会、陕西师范大学语言资源开发研究中心、延安大学联合主办，延安大学文学与新闻传播学院承办。来自中国内地、香港、台湾和美国、法国、日本的80余名专家学者参加了会议，提交论文78篇。本届研讨会是历次会议中境外及中国香港、台湾代表最多的，共有柯理思（法）、史皓元（美）、太田斋（日）、秋谷裕幸（日）、李壬癸（中国台湾）、吴瑞文（中国台湾）、张双庆（中国香港）7位学者出席。同时，本次会议也是参会代表最多的一届。

本次会议议题广泛，专家们就西北方言的共时面貌、方言地理、方言演变、语言接触、民俗文化等重要问题进行了探讨、交流。会议论文质量很高，促使我们编辑本论文集。论文集共收21篇文章，是从78篇参会论文中选出，并经过作者、编者的修改。不少高质量的会议论文已在期刊发表，本集就不收了。

此外，本集还收入了日本地理语言学家岸江信介、峪口有香子在2016年暑假陕西师范大学举行的"日本地理语言学家中国大学行"西安站的学术报告，他们的论文正好同太田斋先生的论文相呼应。近年来日本的地理语言学发展很快，研究对象和范式多有拓展，这篇文章所体现的研究方法，可能对中国学者具有重要的启发，对中国地理语言学的发展产生积极的影响。

《西北方言与民俗研究论丛》此前共出过两集。后来，由于第二届"西北方言与民俗国际学术研讨会"后，在论文集编辑出版的沟通、衔接上出了问题，致使出版链条中断。我本人也实在太忙，就没有再续出《论丛》。2015年，陕西师范大学"西北方言与民俗研究中心"与"周秦汉唐文字研究中心"组建为"语言资源开发研究中心"，并成功入选陕西（高校）哲学社会科学重点研究基地。基地的成立为事业的开展提供了良好的契机和条件,因此,我们决定继续出版《西北方言与民俗研究论丛》。希望这个《论丛》能够一直延续下去。

在本集《论丛》的编辑过程中,张永哲博士出力最多,论文的收稿、修改、编辑、目次等,基本上是由他编订完成的。他做事情的经心、细心和耐心,也是当下大多数年轻人所缺乏的一种品质。刘艳博士将岸江信介、峪口有香子的论文译成中文,花了不小的力气。在此要特别感谢张永哲和刘艳的辛勤劳动。当然更要感谢各位作者慷慨赐稿。

中国社会科学出版社的任明先生一贯支持语言学研究,支持我们的《论丛》。本集《论丛》的出版也得到任明先生的大力支持。在此谨表诚挚的谢意和崇高的敬意。

邢向东
2017年4月26日